C++

De los fundamentos del lenguaje a las aplicaciones

2ª edición

Brice-Arnaud Guérin

ISBN: 978-2-409-04844-9
Edición original: 978-2-409-04514-1

Ediciones ENI

P° Ferrocarriles Catalanes, 97-117, 2a pl. of. 18
08940 - Cornellà de Llobregat (Barcelona)

Tel: 934 246 401
Fax: 934 231 576

e-mail: info@ediciones-eni.com
http://www.ediciones-eni.com

Autor: Brice-Arnaud GUÉRIN
Edición española: Angel Mª SÁNCHEZ CONEJO
Colección **Recursos Informáticos** dirigida por Émilie VILLETORTE

Contenido

Prólogo

1. Objetivos de este libro 13
2. Trabajos prácticos 15

Capítulo 1
Introducción a C++

1. Conceptos clave 17
  1.1 Principales características del lenguaje C++ 17
  1.2 Programación orientada a objetos 19
  1.3 Entorno de desarrollo y makefile 22
    1.3.1 Elegir un EDI 22
    1.3.2 Creación de un archivo makefile 23
  1.4 Organización de un programa C++ 27
    1.4.1 Códigos fuente 27
    1.4.2 Módulos de objeto 30
    1.4.3 Librerías 33
    1.4.4 Ejecutable 35
  1.5 Preprocesador 36
  1.6 Elección de un compilador 36
  1.7 Editor de enlaces 38
2. Los primeros programas 38
  2.1 Los comentarios 39
  2.2 Declaración de variables 39
    2.2.1 Utilidad de las variables 39
    2.2.2 Ámbito de las variables 41
    2.2.3 Sintaxis de declaración 43
    2.2.4 Tipos de datos 43
    2.2.5 Los tipos enteros 44
    2.2.6 Los tipos decimales 48
    2.2.7 El booleano 50
    2.2.8 Los caracteres y cadenas 50

2.3 Instrucciones de evaluación y operadores 52
2.3.1 Instrucciones de evaluación 52
2.3.2 Operadores 55
2.3.3 Operadores booleanos 59
2.3.4 Operadores de incremento 60
2.3.5 Instrucciones de bucle 61
2.3.6 El bucle while 61
2.3.7 El bucle for 62
2.3.8 El bucle do 63
2.3.9 En instrucciones de desconexión 63
3. Matrices 64
3.1 Declarar matrices 66
3.2 Matrices dinámicas 67
4. Funciones y prototipos 68
4.1 Declaración de una función 69
4.2 Funciones y procedimientos 69
4.3 Llamada a funciones 71
4.4 Gestión de variables locales 71
4.5 Definición de funciones homónimas (polimorfismo) 72
4.6 Funciones con un número variable de argumentos 73
4.7 Asignación de valores por defecto a los argumentos 74
4.8 Funciones en línea 76
4.9 Funciones externas de tipo C 76
4.10 Funciones recursivas 77
4.11 La función main() 78

Capítulo 2
La memoria para los programas

1. Punteros 81
   - 1.1 Punteros a variables 82
   - 1.2 Punteros y matrices 86
   - 1.3 Asignación de memoria 88
     - 1.3.1 Asignación mediante malloc() 89
     - 1.3.2 Asignación por new 90
   - 1.4 Aritmética de punteros 91
   - 1.5 Punteros a punteros 92
   - 1.6 Punteros de función 93
     - 1.6.1 Uso para hacer algoritmos genéricos 94
     - 1.6.2 Funciones de callback 99
2. Referencias 101
   - 2.1 Mayor seguridad 103
   - 2.2 La referencias a constantes 103
   - 2.3 Devolución de una referencia desde una función 103
3. Constantes 104
   - 3.1 Constantes simbólicas 104
   - 3.2 El tipo void 105
   - 3.3 Alias de tipos: typedef 106
   - 3.4 Constantes y enumeraciones 106
4. Ejercicios prácticos 107
   - 4.1 Encontrar el valor máximo en una matriz 107
     - 4.1.1 Declaración de la matriz 107
     - 4.1.2 Implementación del algoritmo como una función 107
     - 4.1.3 Ejecución del algoritmo 108
   - 4.2 Encontrar la dirección del valor máximo de una matriz 108
   - 4.3 Utilizar referencias para encontrar el índice del valor máximo de una matriz 109

Capítulo 3
Estructuración de los datos

1. Programación estructurada 111
   1.1 Estructuras 112
   1.2 Construir una estructura 113
   1.3 Instanciar estructuras. 114
   1.4 Instanciar durante la definición. 114
   1.5 Instanciar reservando memoria 115
   1.6 Instanciación con el nuevo operador. 116
   1.7 Punteros y estructuras 116
   1.8 Organización de la programación 118
      1.8.1 Inclusión mediante #include. 118
      1.8.2 Protección contra inclusiones múltiples 118
   1.9 Uniones 119
   1.10 Copia de estructuras. 122
   1.11 Crear alias de tipos de estructuras. 124
2. Estructuras y funciones 125
   2.1 Pasar una estructura basada en valores como argumento 125
   2.2 Pasar una estructura por referencia como argumento 126
   2.3 Pasar una estructura por dirección como argumento. 127
   2.4 De la programación funcional a la programación de objetos. . 127
   2.5 Gestión de la memoria 128
      2.5.1 Alineación de datos 129
      2.5.2 Asignar memoria entre procesos 130
3. La librería estándar de C. 131
   3.1 Funciones comunes del lenguaje C <stdlib.h> 131
   3.2 Cadenas <string.h>. 132
   3.3 Archivos <stdio.h> 135
4. Ejercicios prácticos 140
   4.1 Las estructuras 140
   4.2 La función de inicialización 140
   4.3 Funciones de visualización. 141

4.4 Funciones de entrada y salida 142
4.5 Función principal 144
4.6 Ejecución del programa y pruebas 146

Capítulo 4
Programación orientada a objetos

1. Clases e instancias 147
1.1 Definición de clase 148
1.2 Los modificadores de acceso 149
1.3 Organizar la programación de las clases 153
1.4 Instanciación 155
1.5 Constructor 156
1.6 El puntero this 158
1.7 Destructor 159
1.8 Destructor virtual 160
1.9 Asignación dinámica 161
1.10 Constructor de copia 163

2. Herencia 164
2.1 Derivación de clases (herencia) 164
2.2 Ejemplo de derivación de clase 165
2.3 Herencia pública, protegida y privada 169
2.4 Llamada de los constructores 170
2.5 Polimorfismo 171
2.6 Métodos polimórficos 171
2.7 Conversión de objetos 172
2.8 Métodos virtuales y métodos virtuales puros 173
2.9 Herencia múltiple 178
2.10 Anotaciones especiales para la herencia múltiple 179
2.11 Consecuencias de la herencia múltiple en la programación . . . 181

3. Otros aspectos de la programación orientada a objetos 183
3.1 Conversión dinámica 183
3.1.1 Conversiones desde otro tipo 183
3.1.2 Operadores de conversión 185
3.1.3 Conversiones entre clases derivadas 186
3.2 Campos y métodos estáticos 187
3.2.1 Campos estáticos 187
3.2.2 Métodos estáticos 189
3.3 Sobrecarga del operador 193
3.3.1 Sintaxis 193
3.3.2 Sobrecarga del operador de indexación 195
3.3.3 Sobrecarga del operador de asignación 196
3.3.4 Sobrecarga del operador de conversión 196
3.4 Funciones amigas 197
3.5 Direccionamiento relativo y punteros de miembros 198
3.5.1 Notaciones 199
3.5.2 Creación de middleware orientado a objetos 200
4. Las excepciones más seguras que los errores 206
4.1 Propagación explícita 208
4.2 Tipos de excepción personalizados 209
4.2.1 Definición de las clases de excepción 209
4.2.2 Instanciación de clases 210
4.2.3 Clases de excepción derivadas 211
4.3 Tratamiento de una excepción y reintento 212
4.4 Excepciones no interceptadas 213
4.5 Adquisición de recursos 213
5. Programación genérica 216
5.1 Modelos de funciones 216
5.2 Modelos de clase 221
6. Trabajo práctico 225
6.1 Uso de la herencia de clases en el intérprete tiny-lisp 225
6.2 Punteros de miembros para funciones callback 227

Capítulo 5
La librería STL estándar

1. Introducción 233
2. Organización de programas 234
   2.1 Espacio de nombres 234
      2.1.1 Uso completo de un espacio de nombres 236
      2.1.2 Espacio de nombres repartido en varios archivos 237
      2.1.3 Relación entre clase y espacio de nombres 238
      2.1.4 Declaración de subespacios de nombres 240
   2.2 Presentación de la librería STL 241
3. Flujos C++ (entrada-salida) 241
   3.1 General 242
   3.2 Flujo integrado 243
   3.3 Estado de un flujo 243
   3.4 Formato 244
   3.5 Flujo de archivos 245
   3.6 Flujo de alimentación 247
   3.7 Parámetros locales 248
4. Clase string para representar cadenas de caracteres 250
   4.1 Representación de cadenas en la librería STL 251
   4.2 Cómo utilizar la clase string 252
      4.2.1 Funciones básicas 252
      4.2.2 Constructores 252
      4.2.3 Iteradores 253
      4.2.4 Acceso a los elementos 253
   4.3 Integración en el lenguaje C++ 254
      4.3.1 Asignaciones 254
      4.3.2 Comparaciones 254
      4.3.3 Conversión con C++ 255
   4.4 Funciones específicas de las cadenas 256
      4.4.1 Inserción 256
      4.4.2 Concatenación 256

4.4.3 Búsqueda y sustitución 257
4.4.4 Extracción de subcadenas 258
5. Contenedores dinámicos 258
5.1 Contenedores 259
5.1.1 Inserción de elementos y recorridos 260
5.1.2 Iteradores 260
5.1.3 Operaciones aplicables a un vector 261
5.2 Contenedores estándares 262
5.2.1 Iteradores 263
5.2.2 Acceso a los elementos 263
5.2.3 Operaciones de pila y cola 263
5.2.4 Operaciones sobre listas 263
5.2.5 Operaciones de asociación 264
5.3 La secuencia list 264
5.4 La secuencia deque 266
5.5 Adaptadores de secuencias 266
5.6 La pila stack 266
5.7 La cola 267
5.8 La cola prioritaria 270
5.9 El contenedor asociativo map 270
5.10 Los contenedores asociativos multimap, set y multiset 271
6. Algoritmos 272
6.1 Operaciones de secuencia sin modificación 272
6.2 Secuencia de operaciones con modificación 273
6.3 Secuencias ordenadas 274
6.4 Algoritmos de conjunto 275
6.5 Mínimo y máximo 275
6.6 Cálculo numérico 276
6.6.1 Límites de los formatos ordinarios 276
6.6.2 Funciones de librería 277
6.6.3 Funciones de librería estándar y clase valarray 278

7. Las aportaciones del C++ moderno 279
 7.1 Las expresiones lambda 279
 7.2 Inferencia de tipo 281
 7.3 Los nuevos tipos de bucles 283
 7.4 Los punteros inteligentes 285
8. Introducción a la librería boost 289
 8.1 Instalación de la librería 289
 8.2 Un primer ejemplo con boost 291
 8.3 Campos de aplicación 293
9. Trabajo práctico 294
 9.1 La clase Variant 294
 9.2 El método to_string() 296
 9.3 Traducción JSON 297
  9.3.1 El método estático to_json_string() 297
  9.3.2 El método estático from_json_string() 299

Capítulo 6
Los entornos de C++

1. El entorno Windows 303
 1.1 Programas Win32 303
  1.1.1 Elección del modo de compilación 304
  1.1.2 Cómo funcionan las aplicaciones en modo ventana en Win32 305
  1.1.3 Creación de un proyecto de aplicación en modo ventana 306
  1.1.4 Los tipos de datos Win32 308
  1.1.5 Los handles y los mensajes 310
  1.1.6 El bucle de mensajes 310
  1.1.7 Los archivos de recurso 312

1.2 El entorno .NET 314
1.2.1 El código gestionado y la máquina virtual CLR 314
1.2.2 Adaptaciones del lenguaje C++ CLI 315
1.2.3 La norma CTS 315
1.2.4 La clase Clase System::String 317
1.2.5 El recolector de basura 319
1.2.6 Funcionamiento de la bandeja recogemigas 320
1.2.7 Matrices y funciones con un número variable de argumentos 330
1.2.8 Las propiedades 332
1.2.9 Los delegados y eventos 334
1.2.10Los métodos virtuales 336
1.2.11Las clases abstractas e las interfaces 338
1.2.12El framework .NET 339
1.2.13La referencias de ensamblado 340
1.2.14El espacio de nombres System::E/S 341
1.2.15El espacio de nombres System::Xml 342
1.2.16El espacio de nombres System::Data 343
1.2.17El espacio de nombres System::Collections 344
1.2.18El espacio de nombres System::Collections::Generic . . . 345
1.3 Relaciones con otros lenguajes: el ejemplo de C# 346
2. Aplicaciones 347
2.1 Crear una aplicación de dibujo Win32 347
2.2 Una aplicación C++ para .NET: la hoja de cálculo InCell . . . 355
2.2.1 Arquitectura de hojas de cálculo 356
2.2.2 La hoja de cálculo 357
2.2.3 El programador de cálculos 366
2.2.4 Zoom sobre el evaluador 370
2.2.5 La interfaz gráfica 371
2.3 Un módulo de gestión de datos para tiny-lisp 372
2.3.1 Creación de listas persistentes db_create 373
2.3.2 Acceso a las listas persistentes db_use 374
2.3.3 Inserción de elementos db_insert 376

2.3.4 Guardar listas persistentes db_save 377
2.3.5 Selección de elementos en listas persistentes db_select 378

Capítulo 7
Programación de algoritmos en C++

1. Introducción 381
2. Reconocimiento de patrones de texto. 381
2.1 Enfoque directo. 382
2.2 Lectura con desplazamiento: el algoritmo Boyer-Moore 384
2.3 Método para los patrones autorrepetitivos: el algoritmo KMP 385
3. Encontrar el camino más corto 389
3.1 Presentación de los grafos 390
3.1.1 Incidencia y adyacencia 392
3.1.2 Trayectoria de un grafo 392
3.1.3 El recorrido del grafo en anchura primer lugar 396
3.2 El algoritmo de Dijkstra 399
3.3 Utilización de un método con heurística: el algoritmo A* . . . 402
4. Comprimir archivos 413
4.1 Enfoque estadístico: algoritmo Huffman 413
4.1.1 Aplicación de la codificación 414
4.1.2 Compresión de archivos 418
4.1.3 Descompresión 420
4.2 Enfoque por diccionario: el algoritmo LZW 421
4.2.1 Funcionamiento del algoritmo. 421
4.2.2 Implementación del diccionario 422
4.2.3 Dimensionamiento y gestión de diccionarios. 427
4.2.4 Programa de compresión 427
4.2.5 Programa de descompresión. 429

5. Implementación de una red neuronal en C++ 432
5.1 ¿Una red neuronal para algoritmos? 432
5.2 Implementación de una red neuronal en C++ 433
5.3 Una clase abstracta para controlar la red 437
5.4 Modelización de una puerta lógica 438
5.5 Un motor de inferencia para aritmética de enteros 440
5.5.1 Aprendizaje de símbolos 442
5.5.2 Uso de la red 443

Índice 449

Prólogo

1. Objetivos de este libro

C++ está considerado un referente entre los lenguajes de programación, lo que está totalmente justificado por su amplísima aplicación. También tiene fama de ser difícil y de estar reservado a los entendidos, incluso a los expertos. Sin embargo, esta apreciación carece de fundamento y el resto de este libro se encargará de demostrarlo.

El objetivo principal de este libro es explicar los fundamentos del lenguaje, basándose en la historia que llevó a su diseñador, Bjarne Stroustrup, a definir C++ tal y como lo conocemos hoy.

El capítulo Introducción a C++ presenta los aspectos fundamentales de la sintaxis y la organización de programas, elementos que han seguido evolucionando desde la introducción del lenguaje. El siguiente capítulo, La memoria para los programas, explica cómo funcionan la asignación de memoria, las matrices, los punteros y las referencias.

El capítulo Estructuración de los datos, lleva al lector hasta las puertas de C++, presentando las estructuras, las uniones, su instanciación e introduciendo la librería estándar de C, que se sigue utilizando en C++. Esto proporciona una introducción suave a los conceptos clave de punteros, estructuras y tipos de datos definidos en las librerías estándares.

Esto facilita la comprensión de los conceptos tratados en el capítulo Programación Orientada a Objetos: definición de clases, instanciación, herencia y polimorfismo, sobrecarga de operadores, etc.

La vertiente práctica es el segundo objetivo de este libro, porque los mecanismos más complicados sólo se muestran a través de ejemplos concretos, lo menos artificiales posible.

El capítulo La librería estándar STL, en el que se presenta la librería de plantillas estándar en forma de resumen de las funciones esenciales, cadenas, estructuras de datos y rutas de colección, forma parte de este objetivo. Sin pretender ser una guía de referencia, proporcionará a los desarrolladores puntos de partida para crear sus primeras aplicaciones. También se explican en este capítulo las principales evoluciones recientes del lenguaje C++ definidas en las normas C++ 11, 20 y 23, como las expresiones lambda, los punteros inteligentes y la inferencia de tipos. Estos conceptos facilitan el descubrimiento de la librería boost.

El capítulo Los entornos de C++ abre el lenguaje a sus universos, como el entorno gestionado .NET C++ CLI y las aplicaciones Win32.

El libro concluye con un capítulo dedicado a los algoritmos escritos en C++ (Programación de algoritmos en C++). Se estudian en detalle programas de búsqueda de patrones y la investigación operativa en grafos, así como dos algoritmos de compresión de datos implementados en C++. El último ejemplo va aún más lejos en la ilustración de las inmensas posibilidades de C++, ya que propone dos algoritmos basados en redes neuronales.

2. Trabajos prácticos

A lo largo del libro se presentan diversas aplicaciones prácticas en C++. La hoja de cálculo InCell, el intérprete tiny-lisp, el diseñador gráfico 3D y el programa de compresión minux, proporcionan una base para practicar con C++ y progresar realizando modificaciones utilizando estas aplicaciones.

Estos programas no se han escrito para optimizar el código en términos de rendimiento, sino más bien con un enfoque didáctico en mente. Esperamos que los lectores hagan suyos estos ejemplos y los sigan desarrollando.

Capítulo 1
Introducción a C++

1. Conceptos clave

1.1 Principales características del lenguaje C++

El lenguaje C++ hizo su debut oficial en 1983, cuando se utilizó por primera vez fuera del laboratorio de AT&T, donde fue creado. Su diseñador, Bjarne Stroustrup, había comenzado su trabajo varios años antes, probablemente hacia 1980. El lenguaje C++ –conocido hasta entonces como «C con clases»– se desarrolló conservando la mayoría de los conceptos de su predecesor, el lenguaje C. A continuación, ambos lenguajes intercambiaron conceptos.

Al igual que el lenguaje C, C++ adopta un enfoque muy orientado a la máquina. Originalmente estaba pensado para escribir sistemas operativos, pero sus características han abierto otras posibilidades.

El lenguaje se compone de instrucciones muy explícitas y cortas, cuyo tiempo de ejecución se puede planificar de antemano en el momento de escribir el programa.

Como el número de instrucciones y notaciones está deliberadamente limitado, existen muchas interpretaciones posibles de las construcciones semánticas y esto es, sin duda, a lo que el diseñador del lenguaje C++ se refiere como expresividad.

Sin embargo, Bjarne Stroustrup procuró evitar algunos de los escollos del lenguaje C, en particular, su tendencia a reducirlo todo al nivel del byte, una cantidad numérica limitada y totalmente obsoleta en la historia de la informática, incluso en 1980. Para lograr este objetivo, el lenguaje se enriqueció con clases que describen tipos de datos adaptados a las distintas necesidades del programador. La visibilidad del lenguaje, combinada con la abstracción de las clases, proporciona programas de alto nivel.

Las clases (y la programación orientada a objetos) no se inventaron con C++. El inventor del lenguaje se esforzó por adaptar conceptos de alto nivel introducidos por el lenguaje Simula en 1967 a una plataforma muy explícita, el lenguaje C.

El resultado es un lenguaje muy rico, muy potente, especialmente expresivo y, al mismo tiempo, muy eficaz. A continuación, el lenguaje se perfeccionó, evolucionó y transformó hasta que el producto de laboratorio se convirtió en una norma, certificada por el organismo estadounidense ANSI (*American National Standards Institute*). Los trabajos de normalización comenzaron en 1987 y finalizaron en 1998.

Sin esperar a esta fecha tan tardía, C++ ya había ganado muchos adeptos. En primer lugar, los programadores familiarizados con el lenguaje C se pasaron a C++ de forma más o menos natural: muchos compiladores de C++ reconocen el lenguaje C. Y muchos editores de compiladores no ofrecen un compilador sólo para C. En segundo lugar, el lenguaje se ha utilizado para escribir sistemas operativos o partes de ellos: el sistema Macintosh y la interfaz gráfica de Windows están codificados en C++. En consecuencia, el software diseñado para estos sistemas tenía todas las ventajas de estar programado también en C++.

El lenguaje sigue evolucionando, añadiendo nuevas posibilidades y adaptándose a las características del desarrollo actual, ya sea en términos de seguridad, funcionamiento o genericidad de tipos. Las normas C++ 17 y, más recientemente, C++ 20, conocidas comúnmente como C++ moderno, introducen la inferencia de tipos y los punteros inteligentes. Estos mecanismos se presentan al mismo tiempo que las librerías C++ estándares.

En resumen, podríamos decir que C++ es un lenguaje de alto nivel basado en instrucciones cercanas a la máquina. Un sutil equilibrio que los desarrolladores aprecian.

1.2 Programación orientada a objetos

El uso generalizado de métodos de diseño de software como UML (*Unified Modeling Language*) ha dejado huella en la historia de la informática. ¿Por qué se inventó la programación orientada a objetos? ¿Qué nos permite describir en concreto? Tenemos que profundizar en este tema, porque una de las características más importantes del lenguaje C++ es su marcado gusto por producir clases y objetos.

Hacia 1950, los ordenadores se programaban utilizando el lenguaje ensamblador. Este lenguaje, es de muy bajo nivel porque hay que suministrar códigos binarios, sigue estrictamente las instrucciones de John von Neumann, el inventor de los ordenadores secuenciales. Un programa se compone de una serie de instrucciones imperativas, que el procesador ejecutará una tras otra, así como de datos que aún no nos atrevemos a llamar «variables». Así que todo está claro: un programa tiene un principio y un final. Consume entradas y entrega un resultado cuando termina su ejecución.

Los microprocesadores en circuitos integrados aún no existían. Los primeros circuitos integrados aparecieron a finales de la década de 1960 y los primeros microprocesadores integrados se comercializaron a principios de la década de 1970. Hasta entonces, los ordenadores se diseñaban en torno a un procesador basado en componentes discretos, transistores o lámparas.

Enseguida nos dimos cuenta de que este enfoque de la programación planteaba dos problemas. Por un lado, el programa distaba mucho de ser óptimo, ya que se repetían muchas secuencias de instrucciones, casi idénticas. En segundo lugar, los programas estaban desarrollados por matemáticos que intentaban traducir algoritmos utilizando herramientas conceptuales de un nivel muy superior al Ensamblador.

Los trabajos sobre el lenguaje Fortran (*Formula Translator*) comenzaron en 1954. En 1957, John Backus presentó un compilador diseñado para científicos que necesitaban programar algoritmos estructurados sin tener que construir ellos mismos la traducción a Ensamblador. Siguieron otros lenguajes que adoptaron el modelo de Fortran: instrucciones de control (`if`, `for`, `while`, etc.), variables y, por último, procedimientos.

Un procedimiento es una secuencia de instrucciones con un nombre. Esto supuso un gran paso adelante: en lugar de recrear una secuencia idéntica de instrucciones, la primera ocurrencia se coloca en un procedimiento, y todas las ocurrencias posteriores se sustituyen por una llamada a este procedimiento. Nacía la programación procedimental, que pronto se conocería como programación funcional y que permitió vincular las matemáticas y la informática.

Hoy en día, casi todos los lenguajes tienen la noción de procedimiento: Basic, Pascal, Java y, por supuesto, C y C++.

El siguiente paso fue estructurar los datos. Un programa que manipula las coordenadas de puntos en el plano revela que cada punto está definido por dos variables x e y, una de las cuales representa la abscisa del punto y la otra su ordenada. Los lenguajes de programación de los años 50 no se adaptaban bien a este tipo de situaciones. Para representar tres puntos `P1`, `P2`, `P3`, había que declarar seis variables, `x1`, `y1`, `x2`, `y2`, `x3`, `y3`. La programación estructurada permite definir tipos que reúnen una serie de variables, que pasan a denominarse campos. En nuestro ejemplo, imaginamos que el tipo Point contiene los campos `x` e `y`. La ventaja de este enfoque es que el número de variables se divide por dos (tres instancias de `Point`: `P1`, `P2` y `P3`). Muchos lenguajes estructurados han adoptado la notación `P1.x` para designar el valor del campo x relativo al punto `P1`, es decir, la abscisa de `P1`.

Los programas construidos con estos lenguajes describen tipos estructurados, variables y procedimientos (funciones).

Una función es un procedimiento que generalmente recibe argumentos para evaluar un resultado. Cuando desarrollamos la programación estructurada, nos dimos cuenta de que las funciones solían recibir instancias de estructuras como argumentos.

La sintaxis de los lenguajes de programación se volvió rápidamente engorrosa, ya que era necesario distinguir entre muchos casos diferentes: paso por valor, por referencia, estructura de entrada, estructura de salida, etc.

De ahí surgió la idea de combinar la estructura, los campos y las funciones que se aplican a estos campos en una única «caja». Esta estructura se convirtió en una clase. Las variables formadas a partir de una clase (instancias) se denominaron objetos. Había nacido la programación orientada a objetos y el lenguaje Simula, propuesto en 1967, fue una de sus primeras realizaciones.

Lo cierto es que este tipo de programación no era tan popular en aquella época como lo es hoy. Los conceptos eran quizá demasiado innovadores, demasiado difíciles para la incipiente industria informática. Además, los ordenadores de la época, que carecía de transistores, tenían grandes dificultades para hacer funcionar esta programación intensiva en bytes.

Así que nos concentramos en desarrollar lenguajes diseñados para la eficiencia, «descendimos» la escalera de la conceptualización para volver a los valores seguros. El lenguaje C es probablemente uno de los más explícitos que existen, siempre dispuesto a volver a la unidad fundamental, el byte.

Pasaron quince años y Bjarne Stroustrup se dio cuenta de que muchos proyectos informáticos se retrasaban por falta de herramientas de software adecuadas. La mayoría estaban a un nivel muy bajo, cercano al Ensamblador, mientras que los problemas a tratar eran cada vez más conceptuales. Afortunadamente, el hardware había avanzado mucho desde 1967, con la introducción de los circuitos integrados y luego de los microprocesadores, la memoria de acceso aleatorio era cada vez más barata e incluso los discos duros se suministraban de serie con los ordenadores personales. Con estas condiciones favorables, Bjarne Stroustrup incorporó el trabajo de Simula a un compilador de C; el lenguaje C++ tiene su origen en este enfoque.

1.3 Entorno de desarrollo y makefile

1.3.1 Elegir un EDI

Durante mucho tiempo, los desarrolladores de C++, un lenguaje originario del mundo Unix, tuvieron que apañárselas con herramientas independientes para construir sus programas. Después, los editores crearon plataformas de desarrollo denominadas entornos de desarrollo integrados (IDE). Éstos combinan y reúnen las herramientas necesarias para crear programas: editor de código fuente, gestor de código fuente, estructuración de archivos de proyecto (`make`) compilador, editor de enlaces, librerías, depurador, etc.

C++ ocupa un lugar especial entre los lenguajes existentes porque el estándar no pertenece a un único editor, aunque la adhesión entre librerías y sistemas es bastante fuerte.

Por tanto, existen dos categorías de entornos de desarrollo: los que combinan las herramientas existentes (y, en particular, el compilador) y los que proporcionan herramientas. También hay que señalar que el código abierto no es la única opción para el desarrollo libre en C++.

He aquí algunos entornos para desarrollar en C++:

Medio ambiente	Proveedor	Características
Visual Studio Code	Microsoft	Disponible para varios sistemas operativos, incluido Linux. Gratuito. Permite codificar para distintos lenguajes, como C++. Compilador externo (por ejemplo, GCC). Gestión manual de los archivos makefile.
Visual Studio Community	Microsoft	Disponible para Windows y macOS. Gratuito. Soporte completo de C++ (compilador C++ integrado), gestión automatizada de archivos de compilación (makefile o MSBuild).

Medio ambiente	Proveedor	Características
Eclipse CDT	Código abierto	Disponible en varios sistemas operativos (requiere Java para funcionar). Compilador externo (por ejemplo, GCC). Gestión automatizada de builds.
C++ Builder	Embarcadero (Cross-Platform App Development Software)	Versión comunitaria limitada o de pago. Compatibilidad total con C++ (compilador integrado Borland), gestión automatizada de archivos de builds.
Cygwin	Código abierto	Entorno Unix para Windows.
Notepad++	Licencia GNU	Editor de texto de alto rendimiento. De uso gratuito. Se puede configurar para interactuar con herramientas externas.
KDevelop	Código abierto	Disponible en Linux. Soporte completo de C++ mediante interfaz con GCC y make.

Esta lista no es exhaustiva. Muchos IDE ofrecen una gran comodidad a la hora de editar el código fuente. La disponibilidad de un depurador y de documentación en línea de alta calidad le ayudará a hacer su elección. Otra fuente de información son los numerosos sitios web y redes sociales que comparan los IDE disponibles.

Este libro se ha realizado utilizando Visual Studio 2019 Community Edition en Windows y Eclipse CDT en Linux.

1.3.2 Creación de un archivo makefile

El archivo makefile especifica las operaciones implicadas en la construcción de un programa; es independiente del lenguaje de programación y se aplica muy bien a C++. Algunos entornos de desarrollo lo han sustituido por su propia gestión de «proyectos», a veces con la opción de convertir un makefile en un proyecto o exportar un proyecto a un makefile.

En principio, sólo hay un makefile por directorio. La herramienta que dirige la compilación –make o nmake– se puede lanzar especificando el archivo a utilizar, pero makefile es el predeterminado.

Un makefile se construye utilizando un editor de texto. Contiene un conjunto de objetivos. Los objetivos más comunes son `all` y `clean`.

La sintaxis es la siguiente:

```
objetivo : dependencia1 dependencia2 ...
    instrucción1
    instrucción2
    instrucción3
```

Las dependencias e instrucciones son opcionales. A menudo, el objetivo `all` no tiene instrucciones y el objetivo `clean` no tiene dependencias. Aquí hay un pequeño ejemplo de un makefile:

```
#Objetivos por defecto
all : lector.exe

lector.exe : lector.obj persona.obj
    link lector.obj persona.obj -o lector.exe

lector.obj : lector.cpp lector.h persona.h
    cl -c lector.cpp -o lector.obj

persona.obj : persona.h persona.cpp
    cl -c persona.cpp -o persona.obj


#limpieza del directorio
clean :
    del *.obj
    del lector.exe
```

Echemos un vistazo a este makefile en castellano y aclaremos que las líneas que empiezan con el signo # son comentarios, como es habitual en los archivos de script de Unix.

El makefile comienza identificando el target `all`, que sólo tiene dependencias. Esta sintaxis indica que el programa `reader.exe` se debe construir. Cuando se ejecuta el comando `make` desde el directorio del proyecto, las fechas de los archivos se comparan desplazando las reglas una tras otra:

- Si `persona.h` o `persona.cpp` tienen una fecha posterior a `persona.obj`, se recompila el archivo `persona.cpp`.
- Si `lector.cpp`, `lector.h` o `persona.h` tienen fecha posterior a `lector.obj`, también se recompila el archivo `lector.cpp`.
- Si uno de los módulos objeto tiene una fecha posterior a la del archivo `lector.exe`, también se ejecuta el comando de enlace.

Este proceso se denomina compilación separada: los módulos sólo se recompilan si es necesario. En Unix, existe un comando, `touch`, que cambia la fecha de ciertos archivos. Esto tiene el mismo efecto que abrir estos archivos en un editor y guardarlos sin cambios.

Sin embargo, para asegurar la frescura de los resultados, el comando `make clean` borra todos los módulos objeto, así como el ejecutable.

A continuación, puede encadenar los comandos make `clean` y `make`. Ahora que se han eliminado los archivos intermedios, se recompilan todos los módulos.

Una sintaxis de macros facilita el cambio de compilador. Se definen una serie de constantes, como el nombre del compilador, el nombre del enlazador, los conmutadores de optimización, la lista de módulos objeto, etc.

En este ejemplo, ejecutado en Linux con el compilador `gcc`, se definen macros para indicar el ejecutable del compilador y especificar los distintos argumentos durante las etapas de compilación y edición del enlace:

```
CC = g++
LAG = -c

all: main.o Program.o
	$(CC) main.o Program.o -o hello_make

main.o: main.cpp
	$(CC) $(CFLAG) main.cpp -o main.o
```

```
Program.o: Program.cpp Program.h
        $(CC) $(CFLAG) Program.cpp -o Program.o
```

Cuando se construye el proyecto, el comando `make` utiliza las macros `$(...)`:

```
brice@brice-VirtualBox: ~/workspace/hello_make
brice@brice-VirtualBox:~/workspace/hello_make$ ls
main.cpp  makefile  Program.cpp  Program.h
brice@brice-VirtualBox:~/workspace/hello_make$ make
g++ -c main.cpp -o main.o
g++ -c Program.cpp -o Program.o
g++ main.o Program.o -o hello_make
brice@brice-VirtualBox:~/workspace/hello_make$
```

En Eclipse, el comando `Build project` lanza la construcción del proyecto, ya sea desde el sistema integrado o desde un makefile si existe:

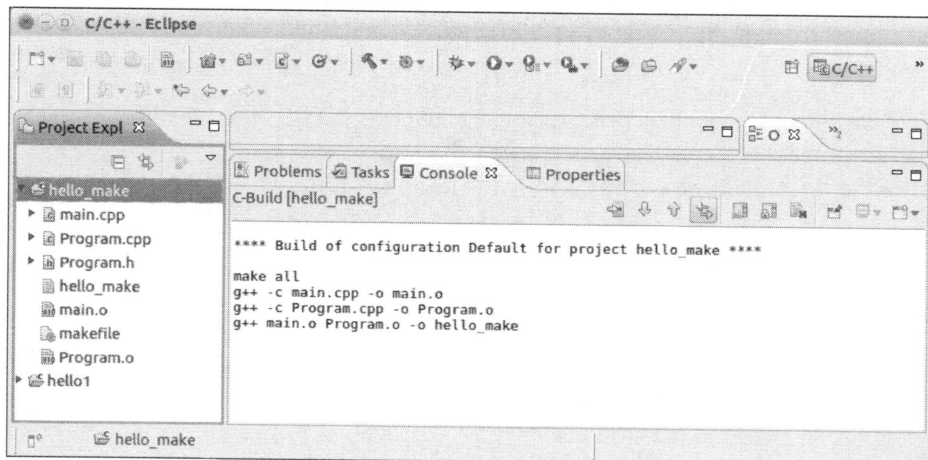

Eclipse también ofrece funciones para convertir proyectos makefile a su sistema integrado de construcción de proyectos.

1.4 Organización de un programa C++

Un programa C++ se somete a una serie de transformaciones antes de ser ejecutado. La transformación principal se lleva a cabo mediante una herramienta llamada compilador. El propio compilador hace uso del preprocesamiento mediante el preprocesador. El preprocesador reúne distintos archivos que contienen fuentes para compilarlos juntos.

El resultado de la compilación se coloca en uno o varios módulos de objetos, que luego se unen mediante una tercera herramienta llamada editor de enlaces.

El enlazador o editor de enlaces generalmente crea un ejecutable para el sistema operativo, pero también puede crear una librería (*library*) para reutilizar módulos objeto en otro software.

1.4.1 Códigos fuente

El código fuente C++ se introduce con un editor de texto. Algunos editores de código fuente tienen una función de coloreado de la sintaxis, es decir, muestran las palabras clave del lenguaje en un color determinado, las cadenas literales en otro color, los comentarios también se distinguen por un color específico, etcétera. Esto facilita la visualización y localización de errores en el programa.

En principio, el código fuente se introduce en archivos con extensión `.cpp`. También se puede encontrar con código fuente con la extensión `.h`. Se trata de archivos de cabecera (*headers*) destinados incluirse en archivos `.cpp`, usando la directiva `#include`. El preprocesador realiza esta «inserción». Ensamblar archivos `.h` en archivos `.cpp` no modifica estos últimos. Se crea un archivo temporal mientras dura la compilación.

Existen dos orígenes de archivos de cabecera: cabeceras del sistema y cabeceras propias del programa.

Las cabeceras del sistema contienen declaraciones de funciones de utilidad, como la visualización de datos en pantalla o la manipulación de archivos. La implementación de estos archivos no se proporciona en forma de código fuente, pero el programador tampoco lo necesita. Basta con que enlace sus módulos objeto con la librería que contiene las funciones en cuestión compiladas.

Las cabeceras específicas del programa definen constantes, funciones y clases que se implementan en los archivos `.cpp`.

La directiva `#include` se utiliza con dos sintaxis, dependiendo de si el archivo a incluir se encuentra en el directorio del sistema o en el directorio del programa.

`#include <stdio.h>`: `stdio.h` se busca en el directorio de cabeceras del sistema.

`#include "persona.h"`: se busca `persona.h` en el directorio del programa.

En cualquier caso, los archivos con extensión `.h` no se compilan directamente. Están pensados para incluirse en un archivo `.cpp`, que luego se compilará para formar un módulo de objeto. El módulo de objeto suele llevar el nombre del archivo `.cpp`, con la extensión `.obj` (o `.o` en Unix), pero esto no es en absoluto una restricción ni una obligación.

Veamos un pequeño ejemplo.

Aquí, el archivo a compilar se llama `persona.cpp`. Necesita dos archivos de cabecera, `stdio.h` y `persona.h`, que se compilarán al mismo tiempo que él, tras ser incluidos por la directiva `#include`.

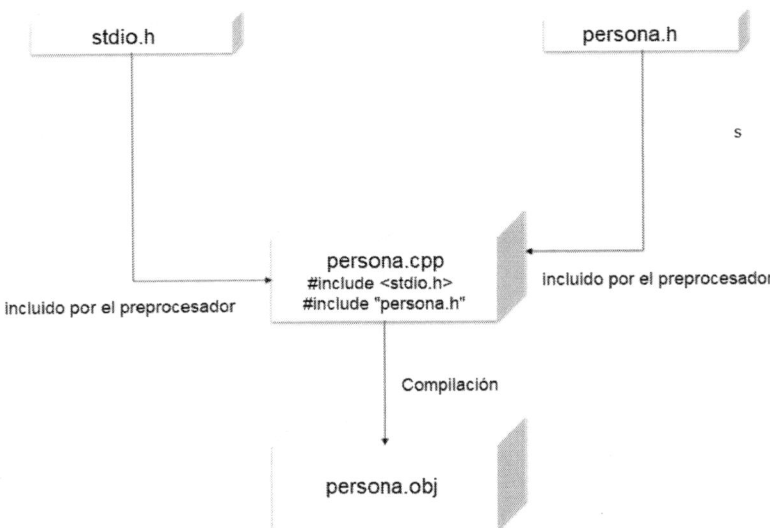

El resultado es un único módulo de objeto llamado `persona.obj`.

Para obtener este resultado, el archivo `persona.cpp` podría tener el siguiente aspecto:

```
#include <stdio.h>
#include "persona.h"

int main()
{

}
```

No importa lo que contengan realmente los archivos `stdio.h` y `persona.h`.

El comando de compilación es el siguiente (utilizando el compilador `gcc`):

```
gcc -c persona.cpp -o persona.obj
```

En otras palabras, le pedimos al compilador de C++ `gcc` que compile el archivo `persona.cpp` para formar el módulo de objeto `persona.obj`. La opción `-c` le dice a `gcc` que no llame al enlazador automáticamente, por lo que sólo compilará `persona.cpp`.

Tenga en cuenta que el archivo `persona.obj` sólo se crea si la compilación se realiza correctamente. Cualquier error de sintaxis o frente a la ausencia de un archivo `stdio.h` o `persona.h`, hará que el proceso se detenga prematuramente. El compilador genera entonces un mensaje que describe las circunstancias del problema precedido, eventualmente, de un número de línea y del nombre del archivo analizado donde se ha producido el error.

Por ejemplo, podríamos tener el siguiente mensaje:

```
persona.cpp, línea 2: no se encuentra el archivo persona.h.
```

A veces el error se produce en un archivo de cabecera que contiene instrucciones que no respetan la sintaxis de C++:

```
persona.h, línea 38: error de sintaxis.
```

Aquí es donde tiene sentido utilizar un entorno de desarrollo integrado. Los mensajes de error se muestran en una ventana especial. Basta con seleccionar (normalmente haciendo doble clic) un mensaje de error, para que el editor de texto abra el archivo correspondiente y muestre la línea en la que se produce el problema.

1.4.2 Módulos de objeto

Los módulos de objeto son una forma intermedia entre el código fuente C++ y el ejecutable. La división en módulos de objeto facilita la compilación por separado. Cuando se modifica una línea de un programa, es posible que esta modificación no repercuta en el software en su conjunto. Al recompilar sólo la parte del código «alrededor» del cambio, se ahorra una cantidad de tiempo considerable.

El término módulo objeto no tiene nada que ver con la programación orientada a objetos. Lenguajes como Ensamblador, C, Pascal y Basic también producen módulos de objeto. Se trata de un archivo binario resultante de la compilación de un código fuente.

La cuestión se reduce a elegir la mejor estrategia para dividir el programa. Muy a menudo, las clases –que estudiaremos en detalle en este libro– se definen en un archivo de cabecera `.h` y se implementan en un archivo fuente `.cpp`. Cada archivo fuente se compila y da lugar a un módulo de objeto.

También es posible crear módulos de objeto a partir de archivos fuente `.cpp` que contengan una serie de funciones de software. Por ejemplo, no es raro encontrar un módulo de objeto formado a partir del módulo `main.cpp`, en el que se ha definido la función principal del programa `main()`.

El lenguaje C++ nos permite ir más allá de esta construcción. Durante mucho tiempo, lenguajes de programación como C se limitaron a esta construcción, en la que módulo funcional equivale a archivo fuente. C++ amplía esta visión.

Para el diseñador, es más importante tener una visión organizada de las funciones que un punto de vista de archivos. Los espacios de nombres se crearon teniendo esto en cuenta. En C++, una clase genera su propio espacio de nombres, por lo que era lógico almacenar cada clase en su propio archivo de código fuente. Sin embargo, esto es una convención y no una restricción, por lo que puede definir tantas clases como quiera en el mismo archivo de código fuente. Por último, es posible implementar una clase definida en un archivo `.h` a través de varios archivos `.cpp`. Sin embargo, estas construcciones no son muy naturales y representan un riesgo de complicación a la hora de editar enlaces.

A continuación examinaremos la estructura de un módulo de objeto. Si bien es cierto que muchos lenguajes utilizan un proceso de construcción idéntico al de C++ –compilación, edición de enlaces, ejecución–, los módulos de objeto distan mucho de ser compatibles entre sí. A veces, esto también es cierto de un compilador de C++ a otro.

Los módulos de objeto contienen código fuente compilado. El trabajo de un compilador consiste tanto en realizar comprobaciones como en generar código (binario, ensamblador) a partir de las instrucciones. El módulo de objeto contiene:

– declaración de variables a nivel de ensamblador (nombre, tamaño);

– declaración de funciones (nombre, código binario).

El editor de enlaces se encarga de ensamblar (reunir) diferentes módulos de objetos para construir una librería (`.lib`, `.dll` o `.so`) o un ejecutable (`.exe` en Windows, sin extensión en Unix). La edición de enlaces consiste en organizar el ensamblaje según el formato impuesto por el sistema operativo, al menos cuando el objetivo es un ejecutable.

En general, todas las variables se agrupan en un segmento de datos, y todas las funciones (todas las instrucciones) se instalan en un segmento de código. Una cabecera completa el conjunto, agrupando diversa información general (metadatos, punto de entrada). A continuación, el editor de enlaces sustituye cada referencia a una variable o función por su dirección en el conjunto. Los nombres simbólicos desaparecen en beneficio de una dirección totalmente numérica.

Esta construcción de un ensamblado requiere algunos comentarios. En primer lugar, ¿es posible mezclar un módulo de objeto obtenido a partir de un código fuente escrito en C, con un módulo de objeto obtenido a partir de C++? Si bien es cierto que los dos lenguajes son similares, sobre todo en cuanto a los tipos de datos y su representación, los módulos de objeto utilizan convenciones diferentes. Los nombres simbólicos se forman por separado. Además, cuando se llama a una función, los argumentos no se pasan en el mismo orden. Por último, las técnicas de restauración de la pila son diferentes. Para resolver estas dificultades, el programador puede utilizar directivas específicas del compilador C++ para especificar cómo llamar a una función situada en un módulo compilado en C.

Estas directivas son `extern "C"` y a veces también `PASCAL`. Las veremos con más detalle más adelante.

Enlazar un módulo de objeto C++ con un módulo de objeto escrito en un lenguaje como Basic, es un asunto delicado. Pero la situación es más común de lo que se cree. Muchas aplicaciones están escritas utilizando Visual Basic en una parte, para la interfaz gráfica, y otra parte en C++, para el procesamiento. Lo primero que hay que tener en cuenta es la representación de los tipos de datos, que varía considerablemente de un lenguaje a otro. Hay dos técnicas posibles: utilizar un compilador y un editor de vínculos que reconozcan el formato con el que se quiere trabajar o crear módulos de objetos comunes a varios lenguajes de programación.

Durante mucho tiempo, Microsoft se decantó por la primera técnica, pero se encontró en un callejón sin salida que le llevó a la segunda. Los compiladores de Visual Basic podían explotar los módulos C++ (componentes COM o ActiveX), pero la vida del desarrollador se complicaba increíblemente cuando se trataba de intercambiar datos en forma de cadenas de caracteres, fechas, etc. Los ingenieros de Microsoft diseñaron entonces la plataforma .NET, en la que los módulos de objetos son idénticos de un lenguaje de programación a otro. Pero no se detuvieron ahí y aprovecharon la oportunidad para estandarizar los tipos de datos entre sus distintos lenguajes introduciendo el estándar CTS (*Common Type System*). Como resultado, VB.NET, C# y C++ comparten un gran número de características comunes.

En Unix, la situación es mejor porque C y C++ representan la mayoría de los desarrollos. Otros lenguajes, como TCL/TK o PHP son, de hecho, superposiciones de C (como C++ en sus inicios), por lo que la cuestión de la interoperabilidad entre lenguajes simplemente se plantea con menos frecuencia.

Sin embargo, entre compiladores C++, los módulos de objeto no siempre se organizan de la misma manera, incluso cuando se compilan en la misma plataforma. Se pueden encontrar ejemplos de situaciones problemáticas observando la alineación de las palabras (unidades de datos) a nivel de byte, doble byte o cuádruple byte.

1.4.3 Librerías

El ensamblado formado por el editor de enlaces no siempre es un ejecutable. Algunos módulos de objeto se pueden entregar en forma de librerías estáticas o dinámicas.

Observación

A los desarrolladores hispanoparlantes les gusta utilizar la palabra «librería» para referirse a una biblioteca de código. En inglés, la librería de código se pronuncia «library», y la documentación y los argumentos de la línea de comandos utilizan el término "lib". Como resultado, «librería» se ha convertido en un neologismo compartido por la comunidad de desarrolladores hispanohablantes.

Una librería estática simplemente agrupa un cierto número de módulos de objeto. En Windows, suele recibir la extensión `.lib`. Los programas ejecutables (que contienen una función `Main`) utilizarán algunas de las funciones de la librería después de enlazarla. Las funciones del sistema, como la visualización, la gestión de cadenas y otras, se suministran en forma de librerías estáticas. Algunos kits de desarrollo de software disponen de varias versiones de las librerías .lib, adaptadas para el funcionamiento con un solo o con varios threads, en un entorno internacionalmente neutro o específico de cada cultura, en función de las plataformas y los compiladores.

También es posible utilizar librerías estáticas de terceros que sean útiles para la aplicación, como librerías de análisis léxico y gramatical y librerías matemáticas.

En una época en que la memoria era limitada, había que reducir al mínimo el tamaño de los ejecutables. Al mismo tiempo, el software era cada vez más rico funcionalmente. Las librerías dinámicas se inventaron para resolver esta contradicción de objetivos. Permiten poner en común (compartir) código y a veces variables, entre varios procesos.

Un proceso es un programa en ejecución. Cuando un proceso llama a una librería dinámica (`.dll` en Windows y `.so` en Unix), se deben editar los enlaces. Sin embargo, estas técnicas no son las mismas que las utilizadas con un módulo de objeto o una librería estática y, generalmente, es el propio sistema operativo el que desempeña esta función.

Esta operación plantea una serie de cuestiones. En primer lugar, hay que advertir al editor de enlaces de que determinadas funciones sólo estarán disponibles en tiempo de ejecución. No debe intentar funcionar como de costumbre. Esto se consigue a costa de una sintaxis algo engorrosa, ya que muchos programas C++ utilizarán punteros de función para este fin.

En segundo lugar, la ubicación de la librería durante la ejecución provocará una ralentización más o menos importante: la librería se debe cargar en memoria, posiblemente inicializarse y después, la función se enlazará con el programa que llama.

Las librerías dinámicas han experimentado recientemente un auge inesperado, tanto en Unix como en Windows, aunque a costa de introducir cambios sustanciales en su funcionamiento y definición para garantizar el rendimiento y la seguridad.

1.4.4 Ejecutable

Un ejecutable es el resultado proporcionado por defecto por el editor de enlaces. Su construcción depende del sistema operativo. Algunos sistemas, como Windows, ofrecen diferentes organizaciones de ejecutables: `.com`, `.exe`, `.dll`. En Unix, las cosas parecen menos variadas, ya que basta con asignar el derecho de ejecución (`--x`) para que un archivo sea apto para la ejecución, siempre que esté convenientemente constituido.

Sea cual sea la plataforma, un ejecutable se forma a partir de una cabecera que indica el punto de entrada del proceso, es decir, la dirección de la primera instrucción que se va a ejecutar. En principio, este valor varía poco y los programas antivirus aprovechan esta característica para detectar un virus informático. Normalmente, un ejecutable contaminado contiene las instrucciones específicas del virus al final del archivo, para evitar desplazarlo y reescribirlo todo. El punto de entrada del proceso se desvía entonces temporalmente al final del archivo, y una instrucción de salto reanuda la ejecución normal. De esta forma, el usuario lanza su proceso, sin darse cuenta inmediatamente de que se ha instalado un virus. El programa parece ejecutarse normalmente, pero el código del virus está presente en el ejecutable.

Sea como fuere, el formato ejecutable ha cambiado poco desde que se concibió hace más de veinte años. Como C++ produce un código ensamblador difícil de descompilar, los ejecutables son vulnerables a las intrusiones virales, como acabamos de ver, pero también a los daños durante su transmisión por las redes informáticas. Editores como Microsoft han revisado a fondo el ensamblado de los ejecutables con la tecnología C++ gestionado (C++ para .NET). En este entorno, el ejecutable se puede firmar digitalmente para garantizar tanto su integridad como su origen.

El otro punto débil de los ejecutables C++ reside precisamente en la falta de información sobre el impacto del funcionamiento. Es cierto que C++ se puede utilizar para escribir sistemas operativos y compiladores, pero también es muy apreciado por su rendimiento y su apertura al mundo de las aplicaciones.

En un entorno de ejecución como Internet (a través de la interfaz de programación CGI), el ejecutable C++ constituye un riesgo. Es imposible predecir, simplemente mirando un archivo ejecutable, si contiene instrucciones peligrosas como reformatear el disco duro. Este escollo aboga a favor de una ejecución segura de los programas C++, como ocurre con los programas Java o C#.

También en este caso, Microsoft se ha adelantado a otros editores al ofrecer C++ gestionado, lo que ha sido posible adaptando un poco la sintaxis. El planteamiento puede sorprender, pero C++ tiene cualidades innegables en cuanto a rendimiento y consolidación del código existente, lo que lo hace cada vez más popular en el contexto de Internet. Como resultado, están apareciendo librerías C++ para construir servicios web.

1.5 Preprocesador

El preprocesador es responsable del procesamiento «textual» inicial de los archivos fuente. Descodifica las líneas que comienzan con el símbolo #. Estas líneas se utilizan para anidar archivos condicionalmente y para evaluar constantes simbólicas (también conocidas como macros).

De hecho, el preprocesador se ha convertido en parte integrante del compilador, que lo controla y optimiza su aplicación.

1.6 Elección de un compilador

La elección del compilador depende, en primer lugar, de la plataforma considerada. Windows, Linux, macOS, iOS, Android... Cada una tiene sus partidarios.

Pero la elección no está totalmente determinada por esta cuestión. Las librerías ofrecidas framework) y el entorno de desarrollo también son importantes a tener en cuenta.

Por último, algunos compiladores son mejores que otros en aspectos concretos, como la optimización del código o la compatibilidad total con plantillas (*templates*).

A continuación, se ofrece una lista breve aunque en ningún caso exhaustiva, de los compiladores de C++ más utilizados.

Compilador	Editor	Características principales
CCG	Licencia GPL	Imprescindible en Linux. Muy compatible con ANSI. Compatible con C++ 17 y C++ 20. Ajuste de la relación tiempo de compilación/optimización del código.
MSVC	Microsoft	Código bastante optimizado. Buena compatibilidad con las plantillas y los estándares C++ 17, C++ 20 y C++ 23. También incluye un compilador para C++ CLI (en el entorno .NET).
C++ Compiler	Embarcadero (antes Borland)	Compilador e IDE multiplataforma, Windows, Unix, macOS, iOS, Android. El compilador de C++ está disponible de forma gratuita.
oneAPI C++ Compiler	Intel	Compilador optimizado para computación a gran escala, orientado a arquitecturas específicas (procesadores, Cloud computing, IoT).
Watcom C++	Licencia de código abierto	El compilador Watcom ha estado asociado a la creación de algunos juegos muy famosos. Desde entonces, se ha publicado bajo una licencia de código abierto.

En el caso de los microordenadores, la elección del compilador también vendrá determinada por el precio y la disponibilidad del producto. En el caso de estaciones de trabajo o miniordenadores, la elección se puede limitar al compilador ofrecido por el fabricante (HP, Sun, etc.). Entonces puede recurrir a un proyecto para portar el compilador GNU a esta plataforma, pero a veces el trabajo aún no está terminado.

1.7 Editor de enlaces

El editor de enlaces o enlazador ensambla los módulos de objeto y luego resuelve las referencias simbólicas para formar un ejecutable o una librería de código binario «puro». La utilidad llamada al final de la cadena depende mucho del entorno y del sistema operativo.

2. Los primeros programas

Ahora vamos a averiguar cómo se puede utilizar C++ para implementar algoritmos. C++ pertenece a la familia de los lenguajes procedimentales, lo que significa que las instrucciones de un programa se agrupan para formar procedimientos, también conocidos como funciones.

Un programa C++ utiliza, por un lado variables para almacenar valores y, por otra parte, instrucciones para cambiar estos valores. Éste no es el aspecto más original de C++, ya que comparte esta base «algorítmica» con el lenguaje C. Como resultado, muchos tipos de datos son comunes a ambos lenguajes, y las instrucciones básicas también son idénticas. Esto hace que C++ sea más fácil de aprender y mejora la portabilidad hacia arriba.

También hay que señalar que la sintaxis de C++ es un poco más flexible que la de C, sobre todo en lo que se refiere a la declaración de variables y argumentos. Esto mejora naturalmente la corrección de los programas.

Para los lectores que se inician en la programación orientada a objetos con C++, es esencial asimilar plenamente la programación funcional, es decir, la programación basada en funciones. Conocer los algoritmos básicos –búsquedas, ordenaciones– es una muy buena manera de conseguirlo. La programación orientada a objetos es un superconjunto de la programación funcional, una forma particular de estructurarla y explotarla. Pero las reglas básicas siguen siendo las mismas.

2.1 Los comentarios

Antes de empezar con las instrucciones y las declaraciones de variables, vamos a explicar la notación para los comentarios.

Los comentarios son anotaciones escritas por el programador. Facilitan la relectura y a veces recuerdan la función de determinadas variables o bloques de instrucciones.

Existen dos tipos de comentarios en el lenguaje C++: comentarios de una sola línea y comentarios de varias líneas.

Para el primer tipo, se utiliza la barra invertida. El compilador que reconoce esta secuencia // ignora todo lo que sigue hasta el final de la línea.

El segundo tipo está delimitado por las secuencias /* y */, lo que permite realizar anotaciones en varias líneas o en sólo una parte de una línea, como en el lenguaje C. Atención: el uso de comentarios anidados /* ...... /* ... */ ......*/ no siempre es aceptado por el compilador.

Los comentarios se pueden colocar en cualquier archivo fuente C++.

2.2 Declaración de variables

2.2.1 Utilidad de las variables

Existen varios tipos de variables. En función del uso que se les vaya a dar, se les asigna un nombre, un ámbito, un tipo y, a veces, incluso un valor inicial. Son los algoritmos los que ponen de manifiesto la necesidad de utilizar variables.

Cuando cree una variable, elija siempre el nombre más explícito posible, aunque sea un poco largo. En primer lugar, porque casi todos los editores de código fuente disponen de una función de completado y, en segundo lugar, porque la legibilidad de un programa es el objetivo número 1.

Por ejemplo, para representar las dimensiones de un mueble, prefiera los nombres `anchura`, `altura` y `profundidad` a los crípticos `a`, `L` y `P`.

Para los bucles, son preferibles identificadores (nombres) más cortos, como `i`, `j`, `k`, siempre que su ámbito sea limitado. Queda descartado declarar una variable `i` en un ámbito global, ya que sería demasiado peligroso para el funcionamiento de los algoritmos.

También es importante tener en cuenta que el valor de una variable cambia con el tiempo. Por lo tanto, una variable se puede utilizar para recoger un valor disponible en un momento dado y almacenar este valor durante el tiempo que sea necesario. Este resultado puede evolucionar –el valor de la variable se modifica– o contribuir al desarrollo de otro valor evaluando una expresión en la que intervenga.

Variable general	Representa una característica asociada a un objeto natural, como la anchura, el peso o el precio. La unidad –metro, kilogramo o euro– no es memorizada por la propia variable. Su valor suele variar poco.
Variable discreta	Su valor cambia regularmente dentro de un rango de valores, de 1 a 15 por ejemplo. Permite realizar una acción un número determinado de veces.
Variable intermedia	Su valor se actualiza en función de determinados cálculos. Una suma es un buen ejemplo de este tipo de variable.

La forma más sencilla de cambiar el valor de una variable es mediante asignación, conocida como operador =. La variable se coloca a la izquierda del signo = y el valor a la derecha. Esto se conoce como l-value (*left-value*) y r-value (*right-value*).

```
area = anchura * longitud;
```

Existen otras formas de alterar el valor de una variable, además de la asignación efectos secundarios. El ámbito es una característica clave para proteger una variable de errores de escritura.

Sólo se puede modificar el valor de una variable. Su tipo, ámbito e incluso su nombre se definen de una única vez cuando se declara.

2.2.2 Ámbito de las variables

Una variable pierde su contenido cuando el flujo de ejecución abandona su ámbito de declaración. En el caso de un ámbito global, pierde su contenido cuando finaliza la ejecución del programa.

Las variables se deben declarar en un programa C++. No es posible utilizar una variable no declarada, en cuyo caso el compilador emitirá un error. Sólo los lenguajes interpretados tienen esta característica, como Basic o PHP.

La declaración de una variable especifica todas sus características en un solo paso.

El lugar donde se realiza esta declaración determina el ámbito de la variable, es decir, la región del código donde tiene significado. Fuera de su ámbito, es imposible acceder a ella para leer su valor o modificarla.

Es muy posible que la variable deje de existir cuando se considere fuera de su ámbito.

Ámbito global	Variable global. En principio, accesible por todas las funciones del programa. Numerosas posibilidades de modificaciones concurrentes, por lo que el uso de este ámbito se debe reducir al mínimo.
Ámbito de un espacio de nombres	Variable menos global, porque se pueden utilizar modificadores de acceso –privado, público– para restringir su uso fuera del espacio de nombres.
Ámbito de una clase	El mismo razonamiento que para el espacio de nombres, salvo que la variable existe tantas veces como se instancie la clase.
Ámbito de una función	Variable local. Dedicada al uso algorítmico. Nivel de protección bastante alto.
Alcance de un bloque de instrucciones	Variable muy local. Razonamiento idéntico al de la variable que recibe el ámbito de una función.

En la tabla anterior, el término variable de ámbito local significa que se declara dentro de una función. En el caso de ámbito de espacio de nombres, la variable se declara dentro de un espacio de nombres, y así sucesivamente.

```
int v_global; // variable global

namespace Formas
{
  double area; // variable declarada en el ámbito de un namespace
}

class Cubo
{
  float parada; // variable declarada en el ámbito de una clase (campo)
} ;

void contar ()
{
  int i; // variable local
}
```

Cuando se hace referencia a una variable, el compilador siempre da prioridad a la variable con la declaración más cercana. En otras palabras, si dos variables tienen el mismo nombre, una de las cuales es global y la otra local a una función, la variable global quedará oculta por la variable local para las expresiones dentro de la función:

```
int i;        // variable global

void contar ()
{
  int i;      // variable local
  i=2;        // asigna la variable local
}
```

Para evitar este problema, puede utilizar el operador de resolución de ámbito `::` que especifica el ámbito al que se refiere la variable en cuestión:

```
int i;
void contar ()
{
  int i;      // variable local
  i=2;        // asigna la variable local
  ::i=8;      // variable global asignada
}
```

Veremos otros usos del operador `::`, que no existe en el lenguaje C.

2.2.3 Sintaxis de declaración

La sintaxis para declarar una variable es muy concisa:

```
tipo nombre;
```

El tipo y el nombre son obligatorios.

El punto y coma cierra la declaración. A veces también encontrará una declaración que inicializa la variable con un valor:

```
int precio = 30; // declara una variable precio de tipo entero
```

También es posible compartir el tipo entre varias variables, para acortar la secuencia de declaración:

```
int anchura, altura;
```

Naturalmente, cada variable de anchura y altura es de tipo entero (`int`). A cada una de ellas se le puede dar un valor inicial:

```
int anchura = 30, altura = 120;
```

El nombre de la variable debe empezar por una letra o el carácter de subrayado. Los identificadores de variables no incluyen caracteres utilizados como operadores, como -, +, /, `.`, < o el carácter `$`.

No es buena idea utilizar caracteres acentuados, aunque el compilador los acepte. La portabilidad del programa se vería muy reducida.

2.2.4 Tipos de datos

El lenguaje C++ utiliza los tipos primitivos del lenguaje C. Estos tipos se dividen en diferentes categorías: tipos enteros, tipos decimales y caracteres. C++ añade un tipo booleano y no mejora la representación arcaica de las cadenas de caracteres. En su lugar se ofrece una clase en la librería estándar STL, pero su uso no está tan extendido como el habitual `char*`.

Para los tipos cuya codificación varía de un compilador a otro (`int`, por ejemplo), el operador `sizeof()` devuelve la anchura del tipo o variable en bytes.

2.2.5 Los tipos enteros

El lenguaje C se inventó en una época en la que la informática era muy sencilla. Además, se diseñó para aprovechar las instrucciones especializadas del procesador del PDP-11 (antepasado del Vax de Digital). Algunas notaciones, como el famoso ++, proceden directamente de esta «optimización». En cuanto a las variables, la unidad básica sigue siendo el byte. Esta cantidad está bien situada para representar caracteres ASCII (la tabla básica contiene 128 símbolos) pero también enteros cortos, entre -128 y +127.

El compilador utiliza la representación del complemento a dos, lo que le permite tratar los números negativos y las restas con la misma aritmética que las sumas.

Tomemos el tipo `char`, que permite representar $2^8 = 256$ valores. Estos valores se distribuyen entre -128 y +127, en complemento a dos. El complemento a dos es en realidad el complemento a uno (inversión de todos los bits) aumentado en uno. Con variables de tipo `char`, sumemos 4 y -3:

```
char x = 4;
char y = -3;
char z = x + y;
```

Para codificar el valor 4, es decir, la variable x, basta con descomponer en base 2; obtenemos $1x2^2 = 4$, por lo que:

```
x = 0000 0100
```

Para codificar el valor -3, es decir, la variable y, empecemos escribiendo 3 en base, es decir $1x2^1 + 1x2^0 = 3$, es decir:

```
+y = 0000 0011
```

A continuación, invierta todos los bits para obtener el complemento a uno:

```
!+y = 1111 1100
```

Si sumamos 1, la representación de -3, en binario y complemento a dos, es:

```
y = 1111 1101
```

Ahora sumemos x e y:

```
x = 0000 0100
y = 1111 1101
```

La suma bit a bit, con propagación del resto, da:

```
z = 0000 0001
```

... lo que coincide con el resultado esperado.

El formato de complemento a dos se eligió por su sencillez. C++ ofrece una serie de tipos de datos para representar números enteros, cuya longitud oscila entre uno y ocho bytes, dependiendo del microprocesador.

`char`	256 valores [-128 ; +127]	Se utiliza para bytes y caracteres.
`short`	32768 valores [-32 767 ; +32 768]	Entero corto, abreviatura de short int. Con los procesadores de 32 bits, su uso tiende a desaparecer, salvo por razones de compatibilidad.
`int`	2^{32} valores [-2^{31}-1 ; 2^{31}-1]	Entero. En principio, su longitud adopta el tamaño de la palabra de máquina, es decir, 32 bits en la mayoría de los casos.
`long`	2^{64} valores [-2^{63}-1 ; 2^{63}-1]	Entero largo, abreviatura de long int. Normalmente es el doble de int, pero a veces se limita a 32 bits con determinados compiladores.

Puede parecer sorprendente, en la era de los microprocesadores de 64 o incluso 128 bits, seguir con palabras de máquina de 32 bits. Hay que tener en cuenta la relación entre rendimiento, anchura del bus de datos y huella de memoria. En otras palabras, si un cálculo se limita a valores de 32 bits, no irá más rápido en un procesador de 64 bits, pero las transferencias de memoria se duplicarán.

He aquí un ejemplo que se ejecuta en Windows con el compilador C++ de Microsoft, que ha introducido el tipo específico `__int64` para conseguir 64 bits, e incluso `__int128` para 128 bits. Estos tipos no existen en el compilador `gcc`, pero el programa también se puede probar en parte en Linux. El compilador `gcc` ofrece el entero de 64 bits en forma de un `long long int` o un tipo `int64_t` disponible tras la inclusión de la cabecera `<inttypes.h>`.

```
int i = -1;
long l = -1;

printf("entero int\n"); // la secuencia \n provoca un salto de línea
en la visualización
printf("sizeof(int) %d bytes\n", sizeof(int)); // da 4 bytes
printf("-1 (int) %x\n", i); // ffffffff 32 bits a 1

printf("\nentero long\n");
printf("sizeof(long) %d bytes\n", sizeof(long));
printf("-1 (long) %x\n", l); // ffffffff 32 bits a 1

// el compilador previene el truncado
l = 0x7fffffffffffffff;

// utilizar un entero con 64 bits, sin truncar
__int64 long_64 = 0x7fffffffffffffff;
printf("\nentero 64 bits\n");
printf("sizeof(long) %d bytes\n", sizeof(__int64));
cout << hex << long_64 << endl; // 0x7fffffffffffffff es decir 64 bits
```

Con un procesador Intel I3 (tecnología de 64 bits) y un sistema operativo Windows de 64 bits, comprobamos que los tipos `int` y `long` tienen las mismas características, es decir, 32 bits. El mismo resultado bajo Ubuntu virtualizado a 32 bits con el mismo procesador I3.

```
entero int
sizeof(int) 4 bytes
-1 (int) ffffffff

entero long
sizeof(long) 4 bytes
-1 (long) ffffffff

entero 64 bits
sizeof(long) 8 bytes
7fffffffffffffff
```

Además, el compilador nos informa del truncado de un entero de 64 bits a un entero long de 32 bits:

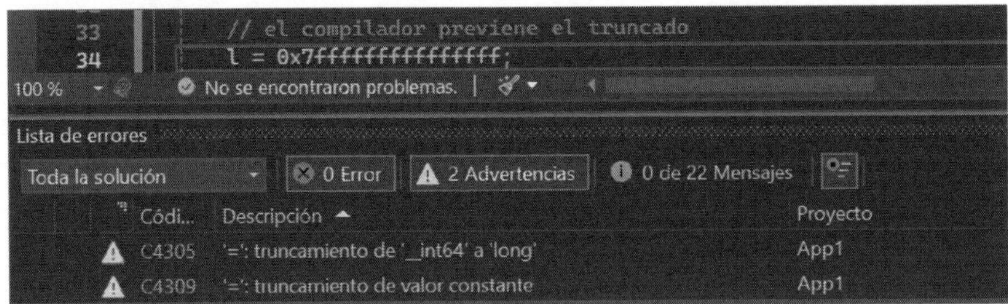

El uso del calificador traslada los valores representados al intervalo [0; 2^n-1]. La declaración de una variable se convierte entonces en:

```
unsigned char c;
```

Una de las mayores dificultades a la hora de portar aplicaciones C++ proviene de la multitud de formatos de representación asociados a los tipos. Es cierto que entre un microcontrolador de 8 bits y un Power PC, el tipo `int` no tendrá la misma longitud. Pero esta situación no siempre es cierta, y los compiladores de 16 bits acaban desapareciendo.

Para variables discretas –utilizadas en bucles `for`– puede ser conveniente utilizar el tipo `int`. Esto se debe a que los microprocesadores de 32 bits, que son los más extendidos, se tienen que ralentizar para procesar cantidades más pequeñas. Leen la memoria en bloques de cuatro bytes o más. Hay muchas posibilidades de que la variable esté alojada en un registro del microprocesador, pero su número se cuenta, sobre todo en los microprocesadores (CISC, entre los que se encuentra el Pentium) que utilizan un registro ampliado de instrucciones complejas. En cambio, los procesadores RISC, como el Power PC, tienen pocas instrucciones pero muchos registros. Por tanto, el compilador tiene ventaja a la hora de manejar bucles.

Cuando se especifica un valor entero literal, el compilador utiliza base 10. Por lo tanto, la asignación `x = 123` significa que se coloca el valor 123 en la variable x.

Como C++ adopta las características de C y C se inventó al mismo tiempo que Unix, el compilador también reconoce las bases octal y hexadecimal.

En octal, cada dígito cambia entre 0 y 7, ya que la base es 8. El compilador reconoce el uso de octal anteponiendo un cero al valor literal:

`x = 0123` equivale a x = $1x8^2 + 2x8^1 + 3x8^0$ o 83 en decimal.

El formato octal es especialmente útil para representar permisos de acceso a archivos Unix. Estos permisos definen el valor de 3 bits, `rwx` (*read write execute*), que da 8 posibilidades y conduce al uso de la base octal.

El hexadecimal es más cómodo para manejar la base 2, que es muy arriesgada para la interpretación humana. En esta base, utilizamos los diez dígitos del 0 al 9 más las letras A, B, C, D, E y F para contar hasta 15. Las 16 posibilidades de un dígito hexadecimal significan que equivale a un cuarteto o medio byte. El compilador reconoce el uso del hexadecimal para un valor literal mediante el prefijo 0x.

Con `a = 0xA28`, la variable a recibe el valor $10x16^2 + 2x16^1 + 8x16^0$, es decir, `a = 600` en decimal.

La escritura binaria es bastante fácil de deducir, ya que cada dígito representa un bloque de cuatro bits:

```
1010 0010 1000
```

2.2.6 Los tipos decimales

El término número en coma flotante es sin duda más apropiado que el número real elegido para representar este número. C++ dispone de los tipos `float` y `double`, que se ajustan al formato IEEE 754. Este formato estándar es utilizado principalmente por los coprocesadores aritméticos.

La precisión dista mucho de ser buena, sobre todo si el valor absoluto de los números que hay que representar es elevado.

El formato `float` utiliza cuatro bytes para representar un número decimal. El double multiplica esta cantidad por dos. La ventaja del `doble` es, sin duda, que mejora la precisión de los cálculos en lugar de ampliar el área de cobertura.

Por último, el formato `long doble` mejora aún más la precisión, pero a veces los cálculos son emulados por software en lugar de ser procesados por el coprocesador aritmético.

`float`	32 bits, 7 dígitos significativos	+/- 3,4x1038
`Double`	64 bits, 11 dígitos significativos	+/- 1,7x10308
`long double`	80 bits, 15 dígitos significativos	+/- 1,2x104932

Antes de utilizar estos tipos en sus programas, tenga en cuenta los siguientes puntos:

- Maneje cantidades con valores absolutos comparables. Dado que los cálculos se realizan con una mantisa de unos 40 bits, sumar un número muy grande a otro muy pequeño provocará errores de cálculo.
- Los números enteros siempre se representan exactamente con estos formatos.
- Algunos números decimales, como 1,45, no se pueden representar exactamente en los formatos `float` y `double`. La heurística incorporada en los coprocesadores aritméticos tiene esto en cuenta, pero los cálculos pueden ser erróneos.
- La precisión disminuye rápidamente a medida que aumenta el valor absoluto. Utilizar un tipo `float` en el límite de su representación puede ser dramático para la calidad de los cálculos. Cambiar a un double dará resultados más precisos, con un aumento insignificante del tiempo de cálculo.

En resumen, estos formatos son útiles cuando está en juego la compatibilidad con software externo o cuando la velocidad de los cálculos es un factor determinante. Para aplicaciones científicas o financieras, puede ser útil utilizar una librería especializada para representar números en forma de cadenas de caracteres.

2.2.7 El booleano

El lenguaje C no conoce los booleanos como tipo, pero ha secuestrado la aritmética de enteros para evaluar sus predicados.

Un booleano es un valor que se evalúa como verdadero o falso. Las instrucciones condicionales, `if`, while, `for`... funcionan con una comprobación que debe ser de tipo booleano.

Cuando se utilizan números enteros como booleanos, la convención es que 0 equivale a falso y cualquier otro valor estrictamente distinto de cero, equivale a verdadero.

Como la asignación produce un valor a la izquierda, a veces de tipo entero, los diseñadores tuvieron que distinguir la asignación de la comparación estricta de dos cantidades:

```
if(x=3)
```

Esta última cláusula siempre es verdadera, porque 3 es distinto de cero. La variable x recibe el valor 3, por lo que la comprobación es positiva (verdadera). La forma correcta de escribirlo es:

```
if(x==3)
```

El operador == comprueba la igualdad de la variable x con el valor 3. Devuelve verdadero o falso, según corresponda.

El compilador de C++ emite una advertencia (*warning*) cuando identifica esta escritura, equívoca pero sintácticamente legal. Dicho esto, C++ también tiene un tipo booleano real para evaluar predicados:

bool	true false	Los valores `true` y `false` son palabras clave del lenguaje, no macros, como ocurre a veces con C.

2.2.8 Los caracteres y cadenas

Una cadena de caracteres es una secuencia de caracteres. El compilador ordena los caracteres uno tras otro y termina la serie con un carácter de código 0. Este formato se denomina cadena ASCIIZ, con una Z para el cero terminal.

El tipo utilizado para designar cadenas de caracteres suele ser `char*`, pero también se pueden utilizar matrices `char[ ]` en determinadas condiciones.

Cuando designamos una cadena literal, delimitada por comillas, el compilador asigna una dirección para almacenar los caracteres de la cadena. Esta dirección es, en realidad, una dirección de carácter(es), de ahí el tipo `char*`. Por supuesto, es posible leer esta zona de memoria, pero no siempre es posible modificar los caracteres contenidos en ella, ni escribir más allá del cero terminal.

Es posible crear una matriz de caracteres bastante grande (`char[ ]`) o asignar una zona de memoria para copiar la cadena literal y realizar los cambios necesarios.

Al igual que su predecesor en C, el compilador de C++ reconoce las secuencias de escape.

\n	Nueva línea	\b	Sonido de campana (bell
\r	Retorno de carro	\t	Tabulación

Los valores de caracteres literales están delimitados por el signo `'`, como se muestra en el siguiente extracto:

```
// tres caracteres
char a = 65;
char b = 'B';  // el código ASCII 66
char tab = '\t';

// dos cadenas
char* s = "hola";
char* u = "¿cómo \n estás?";
```

En el caso de la cadena u, la secuencia de escape se ha eliminado deliberadamente para mejorar la legibilidad del ejemplo. Es perfectamente posible eliminar los espacios a ambos lados.

Para copiar cadenas, concatenar otras cadenas, calcular su longitud y realizar búsquedas, la librería `<string.h>` proporciona todas las funciones necesarias.

El lenguaje C++ también ofrece un soporte de cadenas más avanzado a través de su librería estándar, la librería STL.

2.3 Instrucciones de evaluación y operadores

Los operadores y las instrucciones, que son esenciales para la declaración de un programa, son los elementos que permiten traducir un algoritmo a C++.

Los operadores combinan diferentes valores para producir expresiones. Estas expresiones pueden ser numéricas (enteras, decimales) o booleanas. Cuando los operadores están sobrecargados, pueden resultar otros tipos de la aplicación de los operadores.

2.3.1 Instrucciones de evaluación

C++ tiene dos tipos de evaluación: simples y múltiples. La evaluación simple es un algoritmo básico, la sentencia `if`.

La evaluación múltiple se diseñó para aprovechar la instrucción `switch` del PDP11. Es una optimización que evita probar el mismo valor entero varias veces. Hoy en día, la instrucción `switch` sería más bien una comodidad de programación, pero muchos lenguajes, incluido C++, se ciñen al enfoque del lenguaje C.

La evaluación simple: if

Esta instrucción ejecuta condicionalmente otra instrucción, después de evaluar un predicado booleano. El estilo de escritura es importante para la legibilidad del programa, pero no influye en su funcionamiento.

```
if( predicado )
    instrucción
```

El tabulador indica al lector que la instrucción sólo se ejecuta si se verifica el predicado (verdadero). Una instrucción puede representar varias cosas:

```
instrucción -> ;
    instrucción_simple
    { instrucción instrucción_simple }
```

En otras palabras, «instrucción» se puede referir a la instrucción vacía (`;`) o a una instrucción elemental, como una asignación o una llamada a función o puede ser un bloque de instrucciones delimitado por las llaves `{` y `}`.

Observe el uso de paréntesis para delimitar el predicado, eliminando la palabra clave `then` utilizada en Basic y Pascal.

Si se trata de una instrucción simple, es mejor evitar el uso de llaves para no sobrecargar el programa.

```
if(x==3)
  printf("x es 3") ;
```

La verificación simple con alternativa if ... else

A veces es necesario proporcionar la alternativa, es decir, la instrucción que se ejecuta cuando el predicado no se verifica (falso).

Este es precisamente el propósito de la construcción `if ... else ....`

```
if(predicado)
  instrucción_verdadero
else
  instrucción_falso
```

Por supuesto, las reglas aplicables a la definición de una instrucción simple o compuesta siguen siendo válidas: utilice llaves sólo si es necesario.

```
if(cita<miércoles)
  printf("cita inicio de la semana");
else
{
  printf("cita en fin de semana\n");
  printf("evitar el fin de semana");
}
```

La verificación múltiple switch

La verificación múltiple anticipa los distintos valores que puede tomar una expresión (o variable). Normalmente, estos valores son de tipo entero y se conocen en tiempo de compilación.

La instrucción funciona enumerando los distintos valores posibles, denominados casos. Se aplica una cláusula `default` cuando el valor verificado no satisface ninguno de los casos enumerados.

```
switch(valor_entero)
{
  case valor1:
    instrucción
  case valor2:
    instrucción
  ...
  default:
    instrucción
}
```

En principio, la instrucción debe terminar con un `break` de lo contrario, la ejecución continúa hasta que se alcanza este tope, aunque ello signifique cruzar nuevas líneas de `case`. Esta construcción particular permite agrupar varios casos:

```
switch(x)
 {
  case 1:
  case 2:
    printf("x vale 1 o 2");
    break;
  case 3:
    printf("x vale 3");
    break;
  case 10:
    printf("x vale 10");
    break;
  default:
    printf("x es diferente de 1,2 y 10");
    break;
  }
```

La cláusula `default` no tiene por qué aparecer en la última posición, pero a menudo se coloca ahí. No es obligatoria.

2.3.2 Operadores

Los operadores combinan diferentes valores. Según el número de valores combinados por el operador, se trata de operadores unarios o binarios. Estos valores se denominan entonces operandos.

En esta sección se enumeran los principales operadores. Los operadores específicos de clases, matrices y funciones se tratarán más adelante.

Operadores de comparación

Estos operadores verifican una relación de orden entre dos operandos. Los operandos pueden ser de cualquier tipo, pero en aras de la homogeneidad, es mejor que los tipos coincidan.

La evaluación de la expresión mediante un operador de comparación produce un resultado booleano, verdadero o falso.

==	igualdad de valores (no utilizar el operador de asignación =)
!=	diferencia de valores (equivalente al signo matemático ≠)
<	inferior a
>	superior a
<=	inferior o igual a
>=	superior o igual que

Para mejorar la legibilidad, se recomienda utilizar paréntesis para aclarar un predicado que incluya varios operadores.

Operadores aritméticos

Por supuesto, se trata de las cuatro operaciones básicas –suma, resta, multiplicación, división– aplicables a cualquier tipo numérico, entero o no. Los números enteros también incluyen el resto de la división entera, a veces llamado módulo.

++	adición
-	sustracción
*	multiplicación
/	división
%	modulo

Tampoco en este caso dude en añadir paréntesis para mejorar la legibilidad, aunque algunos operadores tengan prioridad sobre otros (* sobre +, por ejemplo).

Operadores lógicos

Tenga cuidado de no confundirlos con los operadores booleanos. Los operadores lógicos funcionan a nivel de bit.

~	Complemento a 1 (no lógico)
|	o lógico
&	y lógico
^^	o exclusivo
<<	desplazamiento a la izquierda, n bits
>>	desplazamiento a la derecha, n bits

Cada función lógica tiene su correspondiente tabla de verdad y empezamos por el «no lógico»:

b	~b
0	1
1	0

Descubramos ahora el «o lógico»:

b1	b2	b1 | b2
0	0	0
0	1	1
1	0	1
1	1	1

Ahora viene el «y lógico»:

b1	b2	b1 & b2
0	0	0
0	1	0
1	0	0
1	1	1

Por último, el «o exclusivo»

b1	b2	b1 ^ b2
0	0	0
0	1	1
1	0	1
1	1	0

Para entender los operadores de desplazamiento, un diagrama será más explicativo:

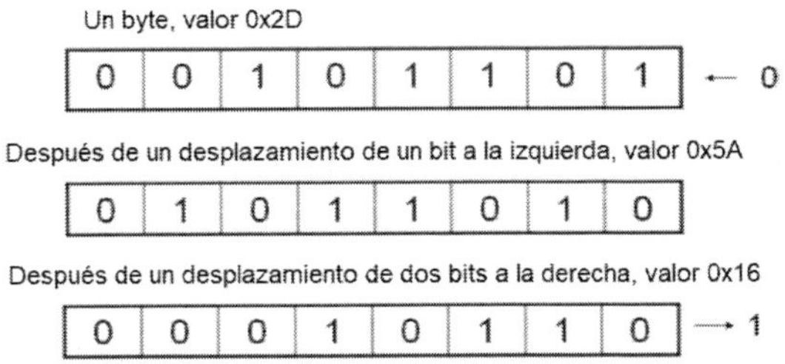

El programa correspondiente tiene este aspecto:

```
int main(int argc, _TCHAR* argv[])
{
  char c = 0x2D;
  printf("%x\n",c);      // 2D

  char c1 = c << 1;
  printf("%x\n",c1);      // 5A

  char c2 = c1 >> 2;
  printf("%x\n",c2);      // 16
  return 0;
}
```

Tenga en cuenta que el desplazamiento a la izquierda multiplica la cantidad por 2, mientras que el desplazamiento a la derecha divide la cantidad por 2. Si el desplazamiento se produce sobre varios bits, la cantidad se modifica por un factor de 2 veces el número de bits desplazados.

Comprobémoslo en el ejemplo: `5A = 5x16 + 10 = 90 y 2D = 2x16 + 13 = 45`. Además, `16 = 1x16 + 6 = 22`, que es la cuarta parte de 90, en aritmética de números enteros.

Los operadores lógicos son especialmente útiles a la hora de estructurar un entero (o byte) o de procesar un flujo binario. Las librerías de conexiones de red también los necesitan.

A menudo se utilizan para crear máscaras de bits, con el fin de leer tal o cual parte de un valor entero:

```
int x = 0xCB723E21;
c = (x & 0x00FF0000) >> 16;
printf("%x\n", c); // muestra 72
```

Para entender cómo se ejecuta este programa, sigamos los cálculos en un dibujo:

Representación hexadecimal de x (atención, cada cifra representa 4 bits)

C	B	7	2	3	E	2	1

La máscara. Recordemos que F vale 1111 en binario

0	0	F	F	0	0	0	0

Después de la aplicación de la máscara (tabla de verdad de Y)

0	0	7	2	0	0	0	0

Después de un desplazamiento de 16 bits a la derecha

0	0	0	0	0	0	7	2

2.3.3 Operadores booleanos

Los operadores booleanos son similares a los lógicos, salvo que operan sobre valores booleanos en lugar de bits. Por supuesto, utilizan las mismas tablas de verdad, pero el diseñador del lenguaje C tuvo que introducir notaciones especiales para distinguir los dos dominios. Recuerde que el lenguaje C asimila los números enteros (formados por bits) y los booleanos. El lenguaje C++ ha conservado este enfoque por razones de compatibilidad.

¡ !	Negación booleana
&&	y booleano
||	o booleano

Obsérvese la desaparición del o exclusivo, que se puede construir a partir de los demás operadores:

```
Xor(p,q) = (p || q) && ! ( p && q)
```

Observe también el cambio de notación para la negación. En lugar de duplicarse, la tilde se convierte en un signo de exclamación.

Para implementar estos operadores, podemos utilizar un booleano o el resultado de la evaluación de un operador de comparación:

```
bool p,q;
int x, y;
...
p = q && (x<y) ;
```

Como siempre, los paréntesis son útiles para mejorar la legibilidad. También puede trabajar en el diseño para que sea más fácil centrarse en un predicado que es un poco largo:

```
if((x < 3 ) && f(34,2*p)<fgetc(fi) || ! (k %2==0))
             ...
```

Esta expresión se podría escribir como:

```
if((x < 3 ) &&
   f(34,2*p)<fgetc(fi) ||
   ! (k %2==0))
```

2.3.4 Operadores de incremento

Estos operadores provienen directamente del ensamblador del microprocesador PDP-11. Como tales, son sólo una notación conveniente para aumentar o disminuir una variable en una unidad. Pueden llegar a ser muy eficaces con ciertos procesadores CISC, siempre que se disponga del modo de direccionamiento «indexado relativo».

De momento, nos centraremos en la sintaxis:

`var++`	Evalúa el valor de la variable y luego aumenta la variable en una unidad.
`var--`	Evalúa el valor de la variable y luego disminuye la variable en una unidad.
`--var`	Disminuye el valor de la variable y luego evalúa su nuevo valor.
`++var`	Aumenta el valor de la variable y luego evalúa su nuevo valor.

En varias situaciones, las notaciones prefijadas y postfijadas darán el mismo resultado:

```
int x = 3;
++x;    // ici x++ siempre es equivalente
printf("x=%d\n",x);  // muestra x=4
```

En otros casos, el orden es muy importante:

```
int x=1,y=2;
y=(++x);  // x=2, y=2
y=(x++);  // x=3, y=2
printf("x=%d, y=%d",x,y);  // muestra x=3, y=2
```

2.3.5 Instrucciones de bucle

Las instrucciones de bucle definen instrucciones que se ejecutan varias veces. El número de ejecuciones –llamadas iteraciones– se especifica mediante una condición.

A la hora de elegir el tipo de bucle adecuado, se debe guiar siempre por la necesidad algorítmica. Si conoce de antemano el número de iteraciones, se trata de un bucle for. Si no, es un bucle `while` (o `do`).

2.3.6 El bucle while

La sentencia `while` se utiliza mejor cuando no se conoce de antemano el número de iteraciones.

```
while( predicado )
  instrucción
```

Aunque while funciona perfectamente con una variable discreta, no es raro encontrar ejemplos con este aspecto:

```
while( L != null )
{
  printf("%s",L->elemento);
  L=L->continua;
}
```

Tenga en cuenta que la instrucción asociada al `while` puede perfectamente no ejecutarse si el predicado es falso desde el principio.

2.3.7 El bucle for

Esta instrucción es un poco curiosa. Implementa la estructura de control de flujo de ejecución definida por los algoritmos imperativos, pero en realidad es una instrucción while disfrazada.

```
for(inicialización ; predicado ; incremento)
  instrucción
```

La inicialización se utiliza generalmente para asignar variables. El predicado se suele basar en un operador de comparación como <. El incremento se utiliza para incrementar una variable discreta.

Tomemos el ejemplo de un bucle for diseñado para ejecutar un determinado número de iteraciones:

```
for(int i=1; i<=10; i++)
    printf("i=%d\n",i);
```

Podríamos haber escrito esto utilizando un bucle while:

```
int i=1;
while(i<=10)
{
  printf("i=%d\n",i);
  i++;
}
```

Sin embargo, escribir for es más conciso.

Los programadores de C y C++ están acostumbrados a inicializar i a 0, lo que cambia la expresión de la verificación:

```
for(i=0; i<10; i++) .
    ...
```

Si contamos correctamente, siempre hay 10 iteraciones. Veremos más adelante que las matrices se indexan desde 0 y que este hábito se adapta perfectamente a los programas. Sin embargo, si está traduciendo un programa Pascal o Basic a C++, necesita vigilar de cerca estos valores límite.

En el bucle for, todas las partes son opcionales, pero el punto y coma siempre está ahí:

```
for( ;  ; )
    ...
```

Otras instrucciones, como `break`, le ayudarán a salir del bucle.

2.3.8 El bucle do

A diferencia del bucle `while`, el bucle `do` hace que se ejecute al menos una iteración, porque el predicado se evalúa al final de esta iteración:

```
do
  instrucción
while ( predicado );
```

Un ejemplo de uso de este bucle es para leer las entradas del usuario:

```
char c;
do
{
  printf("Confirmar O/N");
  scanf("%d",&c);
} while(c!='o' && c!='O' && c!='n' && c!='N');
```

2.3.9 En instrucciones de desconexión

C++ tiene tres instrucciones imperativas de desconexión: `goto`, `continue` y `break`.

Sólo se siguen utilizando las instrucciones `break` y `continue`. La instrucción `goto` hace tiempo que demostró ser una complicación a la hora de mantener y releer programas.

La instrucción `break` se utiliza para salir de una estructura de control, `switch` o `bucle`. La instrucción `continue` sólo se aplica a los bucles; inicia una nueva iteración.

Siempre es posible construir programas que eviten el uso de `continue` y `goto`. Por otra parte, la instrucción `break` facilita la lectura del programa.

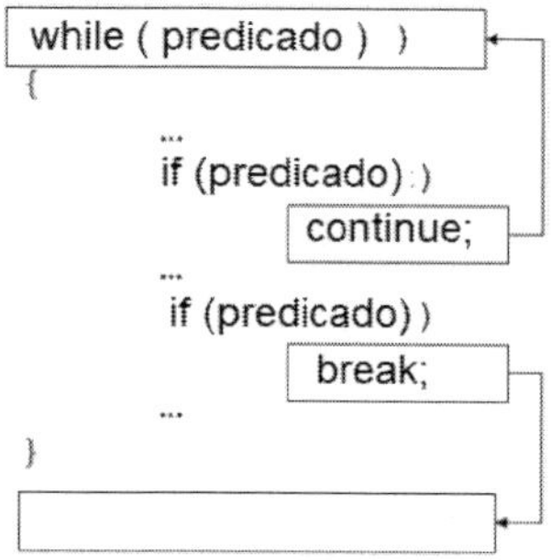

```
while ( predicado ) )
{
        ...
        if (predicado) )
                continue;
        ...
        if (predicado) )
                break;
        ...
}
```

Es frecuente combinar estas instrucciones con verificaciones (`if`), pero no es un requisito impuesto por la sintaxis.

3. Matrices

Las matrices, al igual que las variables, son una estructura muy importante para los algoritmos. Una matriz es un conjunto de valores de un tipo determinado. Se accede a cada valor dando a la matriz un número, llamado **índice**. En C++, los índices empiezan en 0 y aumentan hasta N-1, donde N es el tamaño de la matriz, es decir, el número de elementos que contiene.

El tipo de la matriz –de hecho, el tipo de los elementos que contiene– es arbitrario: valor escalar, objeto, puntero, etc. He aquí dos ejemplos de matrices:

```
double coord[2];  // matriz de dos elementos coord[0] y coord[1]
char* dico[10000]; /* matriz de 10000 punteros desde dico[0]
hasta dico[9999] */
```

También es posible definir matrices multidimensionales:

```
double matriz[3][3];  // un matriz, de 2 dimensiones
```

Para inicializar una matriz podemos acceder a cada uno de sus elementos:

```
coord[0]=10;
coord[1]=15;
```

También es posible inicializar la matriz por extensión, es decir, suministrando sus valores en el momento de la declaración:

```
char separadores[] = { ' ','*','-' };
```

Los literales de cadena son muy útiles para inicializar matrices de caracteres. Lo siguiente:

```
char cadena[]="Hola";
```

es más sencillo de usar que:

```
char cadena[]={'H','o','l','a'};
```

He aquí un ejemplo de búsqueda del valor más pequeño de una matriz de tipo doble:

```
double m;  // valor mini
double tab[] = {-3, 8.2, 5, 57, -11, 1.4 };

int i;
m=tab[0];

for(i=0; i<6; i++)   // 6 valores en la matriz
  if(tab[i]<m)
    m=tab[i];

printf("El valor más pequeño es %f",m);
```

La sintaxis para declarar un array se basa en el uso de corchetes `[` y `]`. Veremos más adelante que los punteros y las matrices tienen cierta similitud.

Las matrices declaradas con la sintaxis `[ ]` se asignan en el ámbito actual; si son una variable local a una función o método, se asignan en la pila. Externamente, se pueden asignar al nivel del *heap* global o del segmento del objeto que las contiene.

3.1 Declarar matrices

La sintaxis general para declarar una matriz utiliza corchetes [y] o llaves { y } cuando la matriz se inicializa con valores en el momento de la declaración.

```
int tab_a[] = { 10,20,30 }; // una matriz de 3 valores
int tab_b[10];              // una matriz de 10 valores
int tab_c[4] = { 100, 200, 300 }; // una matriz de 4 valores
incluyendo 3 inicializados
```

Si la matriz tiene N elementos, el índice varía de 0 a N-1.

```
int valor;
    valor = tab_a[0]; // Primer valor
    valor = tab_a[1]; // Segundo valor
    valor = tab_a[2]; // Tercer valor
```

A priori, el compilador no impide los intentos de acceder a un elemento fuera del rango definido. Pero si puede determinar esta situación, al menos emitirá una advertencia.

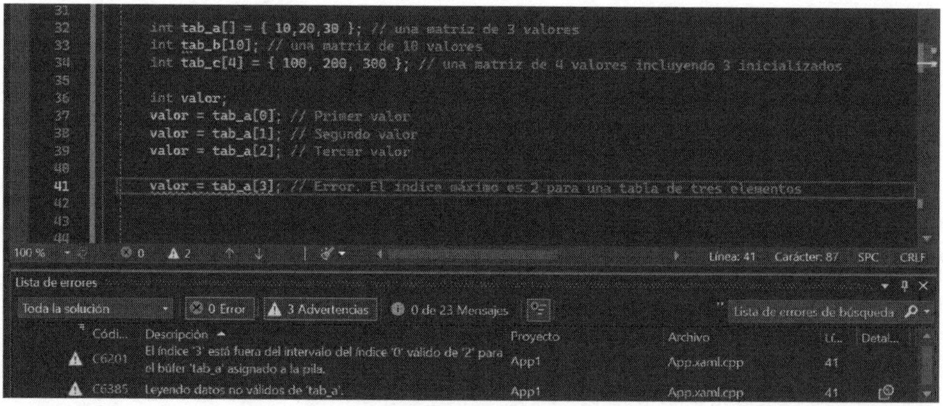

Si no se corrige, la ejecución del programa provocará un error que lo interrumpirá prematuramente.

En la mayoría de los casos, la dimensión de una matriz –también conocida como su longitud– viene determinada por un valor constante definido mediante una macro #define o una variable apropiada. Entonces, un bucle `for` es muy útil para recorrer toda la matriz sin salir del rango de índices autorizado:

```
int valor;
for (int i = 0; i < longitud_a; i++)
{
    valor = tab_a[i];
    printf("i=%d, valor=%d\n", i, valor);
}
```

3.2 Matrices dinámicas

Para crear matrices cuyo tamaño se determina en tiempo de ejecución, utilice el operador `new`. Esto cambia la forma en que se declara la matriz, de `type[]` pasa a `type*`:

```
int n_d = 30;                    // 30 elementos
int* tab_d = new int[n_d];   // reservar una matriz de 30 enteros
```

Con esta excepción, el acceso a los datos de la matriz no difiere de las matrices estáticas (dimensionadas en tiempo de compilación). Este es un ejemplo de utilización de matrices dinámicas para determinar los números primos por debajo de un cierto número llamado `entero_max`, utilizando la criba de Eratóstenes:

```
int entero_max = 30;
bool* tab_primeros = new bool[entero_max];

// inicialización: por defecto todos los enteros son primos
for (int i = 0; i < entero_max; i++)
    tab_primos[i] = true;

// eliminación de todos los múltiplos inferiores a entero_max
for (int i = 2; i < entero_max; i++)
    for (int n = 2; i * n < entero_max; n++)
        tab_prims[i * n] = false;

// visualización de los números que no has sido seleccionados
```

```
for (int i = 0; i < entero_max; i++)
    if (tab_primos[i]) // == true
        printf("%i ", i);
```

4. Funciones y prototipos

Para entender bien la programación orientada a objetos, hay que conocer bien la programación funcional. Una función es un conjunto de instrucciones –y a veces también de variables locales– a las que se ha dado un nombre. Esta función acepta argumentos y generalmente evalúa un valor de retorno.

Por tanto, una función se modela mediante una caja con entradas y una salida:

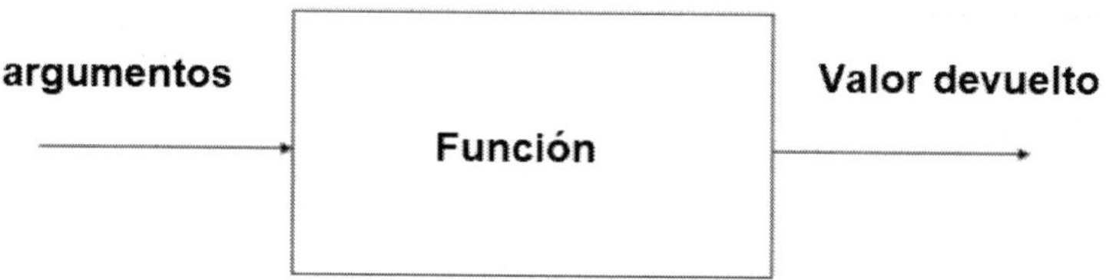

La firma de la función define su nombre, argumentos de entrada y salida:

```
int suma(int a,int b)
```

Esta secuencia especifica que la función `sum()` recibe dos argumentos de tipo entero `a` y `b` (entrada) y devuelve un entero. Por el momento, no importa cómo se ejecuta la función, es decir, cómo se determina la suma.

4.1 Declaración de una función

En C++, una función se debe declarar antes de poder utilizarse. Hay dos formas de hacerlo: la definición completa y el prototipo. La definición completa comienza con la firma y continúa con la lista de instrucciones entre dos llaves:

```
int suma(int a,int b)
{
  return a+b;
}
```

En el enfoque por prototipo, terminamos la declaración con un punto y coma.

```
int suma(int a,int b) ;
```

La firma y el cuerpo de la función (es decir, la definición completa) se pueden incluir en otro archivo fuente con la extensión `.cpp`. El compilador no los necesita para compilar, porque el prototipo ya le indica la lista de argumentos y el tipo de retorno. Cuando se editan los enlaces, «todas las piezas se vuelven a juntar».

Es frecuente agrupar todos los prototipos en un archivo de cabecera `.h`, y proporcionar la implementación en un archivo `.cpp` o en forma de librería estática `.lib`.

4.2 Funciones y procedimientos

Se utiliza la misma sintaxis para describir estos dos elementos, mientras que lenguajes como Basic (`Function/Sub`) o Pascal (`Function/Procedure`) distinguen entre ellos. En C++, al igual que en C, se utiliza el tipo de retorno `void`, término tomado del inglés y que significa vacío, vacante. Este tipo indica que una función no devuelve nada (en el caso de un procedimiento) o que aún no tenemos información sobre el tipo finalmente utilizado (en el caso de los punteros `void*`).

El cuerpo de una función contiene una serie de sentencias `return` que detienen su ejecución y devuelven un valor de un tipo conforme al de la función.

Tipo de función	Tipo de valor devuelto	Ejemplo
`void f(...)`	-	`return;`
`int f(...)`	`int`	`return 2;`
`bool f(...)`	`bool`	`return (x==2);`
`char* f(...)`	`char*`	`return "hola";`

Para un procedimiento, es posible omitir la instrucción `return`. La ejecución termina después de la última instrucción, la que precede a la llave de cierre. Para una función, es necesario devolver un valor que se ajuste al tipo declarado.

Además, una función (o procedimiento) puede contener varias sentencias `return`, como queda claro en el siguiente ejemplo:

```
enum edad { niño, adolescente, adulto };

age categorizar(int edad)
{
  if(edad<13)
    return niño;  // salimos

  // continua con edad>=13
  if(edad<18)
    return adolescente; // salimos

  // continua con edad>=18
  return adulto;     // salimos
}

int main(int argc, char* argv[])
{
  int old;
  scanf("%d",&old);  // leer un entero desde el teclado

  age a;
  a=categorizar(old); // determinar la franja de edad

  printf("edad=%d",a);  // visualizar los resultados
  return 0;
}
```

4.3 Llamada a funciones

Para llamar a una función desde otra función, escriba su nombre seguido de paréntesis. Si la función tiene argumentos, sus valores se pasan en orden, entre los corchetes.

Si la función devuelve un valor, se puede asignar a una variable, utilizarse directamente en una expresión o ignorarse:

```
int x;
x=suma(3,b); // sumamos 3 y b
y=10+suma(5,7); // el resultado de la función se suma a 10
suma(1,2);     // resultado perdido
```

4.4 Gestión de variables locales

Cuando se llama a una función, esta construye un entorno local en la pila. Este entorno contiene los valores de los argumentos y, a continuación, las variables locales. En el cuerpo de la función, los argumentos y las variables locales tienen el mismo ámbito. La instrucción `return` destruye este entorno y si la función devuelve un valor, este valor se deja en la pila para que lo vea la función que llama.

De ello se deduce que las variables locales pierden su contenido, una vez ejecutada una función. El lenguaje C tiene una palabra clave especial, `static`, que hace que los valores de las variables locales sean persistentes. Como se trata de una curiosidad que no existe en lenguajes distintos de C++, esta forma se debe utilizar lo menos posible.

Observación

La palabra clave `static` *se utiliza aquí en el ámbito de una función. Este uso se debe limitar al máximo. Encontraremos esta palabra clave en el ámbito de una clase con un uso diferente, que no plantea ningún problema y que también se utiliza en otros lenguajes como Java o C#.*

En cualquier caso, no existe ninguna correspondencia algorítmica. No obstante, pongamos un ejemplo para ilustrar su sintaxis:

```
void ultima_llamada()
{
static int hora;
  printf("time stamp de la última llamada: %d",hora);
  hora=time();
}
```

En cualquier caso, crear y luego destruir un entorno local es un mecanismo habitual. Sin él, nos resultaría difícil escribir funciones recursivas, funciones que nos permiten tratar de forma muy elegante problemas que pueden resultar complejos de programar en versiones iterativas.

4.5 Definición de funciones homónimas (polimorfismo)

¿Funciones con el mismo nombre? Podemos concluir que cumplen la misma función. Su razón de ser es crear varias versiones de la misma función. Es su firma, es decir, la calidad y cantidad de sus argumentos, lo que las distinguirá.

De este modo, podemos crear dos versiones de la función `suma`: la primera recibe dos números y la segunda tres.

```
int suma (int a,int b)
{
  return a+b;
}

int suma(int a,int b,int c)
{
  return a+b+c;
}
```

Cuando se llama a la función `suma`, el compilador elige la forma que le parece más apropiada. Si no encuentra ninguna, genera un error.

```
int p=suma(3,2); // utiliza la primera forma
int q=suma(4,5,6); // utiliza la segunda forma
```

Sin embargo, el compilador no siempre puede distinguir qué versión utilizar. Si añadimos una tercera versión utilizando dos números de tipo `short`:

```
int suma(short a,short b)
{
  return a+b;
}
```

Llamar a una versión de suma que recibe 10 y 11 debería hacer dudar al compilador. Estos literales enteros son, a la vez, `int` y `short`. Algunos compiladores emiten una advertencia (*warning*), otros ignoran este hecho. Puede utilizar un operador de transposición coercitiva para indicar al compilador qué forma debe utilizar:

```
suma((short) 3,(short) 4); // utiliza la forma con short
```

El polimorfismo de funciones (existencia de varias formas) se denomina a veces sobrecarga. En cualquier caso, esta noción es totalmente independiente de la programación orientada a objetos, que no la necesita para existir.

4.6 Funciones con un número variable de argumentos

Ya hemos visto una función con un número variable de argumentos: `printf`. Esta función recibe como primer argumento una cadena de formato y, a continuación, una serie de valores para ser presentados mediante estos formateadores:

```
printf("%s %d %x", "hola",34,32);
```

En este ejemplo, printf acepta cuatro argumentos. El primero enumera tres formateadores (`%s`, `%d` y `%x`), seguidos de tres valores correspondientes al tipo indicado por los formateadores:

`%s`: cadena (char*).

`%d`: número entero (decimal).

`%x`: número entero (hexadecimal).

Puede definir sus propias funciones con un número variable de argumentos. Se pueden utilizar macros especiales para procesar la lista de argumentos que se pasan a su función.

```
#include <iostream.h>
#include <stdarg.h>

int suma (int n, ...)
{
  va_list ap;       // lista de argumentos
  va_start(ap,n);     // ubicarse después del último argumento formal

  int i,s=0;
  while(n--)
  {
    i=va_arg(ap,int);  // recuperar el argumento siguiente de tipo int
    s+=i;
  }
  va_end(ap);       // limpiar la lista de argumentos
  return s;
}

int main(int argc, char* argv[])
{
  cout << suma(4,1,2,3,4); // mostrar el resultado
  return 0;
}
```

En este ejemplo, la función `suma` recibe al menos un argumento, `n`, que indica el número de elementos que hay que sumar. El símbolo especial `...` en la firma de la función indica que éste era el último argumento formal, es decir, el último argumento con nombre. Se puede acceder a los demás argumentos –que se pueden omitir al llamar a la función– mediante la macro `va_arg()`.

4.7 Asignación de valores por defecto a los argumentos

Esta sintaxis no tiene ninguna correspondencia algorítmica, pero puede orientar al programador cuando dude en suministrar determinados argumentos al llamar a una función.

Por ejemplo, imaginemos la siguiente función:

```
void printlog(char*mensaje,FILE* f=NULL)
{
if(f==NULL)
  printf(mensaje); // mostrar en la pantalla
else
  fprintf(f, mensaje); // mensaje en un archivo
}
```

El programador que utiliza nuestra función `printlog` entiende que suministrar el argumento `f` no es obligatorio, ya que se le ha dado un valor por defecto.

Hay dos formas de llamar a `printlog()`:

```
printlog("inicio de la aplicación");
printlog("inicio de la aplicación",f_error);
```

En el primer caso, el mensaje aparecerá en la pantalla, ya que la función detecta un valor NULL para el argumento `f`. En el segundo caso, con `f_error` distinto de cero, el mensaje se escribirá en un archivo previamente abierto, representado por `f_error`.

Tenga cuidado de no provocar un conflicto entre versiones polimórficas (sobrecargadas) y versiones de funciones con valores por defecto. Por ejemplo, la siguiente construcción no está permitida:

```
int suma(int a,int b)
{
  return a+b;
}

int suma(int a,int b,int c=0)
{
  return a+b+c;
}
```

Cuando se llama a la función `suma` con dos argumentos, el compilador no puede determinar si se ha omitido el argumento `c` o si el programador pretendía utilizar la primera forma.

4.8 Funciones en línea

Las funciones en línea tienen un tiempo de llamada muy corto porque no provocan un `sub  go`. El código que contienen se ejecuta en lugar de ser llamado.

Cuando se usa, esta función no aparece en la sintaxis, pero puede aumentar el tamaño del código de forma inadecuada si la función se llama en distintos puntos del programa.

```
inline int suma(int a,int b)
{
    return a+b;
}

...
x = suma(3,4); // Situar aquí el código en lugar de desconectarlo
```

4.9 Funciones externas de tipo C

La directiva `extern "C"` indica al compilador que debe utilizar una convención de llamada de tipo C para llamar a una función. El funcionamiento interno de C++ y C es similar pero no completamente idéntico, sobre todo en lo que se refiere a la llamada a funciones. En C, los argumentos se apilan desde el último hasta el primero, se ejecuta la función y, a continuación, el llamante restaura la pila tras recuperar el valor de retorno de la función. En C++, el orden de los argumentos se invierte y la parte llamada restaura su entorno de pila.

En conclusión, debe anteponer a sus declaraciones de función un `extern "C"` si proceden de un compilador C:

```
extern "C" int yylex();
```

4.10 Funciones recursivas

Esto no es específico del lenguaje C++ –no se requiere una sintaxis especial– sino una característica soportada. Las funciones C++ se pueden llamar a sí mismas. Para los lectores nuevos en este estilo de programación, el ejemplo del cálculo factorial es un buen punto de partida.

El factorial (denotado ! en matemáticas, pero esta notación no tiene nada que ver con el operador booleano de negación en C++) es una «función» que se determina del siguiente modo:

```
!1 = 1 = 1
!2 = 2 x 1 = 2
!3 = 3 x 2 x 1 = 6
!4 = 4 x 3 x 2 x 1 = 24
...
 !n = n x (n-1) x (n-2) x ... x 1
```

Es fácil dar una versión llamada iterativa de una función que calcule este factorial. Se eligió el tipo `long` porque el factorial crece muy rápidamente y el límite de dos mil millones para el tipo `int` se alcanza rápidamente.

```
long factorial(long n)
{
long r=1;
  while(n-- >0)
    r=r*n;  // también podríamos haber usado la notación r*=n
  return r;
}
```

Esta versión funciona perfectamente, salvo que, en ausencia de un nombre explícito para la función, sería difícil determinar si calcula el factorial u otro producto.

Tomando la expresión general para el factorial, podemos reescribirla de forma muy sencilla:

```
!n = n x (n-1) x (n-2) x...x1
= n x !(n-1)
```

En otras palabras, el factorial de n es igual a n multiplicado por el factorial de (n-1), empezando en !1=1.

Deducimos una nueva versión:

```
long factorial_r(long n)
{
  if(n==1)
    return 1;  // !1=1
  else
    return n*factorial_r(n-1); //  n . !(n-1)
}
```

La escritura es mucho más fácil de entender y reconocer. Dicho esto, algunos algoritmos se prestan bien a este estilo de programación, como el análisis sintáctico de documentos XML, mientras que otros no se beneficiarán de él en absoluto. Es más, algunos algoritmos se vuelven rápidamente voraces en cuanto al espacio utilizado por la pila.

El cálculo de la secuencia Fibonacci `fib(n)=fib(n-1)+fib(n-2)`, con `fib(1)=fib(2)=1`, se suele bloquear en torno a `fib(50)` debido al gran número de cálculos pendientes.

4.11 La función main()

Todos los programas C++ ejecutables contienen una función `main()`, perteneciente al espacio de nombres global. Esta función puede tener a veces un nombre ligeramente diferente, dependiendo de los compiladores y enlazadores. En general, es `main`.

En principio, la función `main()` devuelve un código entero, siendo la convención que un código cero significa que el programa ha funcionado normalmente y un código distinto de cero indica un error, cuya interpretación se deja al programador. Con la llegada de los programas gráficos (en detrimento de las utilidades de línea de comandos), esta convención tiende a desvanecerse un poco. Depende del sistema operativo. Algunos compiladores incluso aceptan una definición `void` para `main` y devuelven un código 0 por defecto.

La función `main()` también puede aceptar argumentos diseñados para recoger argumentos pasados en la línea de comandos:

```
int main(int argc,char* argv[])
{
}
```

El primer argumento, de tipo entero, se suele denominar `argc` –por *argument count*– y designa el número de argumentos pasados por la línea de órdenes. En principio, es al menos 1, siendo el primer argumento el nombre del programa ejecutable. El segundo argumento, `argv` - para *argument value* - es una matriz de cadenas. Otra firma es `char**`, que es lo mismo (véase la sección sobre punteros en el capítulo Memoria para programas). Es fácil configurar un pequeño bucle para mostrar los argumentos de la línea de comandos:

```
/* mostrar.cpp */
int main(int argc,char* argv[])
{
  for(int i=1; i<argc; i++)
    printf("argumento n%d = %s\n",i,argv[i]);
}
```

Compilamos este programa con la siguiente línea:

```
g++ mostrar.cpp o mostrar
```

A continuación, ejecutamos el programa:

```
display valor1 valor2 "hola amigos" 34
```

El programa muestra la siguiente pantalla:

```
argumento n1 = valor1
argumento n2 = valor2
argumento n3 = "hola amigos"
argumento n4 = 34
```

Si algunos de los argumentos son números, es necesario convertirlos del tipo cadena al tipo requerido utilizando las funciones correspondientes, como `atoi()` *–alfa to integer–* o `atof()` *–alfa to float*.

En resumen, las siguientes firmas son posibles para `main()`:

`void main()`	De hecho int main(), el compilador transforma la propia función y añade un return 0 al final.
`int main()`	Versión habitual.
`int main(int argc)`	Legítimo pero inútil.
`int main(char*argv[])` o `int main(char**argv)`	El programador debe controlar el número de argumentos pasados.
`int main(int argc,char*argv[])` o `int main(int argc,char** argv)`	La versión más lógica cuando se desea recopilar argumentos de línea de comandos.

En cualquier caso, esta función `main()` es única en un programa. Por tanto, los programas que no la contienen están destinados a construir librerías estáticas. Es habitual que las librerías dinámicas (DLL) dispongan de una función `libmain()` encargada de proceder durante su inicialización.

Por último, dependiendo del sistema operativo, puede encontrar firmas ligeramente diferentes.

Capítulo 2
La memoria para los programas

1. Punteros

Los punteros y las referencias son herramientas especialmente interesantes. El lenguaje C no conoce las referencias, pero puede trabajar con punteros siguiendo las reglas aplicables a las referencias. Lenguajes más recientes, como Java, han eliminado los punteros de su vocabulario. No porque tengan mala reputación entre los programadores, sino porque actúan a un nivel inferior que las referencias, lo que perturba el uso de herramientas de alto nivel como el recolector de basura (*garbage collector*).

Los punteros y las referencias son variables que se utilizan para llegar a otras variables. Para ello, el puntero (o la referencia) utiliza la dirección de la variable de destino, es decir, el número de la celda de memoria donde está almacenado el valor de esta variable. Como la memoria se cuenta en bytes y una variable puede repartir la representación de su valor en varios bytes, los punteros y las referencias son variables definidas para trabajar con un tipo determinado, con el fin de limitar los errores de direccionamiento.

1.1 Punteros a variables

Empecemos por ver la representación de un fragmento de la memoria del ordenador. Este fragmento contiene una variable x de tipo `char`, previamente inicializada al valor 3. Las direcciones se suelen escribir en hexadecimal para distinguirlas más claramente de los valores almacenados en memoria, pero también porque las direcciones de 16 o 32 bits se escriben fácilmente en hexadecimal.

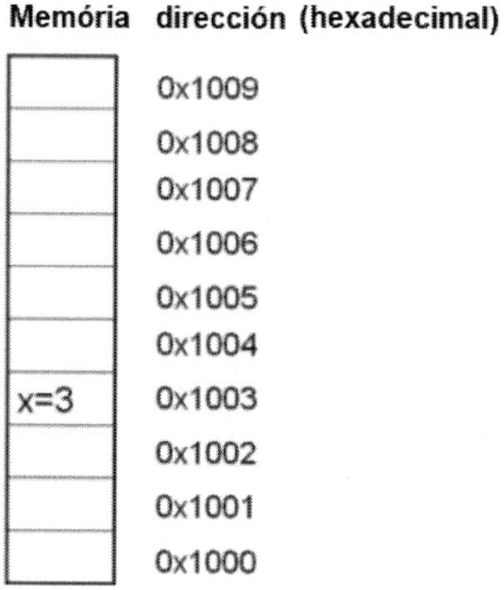

Memória	dirección (hexadecimal)
	0x1009
	0x1008
	0x1007
	0x1006
	0x1005
	0x1004
x=3	0x1003
	0x1002
	0x1001
	0x1000

Para asignar el valor 10 a la variable x, por ejemplo, podemos utilizar el siguiente fragmento de código:

```
char x=3;
     x=10;
```

Si pudiéramos obtener la dirección de la variable x, 0x1003 en nuestro caso, podríamos modificar esta variable sin utilizar x directamente. Para ello, definiremos un puntero de tipo `char`, denotado `char*`. Esta variable especial, `p`, recibirá la dirección de la variable x, determinada mediante una sintaxis especial. Podemos entonces modificar el valor situado en esta posición de memoria, incluso si la variable x ya no está en nuestro ámbito.

```
char* p;  // declara un puntero de tipo char

  p=&x;  // obtiene la dirección de la variable x

  printf("p=%x",p);  // muestra 1003 en hexa

  *p=10;  // asigna indirectamente la variable x
```

Observe el aspecto un tanto artificial de este ejemplo. Para cambiar el valor de una variable, la sintaxis habitual es perfectamente adecuada y no hay necesidad de cambiarla.

Para comprender la utilidad de este enfoque, creemos un procedimiento que transforme un carácter en minúscula en otro en mayúscula:

```
void may(char c)
{
  printf("antes c=%c\n",c);
  if(c>='a' && c<='z')
    c=c-('a'-'A');
  printf("después c=%c\n",c);
}

int main()
{
  char x='a';
  may(x);
  printf("finalmente, x=%c\n",x);
  return 0;
}
```

Sin embargo, el programa no está dando los resultados esperados:

```
C:\Windows\system32>cmd.exe
Microsoft Windows [Versión 10.0.19045.4170]
(c) Microsoft Corporation. Todos los derechos reservados.

antes c=a
después c=A
finalmente x=a
Pulse una tecla para continuar...
```

¿Qué ha ocurrido? Cuando llamamos a la función `may()`, enviamos una copia de la variable x a través de la pila. En el ámbito de la función `may()`, este valor se llama `c`. Es un parámetro con el mismo ciclo de vida de una variable local. Todo ocurre como si hubiéramos escrito:

Función may	**Función main**
`char c=x`	`may(x)`

`printf("antes de c=%c\n",c);`
`if(c>='a' && c<='z')`
`c=c-('a'-'A');`
`printf("después de c=%c\n",c);`	

	`printf("finalmente, x=%c\n",x);`

Es fácil ver que la variable x no se ha modificado. Es su copia, `c`, la que se ha modificado.

Ahora modificamos la función `may()` para que no reciba un valor `char` sino un puntero a una variable `char`:

```
void may(char* c)
{
  printf("antes c=%c\n",*c);
  if(*c>='a' && *c<='z')
    *c=*c-('a'-'A');
  printf("después c=%c\n",*c);
}

int main()
{
  char x='a';
  may(&x);
  printf("finalmente, x=%c\n",x);
  return 0;
}
```

Esta vez funciona como se esperaba, y la variable x ha sido modificada:

```
C:\Windows\system32>cmd.exe
Microsoft Windows [Versión 10.0.19045.4170]
(c) Microsoft Corporation. Todos los derechos reservados.

antes c=a
después c=A
finalmente x=A
Pulse una tecla para continuar...
```

Ha llegado el momento de resumir las notaciones relativas a los punteros:

`char* p`	Declare `p` como un puntero de tipo `char`, es decir, como un puntero a una variable de tipo `char`.
`&x`	Designa la dirección de la variable `x`.
`*p`	Si p es un puntero, designa el valor apuntado por `p`, es decir, el valor situado en la posición de memoria indicada por `p`.

Ahora que `may()` acepta un puntero a `char`, ya no es posible llamarla pasando un literal de carácter:

Firma	**Llamada**	**Comentario**
`void may(char c)`	`may(x)`	`c` ajustado al valor de `x`.
`void may(char c)`	`may('t')`	`c` en `"t"`.
`void may(char* c)`	`may(&x)`	`c` puntero a `char`, designa la variable `x`.
`void may(char* c)`	`may(&'t')`	error, un literal `char` no tiene dirección.

1.2 Punteros y matrices

Ya hemos visto la sintaxis para declarar un puntero a una variable. Este puntero se utiliza para llegar a una celda de memoria utilizando la notación *:

```
char* p;
char c;
  p=&c;
  *p='K';
```

Imaginemos que el objetivo ya no es una variable c, sino un rango de caracteres (es decir, una matriz de char). Obtendríamos la siguiente representación en memoria para un rango de 5 valores, comenzando en la dirección 0x1002:

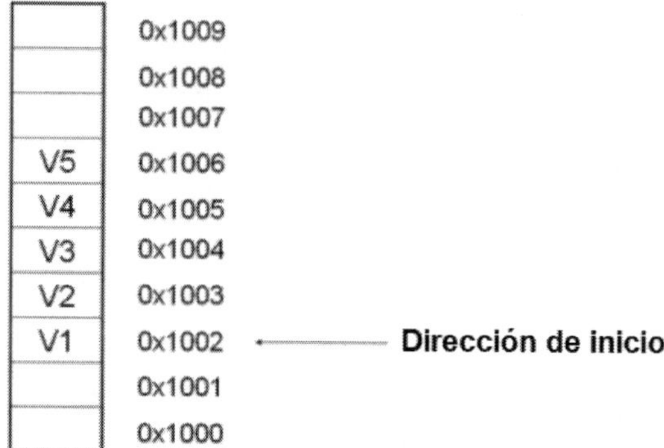

Para declarar un array de 5 char, podemos utilizar la siguiente sintaxis:

```
char tab[]={'A','D','I','O','S' };
```

El compilador almacenará estos cinco valores en una parte de la memoria. La variable tab contendrá de hecho la dirección de inicio de este rango. En otras palabras, tab se comporta como un puntero char, designando el primero de estos char.

Continuemos con nuestro razonamiento:

```
char* pt=tab;
```

Al puntero `char`, `pt`, se le ha dado la dirección de la matriz, es decir, apunta al primer `char`. Deducimos que las siguientes entradas son equivalentes:

```
*pt='S';
tab[0]='S';
```

Ahora queremos llegar a la segunda casilla de la matriz:

```
tab[1]='A';
```

Pasando por el puntero, tenemos tres formas de obtener el mismo resultado:

Mover el puntero	Noción de matriz	Notación de punteros
`pt++; // designa la casilla después de` `*pt='A';`	`pt[1]='A';`	`*(pt+1)='A';`

La primera notación consiste en desplazar el puntero. Recuerde que se trata de una variable cuyo valor entero es una dirección. Incrementar este valor en uno equivale a mover el puntero para que apunte a la casilla vecina. A continuación, utilizamos la notación habitual, `*pt`, para escribir en esta posición de memoria.

La segunda notación, `pt[1]`, lleva aún más lejos la similitud entre puntero y matriz. Si `pt` y `tab` coinciden en la primera celda, la notación basada en corchetes `[ ]` también debe corresponder para todos los valores de la matriz.

Para explicar la tercera notación, veamos la siguiente expresión:

```
*pt='A';
```

Dado que `pt` representa una dirección (el valor de la variable), parece lógico escribir:

```
*(pt)='A';
```

Ahora, dado que `pt` es un entero, es posible añadirle otro entero, la suma de los dos representando una nueva dirección:

```
*(pt+1)='A';
```

Si los punteros y las matrices son tan similares, ¿por qué mantener ambos? Consideremos que un puntero es una variable totalmente libre, a la que se puede asignar la dirección de una variable `&v` o recibir la dirección de un bloque de memoria recién asignado mediante el operador `new` o la función `malloc()`. La matriz, en cambio, se puede inicializar con valores de extensión o con el operador `new`, pero no con la función `malloc()`.

En segundo lugar, los punteros se utilizan cuando se emplea la aritmética de punteros; están pensados para moverse en función de las necesidades del algoritmo. El array, en cambio, es fijo y la notación siguiente está prohibida:

```
char tab[]={ 2,3,44 };
tab++; // prohibido
```

Por último, los punteros sólo son útiles para determinados algoritmos. Es preferible las matrices siempre que sea posible, y su programa será mucho más portable. Sobre todo porque las referencias son una buena alternativa a los punteros. Pero cuando se creó el lenguaje C, la programación estaba a un nivel mucho más bajo que ahora. Por otra parte, cuando se utilizan correctamente, los punteros son más rápidos que las referencias, lo cual es importante en determinadas situaciones.

1.3 Asignación de memoria

Como hemos visto, el lenguaje C++ ha conservado los mecanismos del lenguaje C, al tiempo que ha intentado mejorar algunos de ellos. La memoria es uno de ellos.

Hay dos formas de reservar memoria: pidiéndoselo al sistema o utilizando instrucciones del lenguaje. La diferencia es sutil, pero crucial.

En el enfoque de sistema, desarrollado por el lenguaje C, tenemos una función `malloc()` responsable de reservar bytes. Esta función pide al sistema que asigne un rango de n bytes, que posteriormente interpretaremos como un rango de valores de un tipo determinado, mediante transtyping. Como es el sistema el que ha asignado esta memoria, también es necesario devolverla al sistema mediante la función `free()`, que acepta un puntero a `void`, es decir, un puntero de cualquier tipo.

Cuando se utilizan las instrucciones `new` y `delete`, el lenguaje adapta su gestión de memoria en función del tipo reservado. No se requiere transtyping, lo que simplifica la sintaxis.

En la práctica, con los compiladores modernos, la función `malloc()` y la instrucción `new` comparten el mismo espacio de memoria, llamado heap, para realizar sus reservas. Sin embargo, como los gestores de asignación no son los mismos, hay que tener cuidado al tratar de asignar la memoria utilizando el método apropiado: `free()` para devolver la memoria asignada por `malloc()`, `delete()` para devolver la memoria obtenida por `new`.

Si está desarrollando un nuevo programa C++, utilice la instrucción `new`. La función `malloc()` se debería reservar para la portabilidad de programas C antiguos. Dicho esto, hay casos en los que necesita utilizar una función para asignar memoria de acceso compartido: el portapapeles en Windows, un área de memoria compartida en Unix, etc.

1.3.1 Asignación mediante malloc()

La función `malloc()` se declara en la la cabecera `<memory.h>`. Otras cabeceras pueden ser adecuadas, como `<stdlib.h>`.

Esta función se declara según el siguiente prototipo:

```
void* malloc(int n);
```

La función se encarga de asignar n bytes en la memoria del sistema (de hecho, en la memoria del proceso). Devuelve la dirección de este rango en forma de puntero a `void`.

Si no se puede cumplir la reserva, la función devuelve 0, la dirección 0, que se considera inaccesible. Para evitar el uso de un valor literal tan evocador, los diseñadores del lenguaje C idearon la macro `NULL`:

```
#define NULL ((void*)0)
```

Si se cumple la reserva, el programador debe convertir el puntero `void*` a un tipo apropiado:

```
char*p;
 p=(char*) malloc(15); // asigna 15 char
 if(p==NULL)
   printf("error de asignación");
```

Muchos compiladores aceptarán `p=malloc(15)`, pero en aras del rigor, deberíamos intentar realizar un transtipado coercitivo, indicando que asumimos la responsabilidad de interpretar esta zona como una zona de 15 caracteres.

Además, si el tipo es mayor que char, es necesario utilizar el operador `sizeof()` para reservar suficientes bytes:

```
double*d=(double*) malloc(30*sizeof(double)); // asignar 30 double
```

Cuando se asigna el bloque, se utiliza como cualquier otra matriz, utilizando la notación de su elección: `*d`, `d[]` o `*(d+i)`.

Cuando la memoria ya no es necesaria, el bloque debe ser devuelto al sistema utilizando la función `free()`:

```
free(d);
```

1.3.2 Asignación por new

Por el momento, la asignación mediante `new` se reservará para las matrices. Cuando lleguemos a la instanciación, el operador `new` desempeñará otro papel esencial.

La sintaxis general de la instrucción `new` es:

```
tipo* new tipo < [tamaño] >
```

En otras palabras, el operador `new` devuelve el puntero al tipo asignado. El tamaño es opcional, la unidad es el valor por defecto.

Estos son algunos ejemplos de asignación mediante el operador new:

`char*p;` `p=new char[15];`	Asignar 15 char
`double*d;` `d=new double[30];`	Asignar 30 double
`string * s;` `s=new string;`	Asigna una cadena utilizando la clase string (ver Las excepciones son más seguras que los errores - Tipos de excepción personalizados, en el capítulo Programación Orientada a Objetos).

Una vez que el bloque ha sido asignado por new, se utiliza con las mismas notaciones que cuando fue reservado por malloc(). Sin embargo, el bloque se debe liberar mediante la instrucción delete:

```
delete(p);
```

1.4 Aritmética de punteros

Cuando movemos un puntero, por incremento o suma, ¿cuántos bytes se recorren? Si el puntero es char*, la respuesta es sencilla:

```
char*p;
char c;
    p=&x;
    p++;  // pasa a la dirección siguiente (en bytes)
```

Del mismo modo, cuando se accede al valor designado por un puntero, ¿cuántos bytes se leen o escriben? Una vez más, esto depende del tipo de puntero.

Tomemos el siguiente ejemplo:

```
float*p;
char*t;
    t=new char[12];
    for(int i=0; i<10; i++)
     t[i]=1;
    p=(float*)t; // poco riguroso pero permitido
    *(p+1)=0;
```

Al final de este programa, ¿cuál es el estado de la matriz t? Escribir `*(p+1)=0` ha afectado a 4 bytes, empezando por la quinta posición, como se muestra en la siguiente ilustración:

bytes		float
11	1	
10	1	
9	1	
8	1	2
7	0	
6	0	
5	0	
4	0	1
3	1	
2	1	
1	1	
0	1	0

Cuando se cuenta en `float`, hay que multiplicar todos los movimientos por 4. La escritura también impacta en 4 bytes en lugar de en uno solo, aunque la zona se hubiera reservado como zona de char.

Esta regla de cálculo se denomina aritmética de punteros y se debe aplicar con el máximo rigor.

1.5 Punteros a punteros

Ahora que estamos familiarizados con los punteros, ¿por qué no definir un puntero que designe una variable de tipo puntero? En realidad, esta operación es bastante habitual, si tenemos en cuenta que los literales de cadena son matrices de `char`, es decir, punteros a `char (char*)`. La función `main()`, que recibe como argumento una matriz de cadenas, recibe en realidad un puntero de punteros.

Al final, los punteros de punteros no son tan complejos; son simplemente una indirección más. No conviene abusar de ellos y, para simplificar al máximo la notación, conviene utilizar la notación matriz.

```
char**argv;  // un puntero de punteros de tipo char
char* argv[]; // una matriz de punteros de tipo char
```

Por supuesto, las notaciones para los punteros habituales se siguen aplicando a los punteros de punteros:

```
char*p;             // un puntero de tipo char
char* *pp;          // un puntero de puntero de tipo char

pp=&p;              // &p=dirección de p. pp designa p

*pp="Hola";         // dicho de otra manera, p="hola"
**pp='H';           // dicho de otra manera, *p='H'

printf("%s",p);     // muestra Hola
```

1.6 Punteros de función

Dado que las instrucciones que definen una función, al igual que las variables, se almacenan en memoria, podemos aceptar que las funciones son, en realidad, direcciones: las de su primera instrucción. A partir de ahí, es posible definir punteros a funciones para –indirectamente– llamar a algunas de ellas.

Los punteros a funciones se utilizan en una serie de situaciones específicas. En primer lugar, un puntero de función hace que ciertos algoritmos sean genéricos. Tomemos el ejemplo del algoritmo de ordenación rápida. Es el mismo si se trata de ordenar un conjunto de números enteros, un conjunto de booleanos u objetos de varios tipos. Para que el programa sea independiente del tipo de datos a ordenar, es posible utilizar un puntero a una función que acepte dos valores e indique cuál es el mayor.

Los punteros a funciones también se utilizan cuando se aplican métodos a objetos. El capítulo de Programación orientada a objetos, sobre direccionamiento relativo, nos dará más información al respecto.

Por último, es frecuente proporcionar a un módulo de «sistema» un puntero a una función, que será llamada cuando se produzca un evento concreto. Este mecanismo se conoce como funciones callback.

1.6.1 Uso para hacer algoritmos genéricos

Antes de la llegada de C++ y sus tipos genéricos (plantillas o templates), los punteros se utilizaban mucho para adaptar algoritmos a distintos tipos de datos. Para ilustrar este enfoque, proponemos estudiar la ordenación rápida y cómo se hace usando el lenguaje C.

Para entender este algoritmo, empezamos particionando una matriz. Una matriz de valores, por ejemplo, enteros, se divide en torno a un valor de pivote colocando todos los valores inferiores a la izquierda de este pivote y los superiores a la derecha.

En primer lugar, la matriz original, con un pivote (en negrita), elegido arbitrariamente en el centro:

2	8	3	7	**5**	9	3	10	3

La matriz está ahora particionada. El pivote puede haber cambiado de lugar.

2	3	3	**5**	7	9	8	10	3

El algoritmo de ordenación rápida repite esta partición, a izquierda y derecha del pivote, de forma recursiva. Finalmente, recuperamos una matriz completamente ordenada.

Para empezar, aquí tiene una implementación que funciona para un matriz de enteros. Le animamos a probarla tal cual, si no está familiarizado con este algoritmo:

```
// capítulo 1 particion.cpp : define el punto
// de entrada para la aplicación de consola.
//
```

```
int particion(int* T,int m,int d)
{
  // valor pivote, variable de intercambio
  int v,aux;
  int m1=m,d1=d;
  // inicialización
  v=T[m+(d-m)/2];

  // mientras que los índices no se crucen
  while(m<d)
  {
    // buscar un valor inferior a derecha
    while(m<d && T[d]>v)
          d--;
    // buscar un valor superior a la izquierda
    while(m<d && T[m]<v)
          m++;
    if(m>=d)
         break;

    if(T[m] != T[d])
    {  // intercambio
       aux=T[d];
       T[d]=T[m];
       T[m]=aux;
    }
     else
      d--;
  }

  return m;
}

void ordena_aux(int* T,int m,int d)
{
  if(m>=d)
    return;      // nada que procesar

  int k=particion(T,m,d); // particiona entre m y d
  tri_aux(T,m,k-1);       // ordena a la izquierda
  ordena_aux(T,k+1,d);    // ordena a la derecha
}

void ordena(int* T,int length)
```

```
{
  ordena_aux(T,0,length-1);
}

void mostrar(int T[],int m,int d)
{
  // muestra la matriz en cada etapa
  for(int i=m; i<=d; i++)
      printf("%d,",T[i]);
  printf("\n");
}

int main()
{
  int tab[]={ 5,1,7,2,8,4,9,13};
  tri(tab,8);
  mostrar(tab,0,7);
  return 0;
}
```

Ahora proponemos una implementación genérica de la ordenación rápida, tomando como argumentos una matriz a ordenar, los índices necesarios para que el algoritmo funcione, más dos punteros a funciones. Una es una función de comparación, la otra una función de intercambio.

Sin utilizar plantillas C++, la noción de tipo no se puede parametrizar, lo que hace que la noción del tamaño de los datos a manipular sea complicada. Los tipos `char`, `int` y `double` no tienen la misma longitud. Teniendo en cuenta la aritmética de los punteros, se hace necesario incluir el valor pivote al final de la matriz que se desea ordenar. En otras palabras, para ordenar una matriz de N elementos, es necesario reservar N+1 para mantener el valor pivote en la propia matriz.

Teniendo en cuenta estas precauciones, nos concentraremos en los punteros de función. Como escribirlos es un poco engorroso, a menudo utilizamos alias de tipos (`typedef`):

```
typedef void(*pf_intercambio)(void*, int, int);
typedef int(*pf_compara)(void*, int, int);
typedef void(*pf_miem)(void*, int, int);
```

El primer modelo de función `pf_intercambio` caracteriza la firma de una función que no devuelve nada y acepta una matriz de `void` (cualquier tipo de valor, de hecho), así como dos enteros. El segundo modelo se distingue por su tipo de retorno, `int`. El tercero es similar a `pf_intercambio`.

A continuación, las funciones se ejecutan de acuerdo con las firmas indicadas:

```
// intercambia dos valores int en la matriz
void int_ intercambio(void*T, int p1, int p2)
{
        int*ti=(int*)T;
        int aux = (int)ti[p1];
        ti[p1] = ti[p2];
        ti[p2] = aux;
}

// compara dos valores int en la matriz
int int_compara(void*T, int p1, int p2)
{
      . int*ti = (int*)T;
        return ti[p1] - ti[p2];
}

// asigna un elemento int de la matriz a partir de otro índice
void int_miem(void*t, int from, int to)
{
        ((int*)t)[to] = ((int*)t)[from];
}
```

Aquí están el resto de las funciones de ordenación y partición ordenadas con punteros de función:

```
int particion_i(void* T, int m, int d,pf_intercambio fswap,pf_compara
fcomp,int
length,pf_miem fmiem)
{
        // inicialización
        int indice = m + (d - m) / 2;
        fmiem(T, indice, length);

        // mientras que los índices no se crucen
        while (m < d)
        {
                // buscar un valor inferior a la derecha
                while (m<d && fcomp(T,d,length)>0)
```

```
                        d--;

                // buscar un valor superior a la izquierda
                while (m < d && fcomp(T,m, length)<0)
                        m++;

                if (m >= d)
                        break;

                if (fcomp(T,m,d)!=0)
                {
                        // intercambio
                        fswap(T, m, d);
                }
                else
                        d--;
        }

        return m;
}

void ordena_aux_i(void*T, int m, int d, pf_intercambio fswap, pf_compara
fcomp,int
length, pf_miem fmiem)
{
        if (m >= d)
                return; // nada que procesar

        int k = particion_i(T, m, d,fswap,fcomp,length,fmiem);
        ordena_aux_i(T, m, k - 1, fswap, fcomp,length,fmiem);
// ordena a la izquierda
        ordena_aux_i(T, k + 1, d, fswap, fcomp,length,fmiem);
// ordena a la derecha
}

void ordena_i(int*T, int length, pf_intercambio fswap, pf_compara fcomp,
pf_miem fmiem)
{
        ordena_aux_i(T, 0, length - 1, fswap, fcomp,length,fmiem);
}

int main()
{
        int tab[] = {5,1,7,2,8,4,9,13,0};
        //ordena(tab, 8);
        ordena_i(tab, 8, &int_intercambio, &int_compara,&int_miem);
        mostrar(tab, 0, 7);
    return 0;
}
```

La ejecución confirma que el algoritmo, que se ha convertido en genérico sin plantilla, funciona correctamente:

```
C:\Windows\system32>cmd.exe
Microsoft Windows [Versión 10.0.19045.4170]
(c) Microsoft Corporation. Todos los derechos reservados.

1,2,4,5,7,8,9,13,
Pulse una tecla para continuar..._
```

Observamos de paso que las notaciones asociadas a los punteros de variables siguen siendo aplicables a los punteros de funciones:

`&int_intercambio`	Dirección de la función `int_intercambio()`.
`(*fcomp)(T,m,d)`	Contenido de la dirección `fcomp`, es decir, ejecución del código correspondiente.

1.6.2 Funciones de callback

El API (*Application Programming Interface*) estándar de C++ ofrece pocas funciones de callback. Sin embargo, en sistemas gráficos como Windows, las funciones de callback son habituales. Los manejadores de eventos asociados con hacer clic en un botón, a menudo son funciones de callback.

En este tipo de situaciones, solemos disponer de un sistema de registro. Para un evento determinado –un clic en un botón, por ejemplo– se registran una o varias funciones.

Cuando se produce el evento, se llama a cada una de estas funciones para que realice una tarea específica: abrir una ventana, realizar un cálculo, etc.

Podemos simular este enfoque utilizando un pequeño programa. Consta de una parte de sistema y una parte de aplicación. La parte de sistema tiene un dispositivo para registrar manejadores de eventos, así como una función que escanea el teclado. Cuando se llama al teclado, se llama a todos los manejadores (que son funciones) con un argumento que representa la tecla pulsada.

```
//  parte de sistema
#include <conio.h>

typedef void (*pf_key_press)(int key);
```

```
pf_key_press*manejadores;
int num_manejadores;

void init()
{
    manejadores=new pf_key_press[10];     // 10 manejadores max
    num_manejadores=0;
}

void registrar(pf_key_press manejador)
{
    manejadores[num_manejadores++]=manejador;
}

void propagar_evento(int tecla)
{
  for(int i=0;i<num_manejadores; i++)
    (*manejadores[i])(tecla);  // llama al manejador
}

void monitorizar_teclado()
{
  int tecla;
  do
  {
    while(!_kbhit());  // espera la pulsación de una tecla
    tecla=_getch();   // recupera la tecla

    propagar_evento(tecla);
  }  while(tecla!='q');
}
```

Ahora llegamos a la parte de la aplicación, que consiste en dos manejadores más una función `main()`:

```
// parte aplicación
void tecla_pulsada1(int key)
{
  printf("1. Ha pulsado la tecla %c\n",key);
}

void tecla_pulsada2(int key)
{
  printf("2. Ha pulsado la tecla %c\n",key);
```

```
}

// main()
int main(int argc, char* argv[])
{
  // inicialización del sistema
  init();

  // estas dos funciones se llamarán cuando se use el teclado
  registrar(&tecla_pulsada1);
  registrar(&tecla_pulsada2);

  // inicio
  monitorizar_teclado();
  return 0;
}
```

Ejecutar el programa podría ser algo parecido a esto:

```
C:\Windows\system32>cmd.exe
Microsoft Windows [Versión 10.0.19045.4170]
(c) Microsoft Corporation. Todos los derechos reservados.

1. Ha pulsado la tecla a
2. Ha pulsado la tecla a
1. Ha pulsado la tecla b
2. Ha pulsado la tecla b
1. Ha pulsado la tecla q
2. Ha pulsado la tecla q
Pulse una tecla para continuar...
```

Aunque breve, este programa ilustra bien el funcionamiento de sistemas operativos gráficos como Windows y macOS.

2. Referencias

Aunque realizan la misma función que los punteros, las referencias ofrecen una sintaxis más sencilla y, al mismo tiempo, limitan el riesgo de accesos erróneos a la memoria.

Una referencia siempre está asociada a una variable, mientras que un puntero se puede modificar utilizando la aritmética de punteros.

La sintaxis para definir un tipo de referencia utiliza el prefijo `&`, que sustituye a la estrella. Sin embargo, este prefijo no se debe confundir con el operador `&`, que extrae la dirección de una variable o función.

```
char c; // un carácter
char*p; // un puntero de char
p=&c;    // p es c, y &c es la dirección de c
char & refc=c; // refc es una referencia a char, refc es c
```

En este fragmento de código, hemos definido una referencia `char`, `refc`, designando la variable `c`. Esta referencia se ha convertido en un alias de la variable `c`, por lo que cualquier modificación realizada por `refc` tendrá realmente un impacto en `c`, incluso fuera de su ámbito:

```
refc++; // en realidad incrementa c
```

Como ocurre con los punteros, las referencias sólo son realmente útiles para evitar los efectos secundarios. Para ilustrar esto, tomemos la función `may()` que estudiamos antes.

Versión de puntero	Versión de referencia

`void may(char* c)`
`{`
`   printf("antes c=%c\n",*c);`
`   if(*c>='a' && *c<='z')`
`       *c=*c-('a'-'A');`
`   printf("después c=%c\n",*c);`
`}`
	`void may(char& c)`
	`{`
	`   printf("antes c=%c\n",c);`
	`   if(c>='a' && c<='z')`
	`      c=c-('a'-'A');`
	`   printf("después c=%c\n",&c);`
	`}`

`int main()`
`{`
`char x='a';`
`   may(&x);`
`   printf("finalmente, x=%c\n",x);`
`    return 0;`
`}`
	`int main()`
	`{`
	`char x='a';`
	`   may(x);`
	`   printf("finalmente,`
	`x=%c\n",x);`
	`   return 0;`
	`}`

Podemos ver que la sintaxis por referencia es más sencilla que la de puntero. Se escribe más parecido a pasar por valor y sin embargo el efecto secundario –modificación por un procedimiento– es posible.

2.1 Mayor seguridad

Las referencias ofrecen mucha más seguridad que los punteros, ya que la dirección manejada por la referencia no puede ser evaluada. El puntero es libre de moverse, por incremento, adición, etc. Como la referencia siempre está asociada a una variable desde el momento en que se declara, el riesgo de errores es limitado.

2.2 La referencias a constantes

Las referencias a constantes, utilizadas generalmente para las funciones, garantizan que la variable no sea modificada por la función.

```
 void funcion_sin_riesgo(const int & x)
{
  printf("x=%d",x);  // ok
  x=4; // error
}
```

Se puede objetar que el interés de un método así es casi nulo. ¿Qué sentido tiene pasar un entero por referencia, si se pretende que sea invariable? Para un tipo primitivo como int, la causa es obvia, pero para un tipo objeto (una clase), hay muchas aplicaciones posibles. Se pueden aplicar métodos, modificar campos, incluso si la referencia es constante. Pasar por referencia permite efectos secundarios, ya que el objeto no se copia en la pila. Además, la llamada es más rápida porque la referencia se trata como una dirección, lo que suele ser más económico que copiar todos los campos del objeto a la pila.

2.3 Devolución de una referencia desde una función

Es perfectamente posible definir una función que devuelva una referencia. He aquí un ejemplo:

```
double euro,fs,libra;
double & compra(int pais)
{
  switch(pais)
  {
```

```
      case 1:
        return libra;
      case 2 :
        return fs;
      default:
        return euro;
    }
}
```

La ventaja de este enfoque es que todos trabajan con el mismo valor. Si las variables `euro`, `fs` o `libra` cambian de valor, todas las funciones que las usen utilizarán los valores actualizados, ya que la función `compra()` ha pasado una referencia en lugar de un valor.

Este uso de referencias también recuerda al uso de campos estáticos en una clase, aunque con una sintaxis ligeramente diferente.

3. Constantes

3.1 Constantes simbólicas

El preprocesador, una utilidad de preprocesamiento de texto, cumple tres tareas importantes:

- Incluye los archivos designados por la directiva `#include`.
- Evalúa la presencia de macros utilizando la directiva `#ifdef`.
- Evalúa las macros definidas por la directiva `#define`.

Este preprocesador trabaja además del compilador. Desde que los nuevos lenguajes de programación han abandonado su uso (Java por ejemplo), es mejor limitar el número de macros definidas con `#define`.

Sin embargo, esta última directiva se puede utilizar para definir constantes simbólicas:

```
#define PI 3.14159265358
```

En los archivos a los que se haya dado esta definición, el preprocesador sustituirá la cadena PI por su valor textual, en todas sus apariciones que no aparezcan en una cadena de caracteres.

```
#define PI 3.14
double x=PI;

char*a="El científico griego Pitágoras descubrió PI
sin calculadora";
```

El compilador recibe una versión modificada del último fragmento:

```
double x=3.14;

char*a="El científico griego Pitágoras descubrió PI
sin calculadora";
```

3.2 El tipo void

Ninguna variable se puede tipar como `void`, pero este tipo se incluye en la clasificación de tipos elementales, como `int`, `short`, etc.

Esta palabra clave se utiliza para indicar que una función no devuelve nada y que, por lo tanto, es un procedimiento:

```
void mostrar(char*s)
{
}
```

También podemos utilizar `void*`, un puntero a un tipo indeterminado. A continuación, se utiliza un transtyping para convertir este puntero en el tipo apropiado:

```
void* malloc(int num_bytes) // función que devuelve void*
{ ..}

char*s=(char*) malloc(15) ; // asigna 15 bytes
```

Este sistema era un mal menor para C en su intento de soportar la generalidad. En lugar de asimilar la dirección a un entero –lo que ocurre de todos modos cuando hablamos de aritmética de punteros– diremos que `malloc()` asigna bytes y devuelve la dirección de la zona asignada. El tipo de la zona (`int`, `double`, etc.) depende de cómo lo interprete el programador.

Esta interpretación se especifica mediante la conversión de un valor `void*` a `char*` en nuestro ejemplo.

3.3 Alias de tipos: typedef

Este operador se utiliza para crear alias de tipos que requieren notaciones enrevesadas. En lugar de escribir `unsigned char` muy a menudo, es preferible declarar el tipo `uchar`:

```
typedef unsigned char uchar;
```

A partir de ese momento, las variables tomarán el tipo `unsigned char` o `uchar`:

```
uchar c; // equivalente a unsigned char c;
```

3.4 Constantes y enumeraciones

El lenguaje C++ ha introducido la palabra clave `const`, que impide modificar una variable después de haberla inicializado:

```
const double pi=3,14;
```

Esta notación es común a otros lenguajes, lo que la hace mucho más portable que la directiva `#define`.

Cuando el valor numérico de una constante es menos importante que su etiqueta, las enumeraciones son una solución muy buena:

```
enum Dia { lunes, martes, miercoles, jueves,
viernes, sabado, domingo };
Dia cita;

int main(int argc, char* argv[])
{
  cita=miercoles;
  return 0;
}
```

En esta configuración, el valor real de `miercoles` tiene poca importancia. Es el nombre de la constante quién lo dice todo.

De hecho, las enumeraciones se pueden asimilar a un tipo entero, por lo que es posible establecer el valor inicial de la enumeración:

```
enum Color { Rojo=38, Amarillo, Azul };
```

4. Ejercicios prácticos

Aquí tiene tres variantes del algoritmo para encontrar un valor máximo en un conjunto de números representados por una matriz, lo que le dará muchas oportunidades de practicar el uso de punteros y referencias.

4.1 Encontrar el valor máximo en una matriz

4.1.1 Declaración de la matriz

En el cuerpo de la función `main()`, se define un matriz de enteros y se inicializa sin asignación de memoria mediante `new` o `malloc`. Una variable de tipo entero indica el número de valores de la matriz.

```
    int matriz[] = {1, 10, -2, 0, 4, 11, -6};
    int numero_valor = 7;
```

4.1.2 Implementación del algoritmo como una función

La función C++ `look_for_biggest` recibe como argumentos la matriz y el número de valores a buscar. Observe la diferencia de tipado entre la función `main()`, donde el matriz es `int[]` y la función de búsqueda, que acepta como argumento un `int*`.

La palabra clave `throw` es nueva: provoca una excepción si la matriz no contiene al menos un valor.

El algoritmo utiliza el valor *centinela*, inicializado con el primer valor de la matriz, que se compara, a su vez, con todos los valores de la matriz.

```
// buscar el valor más grande de una matriz
int look_for_biggest(int* tab,int nb)
{
    if (num < 1)
        throw "La matriz debe contener, al menos, un valor";
```

```
    int centinela = tab[0];
    for (int i = 0; i < num; i++)
    {
        if (tab[i] > centinela)
            centinela = tab[i];
    }

    return centinela;
}
```

4.1.3 Ejecución del algoritmo

Para probar este programa, llame a la función `look_for_biggest()`, pasando como argumentos la matriz y el número de valores a recorrer.

```
    cout << "Buscar el mayor valor de la matriz" << endl;
    int vmax = look_for_biggest(matriz, numero_valor);
    cout << "vmax = " << vmax << endl;
```

```
PROBLEMAS   SALIDA   CONSOLA DE DEPURACIÓN   ...

Buscar el mayor valor de la matriz
vmax = 11
```

4.2 Encontrar la dirección del valor máximo de una matriz

Este segundo programa utiliza punteros para encontrar la dirección de memoria del valor máximo. Por lo tanto, utiliza las notaciones `&` y `*` en función de si se dirige a la dirección o al valor.

```
// encontrar la dirección del mayor valor de una matriz
int* look_for_biggest_addr(int* tab, int num)
{
    if (num < 1)
        throw "La matriz debe contener al menos un valor";

    int* pcentinela = &tab[0];
    for (int i = 0; i < num; i++)
    {
       if (tab[i] > *pcentinela)
```

```
            pcentinela = &tab[i];
    }

    return pcentinela;
}
```

La variable pmax representa un puntero al valor máximo de la matriz:

```
int* pmax = look_for_biggest_addr(matriz, numero_valor);
cout << "pmax = " << hex << (int) pmax << "vmax = " << dec << *pmax
<< endl;
```

En tiempo de ejecución, se muestra la dirección –convencionalmente en hexadecimal– y esta posición en la memoria difiere de un ordenador a otro.

```
PROBLEMAS   SALIDA   CONSOLA DE DEPURACIÓN   ...

pmax = 1290fccc vmax = 11
```

4.3 Utilizar referencias para encontrar el índice del valor máximo de una matriz

Otra variante del programa utiliza una referencia para devolver tanto el valor máximo de la matriz como su índice. Para ello, la firma de la función `look_for_biggest_ref()` admite un argumento `int&` (referencia entera) que se utiliza como variable de salida:

```
int look_for_biggest_ref(int* tab, int nb, int & position)
{
    if (nb < 1)
        throw "La matriz debe contener al menos un valor";

    posicion = 0;
    int centinela = tab[posicion];
    for (int i = 0; i < num; i++)
    {
        if (tab[i] > centinela)
        {
            posicion = i;
            centinela = tab[posicion];
        }
```

```
    }

    return centinela;
}
```

Para indicar el número de valores de la matriz, a título ilustrativo, se define una constante simbólica `NUM_VAL` en el preprocesador. Este enfoque no es obligatorio, pero es una práctica común definir tales valores invariantes como constantes `#define` o utilizando la palabra clave `const`:

```
#define NUM_VAL 7
```

Esta constante la resuelve el preprocesador, que sustituye la etiqueta NUM_VAL por el texto 7, que se convierte en un valor entero literal.

Sin embargo, para el argumento `posicion`, se debe transmitir la referencia de una variable (no constante):

```
int posicion = 0;
int max = look_for_biggest_ref(matriz, NUM_VAL, posicion);
cout << "max = " << max << "posición " << posicion << endl;
```

La ejecución confirma que el valor máximo se sitúa en el sexto valor, que lleva el índice 5.

```
PROBLEMAS   SALIDA   CONSOLA DE DEPURACIÓN   ...

max = 11 posición 5
```

Capítulo 3
Estructuración de los datos

1. Programación estructurada

Los lenguajes de programación empezaron muy pronto a agrupar instrucciones reutilizables, conocidos como funciones. Las variables siguieron el ejemplo, aunque un poco más tarde.

La matriz se puede utilizar para procesar determinados algoritmos, siempre que los datos a procesar sean de un tipo uniforme (`char`, `int`...). Cuando los datos a procesar contienen diferentes tipos de información, es necesario utilizar varias matrices o una única que utilice un tipo `void*`. Hay que reconocer que esta solución no es recomendable.

En su lugar, definimos estructuras que agrupan varias variables llamadas campos. Estas variables existen en tantas copias como quiera, cada copia se llama instancia.

El lenguaje C++ tiene varias formas compuestas:

- Las estructuras y las uniones, basadas en la C.
- Las clases, que se tratarán en el capítulo dedicado a la programación orientada a objetos.

1.1 Estructuras

Las estructuras de C++, al igual que las estructuras de C, definen nuevos tipos de datos. El nombre dado a la estructura genera un tipo de datos:

```
struct Persona
{
  char nombre[50];
  int edad;
} ;
```

A partir de esta estructura `Persona`, ahora vamos a crear variables, siguiendo la sintaxis habitual de declaración que asocia un tipo y un nombre:

```
Persona angel, maria;
```

`angel` y `maria` son dos variables de tipo `Persona`. Como son tipos no primitivos (`char`, `int`...), decimos que son instancias de la estructura `Persona`. El término instancia nos recuerda que el nombre y la edad son características propias de cada persona.

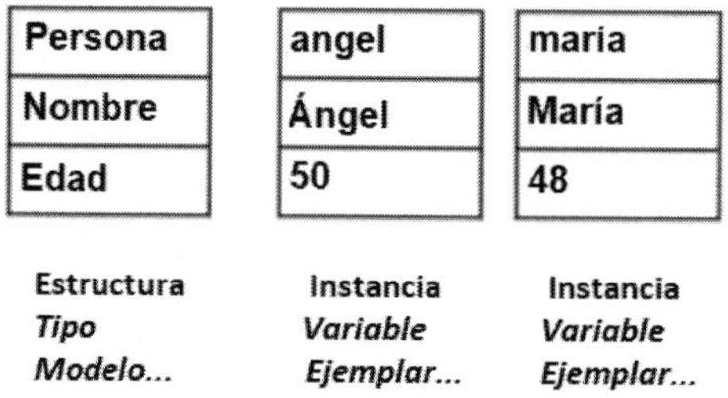

Persona	angel	maria
Nombre	Ángel	María
Edad	50	48
Estructura *Tipo* *Modelo...*	**Instancia** *Variable* *Ejemplar...*	**Instancia** *Variable* *Ejemplar...*

Para acceder a los campos de una instancia se utiliza una notación especial:

```
angel.edad = 50; // edad de ángel
printf("%s",maria.nombre); // nombre de maría
```

Esta notación vincula el campo a su instancia.

1.2 Construir una estructura

Una estructura puede contener un número ilimitado de campos. Para los lectores que se inician en este tipo de programación y están acostumbrados a las bases de datos, resulta útil comparar una estructura con una tabla de una base de datos.

C++	SQL
estructura	tabla
campo	campo / columna
instancia	registro

Por supuesto, cada campo de la estructura es de un tipo determinado. Puede ser de tipo primitivo (`char`, `int`...) o de tipo estructura. También se pueden obtener construcciones interesantes por composición:

```
struct Direccion
{
  char *direccion1, *direccion2;
  int codigo_postal;
  char* ciudad;
} ;

struct Cliente
{
  char*nombre;
  Direccion direccion;
} ;
```

El operador punto se utiliza como puntero para llegar al campo deseado:

```
Cliente cli;
cli.nombre = "Los molinos de viento";
cli.direccion.ciudad = "Pau";
```

Por último, es posible definir estructuras autorreferenciales, es decir, estructuras en las que uno de los campos es un puntero a una instancia de la misma estructura.

Esto permite construir estructuras dinámicas como listas, árboles y grafos:

```
struct Lista
{
 char* elemento;
 Lista* conjunto;
} ;
```

El compilador no tiene ninguna dificultad para prever esta construcción: conoce el tamaño de un puntero, generalmente 4 bytes, por lo que, para él, el tamaño de la estructura es perfectamente calculable.

1.3 Instanciar estructuras

Hay varias formas de instanciar una estructura. Como hemos visto, una estructura genera un nuevo tipo de datos, por lo que la sintaxis clásica para declarar variables funciona muy bien:

```
Persona mateo;
```

1.4 Instanciar durante la definición

La sintaxis para declarar una estructura nos reserva una sorpresa; es posible definir instancias inmediatamente después de declarar la estructura:

```
struct Persona
{
  char*nombre;
  int edad;
} angel,maria ;
```

En nuestro caso, `angel` y `maria` son dos instancias de la estructura `Persona`. Por supuesto, es posible utilizar otros modos de instanciación más adelante.

1.5 Instanciar reservando memoria

Por último, la instanciación actúa como la asignación de un espacio segmentado para almacenar los campos de la nueva copia. La función malloc(), que asigna bytes, hace precisamente eso:

```
Persona* sergio = (Persona*) malloc(sizeof(Persona))
```

Como la función malloc() devuelve un puntero a void, realizamos un transtyping (cast) al tipo Persona* para afinar cada lado de la igualdad. El operador sizeof() determina el tamaño de la estructura, en bytes.

Para acceder a los campos se utiliza el operador ->, que sustituye al punto:

```
sergio->edad = 37;
```

Para reservar varias instancias consecutivas –una matriz– hay que multiplicar el tamaño de la estructura por el número de elementos a reservar:

```
Persona* personal = (Persona*) malloc(sizeof(Persona)*5)
```

Para acceder a un campo de una instancia, combinamos la notación anterior con la utilizada para las matrices:

```
personal[0]->nombre = "Pablo";
personal[0]->edad = 41;
personal[1]->nombre = "Blanca";
personal[1]->edad = 27;
```

La función malloc() se declara en la cabecera <memory.h>, que se debe incluir si es necesario. Este tipo de instanciación ya funcionaba en el lenguaje C, pero el operador new, introducido en C++, va más allá.

1.6 Instanciación con el nuevo operador

El operador new simplifica la sintaxis, ya que devuelve un puntero correspondiente al tipo asignado:

```
Persona*jose = new Persona;
```

No es necesario transtyping, ya que el operador new aplicado a la estructura Persona devuelve un puntero (una dirección) de tipo `Persona*`.

Para reservar una matriz, basta con añadir el número de elementos entre corchetes:

```
Persona*empleados = nueva Persona[10];
```

También en este caso se simplifica la sintaxis, ya que no es necesario especificar el tamaño de cada instancia. El operador `new` lo tiene en cuenta directamente, sabiendo que se aplica a un tipo concreto, en este caso `Persona`.

Simplificar la escritura no es la única ventaja del operador `new`. Si la estructura tiene un constructor (véase el capítulo Programación orientada a objetos sobre las clases), se le llama cuando se instancia la estructura mediante el operador `new`, mientras que la función `malloc()` se limita a reservar memoria. El papel de un constructor, una función "interna" a la estructura, es inicializar los campos de la nueva instancia. Más adelante veremos en detalle cómo funciona.

1.7 Punteros y estructuras

Independientemente de cómo se instancie la estructura, mediante `malloc()` o mediante `new`, se accede al campo utilizando la notación de flecha en lugar de la notación de punto, reservada esta última para acceder a una instancia por valor.

El operador `&` aplicado a una instancia, tiene el mismo significado que para cualquier otra variable, es decir, su dirección.

Si se combina este operador con el acceso a un campo, se puede obtener la dirección de este campo para una instancia determinada. La siguiente tabla resume estos métodos de acceso. Para leerla, consideremos las líneas siguientes:

```
Persona angel;
Persona* daniel = new Persona;
Persona* personal = new Persona[10];
```

`angel.edad`	El campo de `edad` relativo a `angel`.
`daniel->edad`	El campo `edad` se refiere a `daniel`, que es un puntero.
`&angel`	Dirección de `Juan`. Permite escribir `Persona*angel_prime=&angel`.
`&angel.edad`	La dirección del campo de `edad` para la instancia angel.
`&daniel`	La dirección del puntero `daniel`, que no es la de la instancia.
`&daniel->edad`	La dirección del campo de `edad` para la instancia de `daniel`.
`personal[2]->edad`	La edad de la persona en el índice 2 de la matriz (es decir, la tercera casilla a partir de 0).
`persona[2]`	La dirección de la persona en el índice 2 de la matriz (es decir, la tercera casilla a partir de 0).
`&persona[2]->edad`	Dirección del campo de `edad` de la persona en el índice 2 de la tabla (es decir, la tercera casilla a partir de 0).

Observamos que no se ha añadido nada nuevo. Las notaciones siguen siendo las mismas.

1.8 Organización de la programación

Cuando se crea una estructura, no es raro verla definida en un archivo de cabecera .h que lleva su nombre. Posteriormente, todos los módulos cpp que contengan funciones que vayan a utilizar esta estructura, deben incluir el archivo utilizando la directiva #include.

1.8.1 Inclusión mediante #include

Tomemos el caso de nuestra estructura Persona, que se definirá en el archivo persona.h:

```
// Archivo: persona.h
struct Persona
{
  char nombre[50];
  int edad;
} ;
```

Cada módulo con extensión .cpp que lo utilice debe incluir a su vez este archivo, teniendo en cuenta que se compila por separado del resto de archivos:

```
#include "persona.h"

int main()
{
Persona angel;
  Angel.edad=30;
}
```

1.8.2 Protección contra inclusiones múltiples

El sistema de cabeceras da buenos resultados, pero a veces ciertos archivos .h se incluyen varias veces, lo que lleva a múltiples declaraciones del tipo Persona, lo que penaliza el trabajo del compilador.

Hay dos formas de solucionar este problema. En primer lugar, podemos utilizar una directiva de compilación `#ifndef` seguida de `#define`:

```
#ifndef _Persona
#define _Persona

// Archivo : persona.h
struct Persona
{
  char nombre[50];
  int edad;
} ;
#endif
```

La segunda técnica, más sencilla, consiste en utilizar una directiva específica del compilador, `#pragma once`. Esta directiva, que se coloca al inicio del archivo de cabecera, asegura que el contenido no se incluya accidentalmente dos veces. Si esto ocurre, el compilador recibirá una versión que no contiene la misma definición dos veces, por lo que no obtendremos un error.

La primera técnica puede parecer menos directa, pero es más portable, ya que las directivas `#pragma` (por pragmáticas) dependen de cada compilador. Por supuesto, es probable que se encuentre con ambas en un programa C++ de terceros.

1.9 Uniones

Una unión es una estructura especial en la que los campos se solapan. Esta construcción especial permite comprimir los datos y ahorrar considerablemente. Cuando se escribe un campo para una instancia, se sobrescriben los demás, ya que todos los campos tienen la misma dirección. Por lo tanto, el tamaño de la unión corresponde al tamaño del campo más grande.

Las uniones tienen dos tipos de aplicación. En primer lugar, se pueden utilizar para segmentar una estructura de diferentes maneras. Un ejemplo es la estructura `direcciones`, que alberga una unión diseñada para representar diferentes formatos de direcciones de red. Dependiendo de la naturaleza de la red - IP, Apple Talk, SPX - las direcciones se representan de diferentes maneras.

El segundo tipo de aplicación es la representación de números. Dependiendo de si queremos priorizar la velocidad o la precisión de cálculo, podemos utilizar una unión para calcular en `int`, `float` o `double`. Utilizar una estructura no sería una buena idea, porque cada "número" ocuparía 4 + 4 + 8, o 16 bytes. La unión da mejores resultados:

```
union Valor
{
    int num_i;
    float num_f;
    double num_d;
} ;
```

El tamaño de esta unión es de 8 bytes o el espacio ocupado por un doble.

No es infrecuente incluir una unión en una estructura, con un campo adicional que indica cuál de los campos de la unión está "activo":

```
enum TNB { t_ninguno,t_int, t_float, t_double };

struct Numero
{
  char t_num;
  union Valor
  {
    int num_i;
    float num_f;
    double num_d;
  } val ;
} ;
```

Ahora podemos imaginar algunas funciones para trabajar con esta construcción:

```
void mostrar(Numero& n)
{
  switch(n.t_num)
  {
  case t_int:
    printf("%d\t",n.val.num_i);
    break;
  case t_float:
    printf("%f\t",n.val.num_f);
    break;
```

```
    case t_double:
      printf("%f\t",n.val.num_d);
      break;
    }
}

Numero* leer_int()
{
  Numero* c=new Numero;
  c->t_num=t_int;
  printf("entero: ");
  scanf("%d",&c->val.num_i);

  return c;
}

Numero* leer_float()
{
  Numero* c=new Numero;
  c->t_num=t_float;
  printf("decimal: ");
  scanf("%f",&c->val.num_f);

  return c;
}
Numero leer_double()
{
  Numero c;
  c.t_num=t_double;
  printf("doble: ");
  scanf("%lg",&c.val.num_d);

  return c;
}
```

En este ejemplo, hemos mezclado diferentes modos de paso así como diferentes modos de retorno (valor, dirección, etc.).

A la hora de instanciar y acceder a los campos, la unión adopta los mismos usos (notaciones) que la estructura.

1.10 Copia de estructuras

¿Qué ocurre cuando copiamos una estructura por valor en otra estructura? Por ejemplo, ¿qué ocurre al ejecutar el siguiente programa?

```
struct CuentaBancaria
{
  char*banco;
  int agencia;
  int cuenta;
} ;

int main(int argc, char* argv[])
{
  CuentaBancaria cuenta1, cuenta2;
  cuenta1.banco = "Banca";
  cuenta1.agencia = 1234;
  cuenta1.cuenta = 555666777;

  cuenta2 = cuenta1;

  printf("cuenta1, %s %d %d\n", cuenta1.banco, cuenta1.agencia,
cuenta1. cuenta);
  printf("cuenta2, %s %d %d\n", cuenta2.banco, cuenta2.agenda,
cuenta2.cuenta);
  return 0;
}
```

La ejecución de este programa muestra que los valores de cada campo se copian efectivamente de la estructura `cuenta1`, a la estructura `cuenta2`. Sin embargo, hay que tener cuidado con el campo `banco`. Como es un puntero, la modificación de la zona apuntada afectará a ambas instancias:

```
CuentaBancaria cuenta1,cuenta2;

  // asigna una sola cadena de caracteres
  char* banco=new char[50];
  strcpy(banco,"Banco A");

  // rellena la premera instancia
  cuenta1.banco = banco;
  cuenta1.agencia = 1234;
  cuenta1.cuenta = 555666777;
```

```
  // copia los valores en la segunda
  cuenta2 = cuenta1;

  // visualización
  printf("cuenta1, %s %d %d\n",cuenta1.banco,cuenta1.agencia,
cuenta1.cuenta);
  printf("cuenta2, %s %d %d\n",cuenta2.banco,cuenta2.agencia,
cuenta2.cuenta);

  // parece que solo modificamos cuenta1
printf("\nModificación de cuenta1\n");
  strcpy(cuenta1.banco,"Banco B");

  // verificación hecha, las dos instancias son de "Banco B"
  printf("cuenta1, %s %d %d\n",cuenta1.banco,cuenta1.agencia,
cuenta1.cuenta);
  printf("cuenta2, %s %d %d\n",cuenta2.banco,cuenta2.agencia,
cuenta2.cuenta);
```

Tras la comprobación, la ejecución muestra que los dos punteros apuntan a la misma dirección:

```
PROBLEMAS   SALIDA   CONSOLA DE DEPURACIÓN   ...

cuenta1, Banco A 1234 555666777
cuenta2, Banco A 1234 555666777

Modificación de cuenta1
cuenta1, Banco B 1234 555666777
cuenta2, Banco B 1234 555666777
```

Copiar estructuras que contienen campos de tipo puntero no es el único problema. Echemos un vistazo al siguiente extracto:

```
CuentaBancaria *c1,*c2;
 c1 = &cuenta1;
 c2 = c1;
 c1->cuenta = 333;
 printf("c2, %s %d %d\n",c2->banco,c2->agencia,c2->cuenta);
```

La ejecución muestra 333 como el número de cuenta de c2. En otras palabras, c1 y c2 se refieren al mismo objeto y la asignación c2=c1 no copió nada excepto la dirección de la instancia.

```
PROBLEMAS   SALIDA   CONSOLA DE DEPURACIÓN   ...

c2, Banco B 1234 333
```

Habría sido más prudente utilizar la función memcpy():

```
c2 = new CuentaBancaria;
memcpy(c2,c1,sizeof(CuentaBancaria));
c1->cuenta = 222;
printf("c2, %s %d %d\n",c2->banco,c2->agencia,c2->cuenta);
```

Esta vez, la ejecución muestra que c2 y c1 son independientes. Fue la asignación mediante new (o malloc()) lo que marcó la diferencia.

```
PROBLEMAS   SALIDA   CONSOLA DE DEPURACIÓN   ...

c2, Banco B 1234 333
```

1.11 Crear alias de tipos de estructuras

La instrucción typedef estudiada en el capítulo La memoria para los programas, también se utiliza para definir alias (de tipos) de estructuras:

```
// una estructura describe un número complejo
struct NumeroComplejo
{
    double real,imaginario;
};

typedef NumeroComplejo Complejo;      // alias de tipo
typedef NumeroComplejo* Pcomplejo;    // alias de tipo puntero
typedef NumeroComplejo& Rcomplejo;    // alias de tipo referencia

int main()
{
    Complejo c1;
    PComplejo pc1 = new Complejo;
```

```
    RComplejo rc1 = c1;

    return 0;
}
```

Este uso se suele reservar para los API del sistema que definen tipos y luego nombres para distintos entornos. Por ejemplo, `char*` se convierte en `LPCTSTR` (*Long Pointer To Constant STRing*), el puntero de estructura `Rect` se convierte en `LPRECT`...

2. Estructuras y funciones

Son las funciones que operan sobre las estructuras. A menudo, las estructuras se declaran como variables locales en una función, para que se puedan utilizar como argumentos en otras funciones. Entonces, ¿cuál es la mejor forma de transmitirlas? Tenemos los tres métodos habituales: por valor, por dirección (puntero) o por referencia.

2.1 Pasar una estructura basada en valores como argumento

El modo por valor se recomienda si la estructura es pequeña y es necesario proteger sus valores contra cualquier modificación involuntaria, por parte de la función llamada. Este modo implica copiar todos los campos de la instancia en la pila, lo que puede llevar cierto tiempo y consumir recursos de memoria limitados. En el caso de funciones recursivas, el tamaño de la pila ya tiende a crecer rápidamente, por lo que no es buena idea sobrecargarla innecesariamente.

Sin embargo, esta copia evita cualquier efecto secundario, ya que es una copia de la estructura que se pasa.

```
void mostrar(Numero n)
{
  switch(n.t_num)
  {
  case t_int:
    printf("%d\t",n.val.num_i);
    break;
  case t_float:
```

```
    printf("%f\t",n.val.num_f);
    break;
  case t_double:
    printf("%f\t",n.val.num_d);
    break;
  }
}
```

2.2 Pasar una estructura por referencia como argumento

Este modo representa un avance considerable, ya que lo que se transmite es la referencia (dirección inalterable) de la estructura. Esta información ocupa 4 bytes (en compilación de 32 bits) y autoriza los efectos secundarios en determinadas condiciones. Además, el paso por referencia es transparente para el programador, que no tiene ninguna posibilidad de pasar un valor literal como instancia de la estructura.

```
void mostrar(Numero& n)
```

Veremos cómo se puede organizar la estructura (clase) para que el acceso en modo modificación de los campos, se pueda controlar con precisión.

La estructura se puede proteger declarando el argumento mediante la palabra clave `const`:

```
void mostrar(const Numero& n)
{
  n.val.num_i=10;  // error, n invariable
}
```

2.3 Pasar una estructura por dirección como argumento

Este modo sigue siendo el más utilizado, probablemente porque es la única alternativa al paso de valores permitida en el lenguaje C. A veces requiere que se utilice el operador & al llamar a la función y el puntero recibido por la función se ajusta a la aritmética de punteros. Por último, este modo permite efectos secundarios.

```
void mostrar(Numero* n)
```

2.4 De la programación funcional a la programación de objetos

Admitiendo que ciertas funciones puedan migrar dentro de la estructura, con el objetivo evidente de aplicarse a los campos de una instancia particular, descubrimos esta noción de la programación orientada a objetos denominada encapsulación, es decir, la combinación de una estructura y de funciones. Esta construcción es perfectamente legal en C++:

```
struct Numero
{
  char t_num;
  union Valor
  {
    int num_i;
    float num_f;
    double num_d;
  } val ;

  void mostrar()
  {
    switch(t_num)
    {
      case t_int:
          printf("%d\t",val.num_i);
          break;
      case t_float:
         printf("%f\t",val.num_f);
          break;
      case t_double:
```

```
                printf("%f\t",val.num_d);
                break;
        }
    }
} ;
```

Conociendo un número, es muy fácil cambiar las notaciones para utilizar este método `mostrar()` en lugar de la función `mostrar(Numero&)`:

```
Numero a;
   a =leer_float();   // utiliza la función leer_float()
   a.mostrar();   // utiliza el método mostrar()
   mostrar(a);   // utiliza la función mostrar()
```

2.5 Gestión de la memoria

La memoria es vital para el sistema operativo, cuya principal tarea es separar cada proceso de los demás, asignándole una cantidad inicial de memoria. Descubrimos distintas estrategias de asignación según el sistema. Los sistemas más antiguos (MS-DOS) y más básicos (basados en microcontroladores) asignan la memoria en bloques de un tamaño determinado (64kB, por ejemplo), tamaño que permanece constante a lo largo del tiempo.

Otros sistemas utilizan la paginación –segmentación fina del espacio de memoria en bloques de 4 KB–, que permite una gestión dinámica y eficaz de la memoria. Como resultado del uso de memoria paginada, la dirección expresada por un puntero nunca es una dirección física, sino lógica y el microprocesador se encarga de la traducción.

En cuanto al modelo de aplicación, es decir, la segmentación de la memoria del proceso, generalmente tenemos las siguientes zonas:

Heap *Variables globales, new*
Pila *Variables locales*
Código *Funciones, instrucciones*
Descriptor de procesos *Identidad del proceso, estado, recursos*

Como el lenguaje C++, al igual que su predecesor, está muy próximo al sistema operativo, es necesario familiarizarse con los distintos tipos de gestión de memoria.

2.5.1 Alineación de datos

El desarrollador debe tener en cuenta este aspecto de la gestión de la memoria si la portabilidad es un criterio importante. No todos los compiladores o microprocesadores almacenan los datos de la misma manera.

Tomemos el caso de la estructura `Persona`:

```
struct Persona
{
  char edad;
  char*nombre;
} ;
```

Sabiendo que el microprocesador de 32 bits lee la memoria en bloques de 4 bytes, muchos compiladores insertan 3 bytes de relleno para alinear el campo de nombre con el siguiente bloque. El resultado es un tamaño de estructura de 8, mientras que el recuento manual da 5.

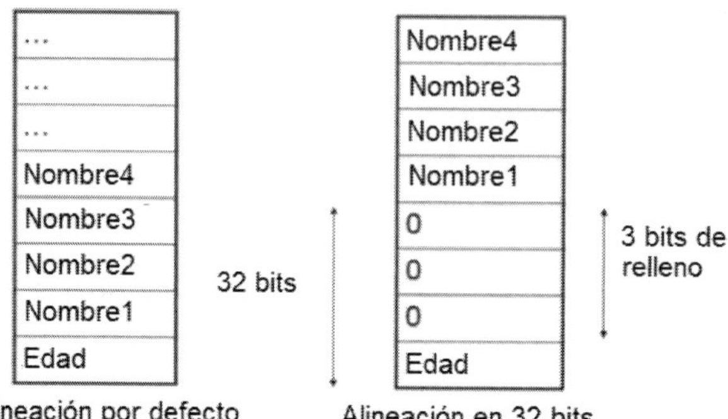

Además, muchos microprocesadores utilizan la representación big-endian, lo que significa que los datos se ordenan en la memoria empezando por los más significativos. El Pentium utiliza la convención contraria. Estas características son decisivas cuando se intercambia un archivo entre dos plataformas, aunque se trate del mismo programa C++, compilado para cada plataforma utilizando dos compiladores diferentes.

2.5.2 Asignar memoria entre procesos

Ya conocemos dos formas de asignar memoria dinámicamente. La función `malloc()` y el operador `new` son funciones del "lenguaje". En determinadas situaciones, es necesario utilizar otras funciones ofrecidas por el sistema. La memoria compartida, utilizada por el portapapeles de Windows, es un buen ejemplo.

La comunicación entre procesos es una prerrogativa del sistema operativo. Como muchos de ellos están programados en C o C++, es bastante fácil utilizar estas funciones. Sin embargo, la noción de puntero no existe en todos los lenguajes y las funciones de asignación suelen devolver un número entero, llamado handle, que identifica el bloque asignado. El nombre de este entero suele ser Hresult (*Handle Result*), que en realidad es un entero disfrazado.

Encontrará ejemplos de este tipo en el capítulo Los entornos de C++.

3. La librería estándar de C

Con las estructuras y la asignación de memoria, nos damos cuenta de que un lenguaje se debe basar en librerías del sistema para construir aplicaciones completas. C++ tiene su propia librería, pero muchos programadores siguen utilizando las funciones estándar de C.

3.1 Funciones comunes del lenguaje C <stdlib.h>

La librería estándar stdlib.h contiene funciones generales. Algunas funciones también se pueden declarar en otras cabeceras.

He aquí una lista que resume algunas funciones interesantes para el desarrollo cotidiano. Conviene consultar el libro El lenguaje C de Kernighan y Ritchie o la documentación suministrada con el compilador, para obtener una lista completa de funciones y sus firmas.

El libro Kernighan y Ritchie es la obra de referencia escrita por los creadores del lenguaje C. Sigue editándose y actualizándose a medida que evoluciona el lenguaje C.

Funciones	Utilidad
`atoi, atof, strtod...`	Funciones para convertir entre un tipo de cadena y un tipo numérico.
`getenv, setenv`	Acceso a las variables de entorno del sistema.
`malloc, calloc`	Asignación de memoria.
`rand, abs`	Funciones matemáticas.

La librería estándar stdlib también contiene macroinstrucciones basadas en la sintaxis `#define`:

Macro	Utilidad
`__min`, `__max`	Proporciona los valores mínimo y máximo de dos argumentos.
`NULL`	Literalmente `(void*)0`.

Un breve ejemplo muestra cómo utilizar el archivo:

```
char* lectura = new char[500];
printf("¿Número? ");
scanf("%s",lectura);

double numero = atof(lectura);
double pi = 3.14159265358;

printf("El número más grande es %2f\n",__max(numero,pi));
```

```
C:\Windows\system32>cmd.exe
Microsoft Windows [Versión 10.0.19045.4170]
(c) Microsoft Corporation. Todos los derechos reservados.

¿Número? 3.5
El número más grande es 3.500000

Pulse una tecla para continuar...
```

3.2 Cadenas <string.h>

El lenguaje C++ todavía gestiona sus literales de cadena en el formato `char*`, definido por el lenguaje C. Por lo tanto, es importante familiarizarse con las principales funciones de la librería string.h.

Funciones	Utilidad
`memcpy`, `memcmp`, `memset`	Vista en memoria de cadenas de caracteres: copiar, comparar, inicializar.
`strcpy`, `strcmp`, `strcat`, `strlen`	Copiar, comparar, concatenar, longitud.

Funciones	Utilidad
`strchr, strstr`	Búsqueda de caracteres y subcadenas.
`strlwr, strupr`	Conversión de mayúsculas/minúsculas.

Veamos otro ejemplo para ilustrar el uso de esta librería:

```
/*
* Búsqueda
*/
printf("** Búsqueda\n");

// cadena a analizar
char* cadena1 = "Amantes de C++ y de la programación";

// palabra a buscar
char* palabra = "C++";

// búsqueda : strstr proporciona un puntero a la subcadena
char* subcadena = strstr(cadena1,palabra);

// resultado
if(subcadena != NULL)
    printf("Encontrada la palabra [%s] en [%s] :\n[%s]
en la posición [%d]\n\n",
        palabra,cadena1,subcadena,subcadena-cadena1);

/*
 * Comparación, concatenación
 */

printf("** Comparaciones, concatenaciones\n");


// reservar memoria
char* cadena2 = new char[strlen(cadena1) + 50];

// construir la cadena
strcpy(cadena2,cadena1);
strcat(cadena2,", un nuevo libro disponible en ENI");

// resultado
printf("cadena2 = %s\n",cadena2);
```

```
    // inicializar una cadena
    char cadena3[50];
    memset(cadena3,'O',3); // cada byte se inicializa
por el carácter O
    cadena3[3]=0; // 0 terminal (idéntico a '\0' en
la cuarta posición

    // resultado
    if(strcmp(cadena3,"OOO"))
        printf("cadena3 = %s\n",cadena3);

    // no confundir con las longitudes
    char* cadena4 = "ABC";
    char* cadena5 = new char[ strlen(cadena4) + 1]; // +1
para el 0 terminal
    strcpy(cadena5, cadena4);

    // pasar a minúsculas
    char* cadena6 = strlwr(cadena5); // atención cadena5
se modifica
    printf("cadena5=%s cadena6=%s\n\n", cadena5, cadena6);

    /*
     * E/S
     */

    printf("** E/S\n");

    char mensaje[500];

    // escribir un mensaje formateado en una cadena
    sprintf(mensaje,"2 x 2 = %d\n", 2*2);

    printf("%s\n",mensaje);
```

La ejecución de este programa nos da el siguiente resultado:

```
C:\Windows\system32>cmd.exe
Microsoft Windows [Versión 10.0.19045.4170]
(c) Microsoft Corporation. Todos los derechos reservados.

** Búsqueda
Busca el patrón [C++] en [Amantes de C++ y de la programación] :
[C++ y de la programación] en la posición [11]

** Comparaciones, concatenaciones
cadena2 = Amantes de C++ y de la programación, un nuevo libro disponible en ENI" :
cadena5=abc cadena6=abc

** E/S\
2 x 2 = 4

Pulse una tecla para continuar...
```

3.3 Archivos <stdio.h>

Las funciones declaradas en stdio.h están dedicadas a operaciones de entrada-salida, en el sentido más amplio. Existen dos tipos de soporte de archivos: por handle de sistema y por estructura FILE*. El primer tipo es más antiguo y está fuertemente ligado a Unix. Sin embargo, la técnica del handle se ha extendido a otras partes del sistema operativo: sockets y la red, gráficos, etc.

Un handle se considera generalmente un número entero. Es un identificador gestionado por el sistema para designar diferentes tipos de recursos.

El acceso a través de la estructura `FILE*` es de un nivel superior y, por tanto, más especializado. Algunos "archivos" ya están declarados, como stdin, stdout, stderr y stdprn.

Por último, stdio.h proporciona funciones para formatear cadenas, como `sprintf` (que también se encuentra en string.h).

Funciones	Utilidad
`printf, scanf`	Imprime a `stdout`, lee de `stdin`.
`fprintf, fscanf`	Impresión y lectura desde un `FILE*`.

Funciones	Utilidad
sprintf	Impresión en una cadena.
open, close, read, write	Abrir, cerrar, leer, escribir en un handle (entero).
fopen, fclose, fread, fwrite	Abrir, cerrar, leer y escribir en un FILE*.
fflush	Transferencia de la memoria intermedia (*buffer*) a su periférico (FILE*).
putc, getc	Escribir, leer un solo carácter (handle).
fputc, fgetc	Escribir, leer un único carácter de un FILE*.
feof	Fin de la prueba de un flujo (FILE*).
ftell, fseek	Leer y mover el puntero de lectura/escritura en un archivo FILE*.
remove, rename, unlink, tempnam	Gestión de nombres de archivos.

Este ejemplo está un poco más desarrollado que el anterior. Se trata de mostrar el contenido de un archivo en hexadecimal y ASCII ('dumper'). El programa contiene métodos de utilidad para desplazarse por el archivo, así como una función para leer el archivo completo. Como ejercicio, el lector puede sustituir esta función por un menú que ofrezca al usuario la opción de leer el archivo línea por línea, volver al principio, etc.

```
// define el punto de entrada para la aplicación de consola.

#include "stdafx.h"
#include <stdio.h>
#include <stdlib.h>
#include <string.h>

const int T_BLOQUE = 16;

// vuelve al inicio del archivo
void inicio(FILE* f)
{
    fseek(f,0,SEEK_SET);
}
```

```
// va al final del archivo
void fin(FILE* f)
{
    // longitud del archivo
    fseek(f,0,SEEK_END);
    long tamanio = ftell(f);
    fseek(f,tamanio - (tamanio % T_BLOQUE), SEEK_SET);
}

// vuelve atrás en el archivo
void arriba(FILE* f)
{
    fseek(f, -T_BLOQUE, SEEK_CUR);
}

// desciende en el archivo
void abajo(FILE* f)
{
    fseek(f, T_BLOQUE, SEEK_CUR);
}

// determina el tamaño del archivo
long tamanio(FILE* f)
{
    // posición actual
    long pos = ftell(f);

    // va al final y determina la longitud a partir de la posición
    fseek(f, 0, SEEK_END);
    long tamanio = ftell(f);

    // vuelve al punto de inicio
    fseek(f, pos, SEEK_SET);

    return tamanio;
}

void mostrar_bloque(FILE* f)
{
    int offset = ftell(f);
    char cadena_hexa[T_BLOQUE*3 + 2 + 1];
    char cadena_ascii[T_BLOQUE*2 + 2 + 1];

    strcpy(cadena_hexa,"");
    strcpy(cadena_ascii,"");
```

```
    int data;
    for(int i=0;i<16;i++)
    {
        int car = fgetc(f);
        if(car == -1)
            break;

        char concat[50];

        sprintf(concat,"%2x ",car);
        strcat(cadena_hexa,concat);

        sprintf(concat,"%c",car>=32?car:' ');
        strcat(cadena_ascii,concat);

        if(i == T_BLOQUE/2)
        {
            strcat(cadena_hexa," ");
            strcat(cadena_ascii," ");
        }
    }


    // fprintf(stdout) = printf !
    fprintf(stdout,"%4d | %s | %s\n",offset,cadena_hexa,cadena_ascii);
}

int main(int argc, char* argv[])
{

    char* nom_archivo="c:file://temp//hola.txt";
    FILE*f = NULL;

    try {
        f = fopen(nom_archivo,"rb");

        /*
         * lectura continua del archivo
         */
        long p = 0;
        long t = tamanio(f);

        inicio(f);
        while(p<t)
        {
            mostrar_bloque(f);
            p+=T_BLOQUE;
```

```
        }

        fclose(f);
    }
    catch(...)
    {
        printf("error\n");
    }


    return 0;
}
```

A continuación, se muestra el resultado de un archivo de ejemplo:

```
Offset(h) 00 01 02 03 04 05 06 07 08 09 0A 0B 0C 0D 0E 0F
00000660  48 65 6C 6C 6F 2C 20 77 6F 72 6C 64 2E 36 34 30  Hello, world.640
00000670  30 39 30 39 31 36 35 30 30 30 31 39 36 32 33 0D  090916500019623.
00000680  0A 3A 31 30 31 45 35 30 30 30 39 30 39 33 36 35  .:101E5000909365
00000690  30 30 38 30 39 33 36 34 30 30 32 46 35 46 33 46  00809364002F5F3F
000006A0  34 46 38 30 39 31 36 36 30 31 45 46 0D 0A 3A 31  4F80916601EF..:1
000006B0  54 68 69 73 20 69 73 20 61 20 68 65 78 61 64 65  This is a hexade
000006C0  63 69 6D 61 6C 20 74 75 74 6F 72 69 61 6C 21 46  cimal tutorial!F
000006D0  38 39 34 45 31 39 39 33 36 0D 0A 3A 31 30 31 45  894E19936..:101E
000006E0  37 30 30 30 00 01 02 03 04 05 06 07 08 09 0A 0B  7000............
000006F0  0C 0D 0E 0F 10 11 12 13 14 15 16 17 18 19 1A 1B  ................
00000700  1C 1D 1E 1F 20 21 22 23 24 25 26 27 28 29 2A 2B  .... !"#$%&'()*+
00000710  2C 2D 2E 2F 30 31 32 33 34 35 36 37 38 39 3A 3B  ,-./0123456789:;
00000720  3C 3D 3E 3F 40 41 42 43 44 45 46 47 48 49 4A 4B  <=>?@ABCDEFGHIJK
00000730  4C 4D 4E 4F 50 51 52 53 54 55 56 57 58 59 5A 5B  LMNOPQRSTUVWXYZ[
00000740  5C 5D 5E 5F 60 61 62 63 64 65 66 67 68 69 6A 6B  \]^_`abcdefghijk
00000750  6C 6D 6E 6F 70 71 72 73 74 75 76 77 78 79 7A 7B  lmnopqrstuvwxyz{
00000760  7C 7D 7E 7F 80 81 82 83 84 85 86 87 88 89 8A 8B  |}~.€.‚ƒ„…†‡ˆ‰Š‹
00000770  8C 8D 8E 8F 90 91 92 93 94 95 96 97 98 99 9A 9B  Œ.Ž..‘’“”•–—˜™š›
00000780  9C 9D 9E 9F A0 A1 A2 A3 A4 A5 A6 A7 A8 A9 AA AB  œ.žŸ ¡¢£¤¥¦§¨©ª«
00000790  AC AD AE AF B0 B1 B2 B3 B4 B5 B6 B7 B8 B9 BA BB  ¬.®¯°±²³´µ¶·¸¹º»
000007A0  BC BD BE BF C0 C1 C2 C3 C4 C5 C6 C7 C8 C9 CA CB  ¼½¾¿ÀÁÂÃÄÅÆÇÈÉÊË
000007B0  CC CD CE CF D0 D1 D2 D3 D4 D5 D6 D7 D8 D9 DA DB  ÌÍÎÏÐÑÒÓÔÕÖ×ØÙÚÛ
000007C0  DC DD DE DF E0 E1 E2 E3 E4 E5 E6 E7 E8 E9 EA EB  ÜÝÞßàáâãäåæçèéêë
000007D0  EC ED EE EF F0 F1 F2 F3 F4 F5 F6 F7 F8 F9 FA FB  ìíîïðñòóôõö÷øùúû
000007E0  FC FD FE FF 33 39 43 0D 0A 3A 31 30 31 45 44 30  üýþÿ39C..:101ED0
000007F0  30 30 35 37 30 30 45 38 39 35 33 32 39 36 30 32  005700E895329602
```

4. Ejercicios prácticos

He aquí un programa en C++ que combina estructuras y la librería estándar de C. Se trata de una pequeña base de datos que describe estrellas y constelaciones.

4.1 Las estructuras

El programa incluye dos estructuras, Estrella y Constelacion, que se instancian con los nombres `proxima` y `gran_oso` respectivamente.

```
/*
 * estructuras de datos e instancias
 */

struct Estrella {
    char* nombre;
    float distancia_al;
};

struct Constelacion{
    Estrella* estrellas;
    int numero;
} gran_oso;

Estrella proxima;
```

4.2 La función de inicialización

La función de inicialización es una aplicación directa de la sintaxis para definir los valores de los campos de una estructura. Nótese también el uso del operador de conversión explícito (`char*`) para asignar a un `char*` un valor `const char*`.

```
// inicializar una constelación
void init()
{
    printf("Initialización\n");
    gran_oso.estrellas = new Estrella[3];
    gran_oso.estrellas[0].nombre = (char*) "Alioth";
```

```
    gran_oso.estrellas[0].distancia_al = 81;

    gran_oso.estrellas[1].nombre = (char*) "Dubhe";
    gran_oso.estrellas[1].distancia_al = 80;

    gran_oso.estrellas[2].nombre = (char*) "Zeta";
    gran_oso.estrellas[2].distancia_al = 78;

    gran_oso.numero = 3;
}
```

4.3 Funciones de visualización

En primer lugar, está la función `to_string()`, que se encarga de representar una instancia en forma de cadena. Encontraremos este mecanismo como método (función integrada) en la mayoría de las clases C++.

```
// transforma una instancia de estrella en una cadena
char* to_string(Estrella estrella)
{
    int tbuf = strlen(estrella.nombre) + 30;
    char* buf = new char[tbuf];
    sprintf_s(buf, tbuf, "%s distancia %f AL", estrella.nombre,
estrella.distancia_al);
    return buf;
}
```

La función `to_string()` es llamada por `mostrar()`, que imprime en pantalla la versión en texto de las instancias estelares que componen una constelación.

```
// muestra una constelación de estrellas
void mostrar(Constelacion & constelacion)
{
    printf("Constelación\n");
    printf("\tnumero : %d\n", constelacion.numero);
    for (int i = 0; i < constelacion.numero; i++)
        printf("\tEstrella [%d] %s\n", i,
to_string(constelacion.estrellas[i]));
}
```

4.4 Funciones de entrada y salida

Este bloque consta de 4 funciones de utilidad para abrir y cerrar un flujo de archivos (representado como FILE* en la librería estándar de C), y leer y escribir un número entero.

```
// abrir un archivo para lectura o escritura
FILE* abrir_archivo(const char* path, const char* mode)
{
    FILE* f;
    int status = fopen_s(&f, path, mode);
    return f;
}

// cierra un archivo
void cerrar_archivo(FILE* f)
{
    fclose(f);
}

// escribe un número entero en un archivo abierto
void escribir_num(FILE* f, int numero)
{
    fwrite(&numero, sizeof(int), 1, f);
}

// lee un número entero desde un archivo abierto
void leer_num(FILE* f, int& numero)
{
    int buffer;
    fread(&buffer, sizeof(int), 1, f);

    numero = buffer;
}
```

Este conjunto se completa con dos funciones para leer y escribir un objeto de tipo `Estrella`. Una cadena de caracteres se representa en un archivo por un entero que codifica su longitud y por una secuencia de bytes para cada carácter.

Las funciones de escritura y lectura tienen obviamente una lógica simétrica:

```
// escribe una instancia de estrella en un archivo abierto
void escribir_estrella(FILE* f,Estrella* estrella)
{
    int lnombre = strlen(estrella->nombre);
    fwrite(&lnombre, sizeof(int), 1, f);

    fwrite(estrella->nombre, sizeof(char), lnombre, f);
    fwrite(&estrella->distancia_al, sizeof(float), 1, f);
}

// lee una instancia de estrella desde un archivo abierto
void leer_estrella(FILE* f, Estrella& estrella)
{
    int lnombre;
    fread(&lnombre, sizeof(int), 1, f);

    estrella.nombre = new char[lnombre+1];
    fread(estrella.nombre, sizeof(char), lnombre, f);
    estrella.nom[lnombre] = (char)0;

    fread(&estrella.distancia_al, sizeof(float), 1, f);
}
```

Por último, están las dos funciones para escribir y leer objetos de tipo `Constelacion`, que son relativamente sencillas, ya que dejan la lógica detallada a las funciones de serialización anteriores.

```
// escribir una instancia de constelación en un archivo abierto
void escribir_constelacion(FILE* f, Constelacion* constelacion)
{
    escribir_num(f, constelacion->numero);
    for (int i = 0; i < constelacion->numero; i++)
        escribir_estrella(f, &constelacion->estrellas[i]);
}

// lee una instancia de constelación desde un archivo abierto
void leer_constelacion(FILE* f, Constelacion& constelacion)
{
    leer_num(f,constelacion.numero);
    constelacion.estrellas = new Estrella[constelacion.numero];
    for (int i = 0; i < constelacion.numero; i++)
        leer_estrella(f, constelacion.estrellas[i]);
}
```

4.5 Función principal

El funcionamiento del programa principal `main()` es bastante básico, consiste en un bucle para mostrar el menú, leer el teclado y conectar el procesamiento correspondiente a la elección del usuario.

```
/*
 * función principal
 */
int main()
{
    printf("Base de datos\n");

    // ejemplo de inicialización de instancia
    proxima.nombre = (char*)"Proxima";
    proxima.distancia_al = 4.246;
    printf("%s\n\n", to_string(proxima));

    // datos de herramienta del programa
    const char* path = "C:\\temp\\estrellas.db";
    FILE* fi = NULL;

    // bucle principal (menu)
    char opcion[3];
    do
    {
        printf("\nMenu\n");
        printf("I Inicializar la base\n");
        printf("V Visualizar la base\n");
        printf("C Cargar la base\n");
        printf("G Guardar la base\n");
        printf("S Salir\n");
        printf("\n>");
        int nb = scanf_s("%s", opcion, 2);

        switch (opcion[0])
        {
        case 'I':
            init();
            mostrar(gran_oso);
            break;

        case 'V':
```

```
            mostrar(gran_oso);
            break;

        case 'G':
            printf("Guardar la base\n");
            fi = abrir_archivo(path, "wb");
            escribir_constelacion(fi, &gran_oso);
            cerrar_archivo(fi);
            break;

        case 'C':
            printf("Cargar la base\n");
            fi = abrir_archivo(path, "rb");
            leer_constelacion(fi, gran_oso);
            cerrar_archivo(fi);
            break;
        }
    } while (opcion[0] != 'Q');

}
```

4.6 Ejecución del programa y pruebas

Tras ajustar la ruta al archivo .db (la instrucción se encuentra al principio de la función principal), se ejecuta el programa. Los escenarios de prueba son los siguientes: Inicializar, Visualizar, Guardar y, después de haber salido y reiniciado el programa, Cargar y Visualizar, como se muestra en la siguiente captura de pantalla.

```
I Inicializar la base
V Visualizar la base
C Cargar la base
G Guardar la base
S Salir

>C
Carga de la base

Menú
I Inicializar la base
V Visualizar la base
C Cargar la base
G Guardar la base
S Salir

>I
Constelación
        nombre : 3
        Estrella [0] Alioth distancia 81.000000 AL
        Estrella [1] Dubhe distancia 80.000000 AL
        Estrella [2] Zeta distancia 78.000000 AL

Menú
I Inicializar la base
V Visualizar la base
C Cargar la base
G Guardar la base
S Salir

>
```

Capítulo 4
Programación orientada a objetos

1. Clases e instancias

El objetivo de Bjarne Stroustrup era implementar las clases descritas en el lenguaje Simula, en un compilador C. Como estos dos lenguajes son radicalmente opuestos en su planteamiento, fue necesario identificar una doble continuidad, sobre todo en el lado C.

Era fácil ver que la programación se simplificaría enormemente si ciertas funciones pudieran migrar dentro de estructuras C. Como resultado, no habría ninguna estructura que pasar a estas funciones, ya que obviamente se aplicarían a los campos de la estructura.

Sin embargo, era necesario conservar una forma de distinguir entre dos instancias, por lo que se ha modificado la sintaxis del operador punto:

<table>
<tr><th>Programación funcional</th><th>Programación orientada a objetos</th></tr>
<tr><td><pre>struct Punto
{
int x,y;
};
void visualizar(Punto p)
{
 printf("%d,%d\n",p.x,p.y);
}</pre></td><td><pre>struct Punto
{
int x,y;
 void visualizar()
{
printf("%d,%d\n",x,y);
}
};</pre></td></tr>
</table>

Programación funcional	Programación orientada a objetos
`Punto p1;` `visualizar(p1);`	`Punto p1;` `p1.visualizar();`

Esta diferencia de enfoque tiene varias consecuencias positivas para la programación. En primer lugar, el programador ya no tendrá que elegir entre las distintas formas de pasar de la estructura a la función `visualizar()`. En segundo lugar, podremos distinguir entre elementos en primer y segundo plano (campos, funciones). Los que estén en primer plano serán visibles, accesibles desde fuera de la estructura. Los otros estarán ocultos y serán inaccesibles.

Este proceso garantiza un alto grado de independencia en la aplicación de un concepto, lo que también conduce a una buena estabilidad de desarrollo.

1.1 Definición de clase

Por tanto, una clase es una estructura con campos y funciones. Cuando las funciones se consideran dentro de una clase, se denominan métodos.

Todos los campos y métodos se denominan miembros. No recomendamos utilizar el término atributo para referirse a los campos, ya que puede adoptar un significado muy específico en C++ gestionado o en C#.

El lector que esté cambiando de Java a C++, debe tener cuidado de terminar la declaración de una clase con un punto y coma, ya que una clase es la continuación del concepto de estructura:

```
class Punto
{
int x,y; // dos campos
  // un método
  void visualizar()
  {
   printf("%d,%d",x,y);
  }
}; // punto y coma
```

En general, la clase sigue las mismas reglas que la estructura a la hora de utilizarla: instanciación/asignación, copia, paso a una función, etc.

1.2 Los modificadores de acceso

Ahora vamos a distinguir entre los métodos (funciones) accesibles desde fuera de la clase y los que sólo son útiles algorítmicamente. Del mismo modo, algunos campos están expuestos al exterior y pueden ser leídos o modificados, mientras que otros se deben proteger de accesos no autorizados.

Esta distinción deja un gran margen de maniobra en la organización de una clase, ya que la parte oculta puede evolucionar sin riesgo de poner en entredicho el resto del programa, mientras que la parte accesible se considera estable.

C++ ofrece varios niveles de accesibilidad y el abanico de posibilidades es tan amplio que algunos de sus lenguajes sucesores no las incluyen todas.

Modificador	**Accesibilidad**
`public`	Completo. El miembro –campo o método– es visible tanto dentro como fuera de la clase.
`private`	Muy restringido. El miembro sólo es accesible dentro de la clase.
`protected`	Restringido a la clase actual y a las clases derivadas.
`friend`	Restringido a una lista de funciones identificadas como amigas.

Veamos ahora un ejemplo de visibilidad. Sabiendo que la visibilidad por defecto en una clase es `private`, elegiremos un modificador de acceso para cada miembro:

```
class Punto
{
private:
  int x,y;
public:
  void visualizar()
  {
    printf("%d,%d\t",x,y);
  }
  void posicionar(int X,int Y)
  {
    x=X;
```

```
        y=Y;
    }
    int color;
} ;
```

Antes de utilizar esta clase, vamos a elaborar una tabla de visibilidades para cada miembro de la clase Punto:

x	private (oculto)
y	private (oculto)
mostrar	public
posicionar	public
color	public

Los campos x e y están efectivamente presentes para cada instancia, pero sólo pueden ser leídos/modificados por métodos pertenecientes a la clase, como `visualizar()` y `positionar()`. Las demás funciones, aunque pertenezcan a clases, no tienen acceso directo a x e y. Deben pasar a través de métodos públicos de la clase `Punto`.

El campo `color` es público, lo que significa que está completamente expuesto.

Intentemos ahora aplicar estas reglas de visibilidad a la clase descrita anteriormente.

```
Punto p;
  p.x=3;  // error, x es privado
  p.y=2;  // error, y es privado
  p.posicionar(89,2);  // ok, posicionar() es público
  p.visualizar();  // ok, visualizar() es público
  p.color=0x00FF00FF;  // ok, color es público
```

Cuando los comentarios indican "error", significa que el compilador marcará la línea como no válida. El mensaje puede adoptar la forma "campo inaccesible" o "campo privado", o incluso "campo invisible". A veces, el compilador es más explícito, indicando que el ámbito `private` de un miembro no es adecuado para su uso previsto.

Para el programador principiante, elegir un ámbito no es fácil. Y debe evitar seguir el siguiente consejo, demasiado estereotipado y un poco elaborado: todos los campos son privados (`private`) y todos los métodos son públicos. Esta regla puede ser apropiada en algunos casos, pero probablemente no en todos. En primer lugar, exagera la noción de interfaz en detrimento de la de algoritmo (programación funcional). Una clase no se puede reducir a una interfaz, de lo contrario la encapsulación (combinación de estructura y funciones) no tendría sentido. Es necesario ocultar los detalles de la implementación para que puedan evolucionar libremente, sin poner en tela de juicio el resto del programa, lo cual está bien. Esto nos lleva a declarar ciertos métodos con un nivel de visibilidad inferior a `public`. Del mismo modo, algunos campos tienen una tipificación especialmente estable, y si no es necesario controlar su asignación, no hay razón para declararlos privados.

Aunque la elección de la visibilidad puede realizarla el diseñador utilizando un sistema de modelización como UML, el programador que tenga esta responsabilidad puede utilizar la siguiente tabla para decidir qué visibilidad elegir. En ausencia de derivación (herencia), el número de casos es bastante limitado y hay que decir que los programas que contienen un gran número de derivaciones no son muchos, especialmente sin el uso de UML.

campo algorítmico	`private` o `protected`
campo de estructura	`public`
campo de sólo lectura	`private` o `protected` con un método público `getXXX()`
campo de sólo escritura	`private` o `protected` con un método público `setXXX()`
campo de lectura y escritura con control de acceso	`private` o `protected`, con dos métodos públicos `getXXX()` y `setXXX()`

campo "constante" de clase	campo público, estática e indudablemente declarado `const`
método que caracteriza a las operaciones accesibles a un objeto	`public`; el método pasa a formar parte de la interfaz
Método para llevar a cabo el algoritmo	`private` o `protected`

Podemos ver en esta tabla que las funciones amigas no están incluidas. Este es un concepto específico de C++ y, por lo tanto, no muy portable. Es particularmente útil para sobrecargar operadores cuando el primer argumento no es del tipo de la clase (ver Otros aspectos de la programación orientada a objetos - Sobrecarga de operadores, para más detalles).

También hay varias referencias al término "interfaz". Una interfaz es una clase que no se puede instanciar. Es un concepto. Hay dos formas de ver una interfaz: por deducción a partir de una clase ordinaria o por construcción de una clase ordinaria a partir de una interfaz. En el primer caso, la interfaz de una clase se deduce creando una lista de los métodos públicos de la clase. El concepto se construye a partir de la implementación concreta. En el segundo caso, se crea una clase derivada (heredera) de la interfaz. C++ no tiene un término específico para las interfaces, aunque sí conoce las clases abstractas. Consulte la sección Herencia - Métodos virtuales y métodos virtuales puros, para completar nuestro estudio de las interfaces.

En cualquier caso, es una práctica común en la programación orientada a objetos referirse a todos los métodos públicos de una clase como una interfaz.

1.3 Organizar la programación de las clases

C++ tiene una forma particular de organizar la programación de clases. El tipo se define en un archivo de cabecera .h, como en el caso de las estructuras, mientras que la implementación se transporta generalmente a un archivo fuente .cpp. Veremos más adelante, al estudiar los módulos, que las notaciones correspondientes son muy coherentes.

Utilizando de nuevo la clase Punto, obtenemos dos archivos, punto.h y punto.cpp. A diferencia del lenguaje Java, el nombre del archivo sólo es importante en las inclusiones y makefiles. Como siempre queda explicado por el programador, no hay reglas sintácticas que impongan nombres de archivos para una clase.

Sin embargo, por rigor y coherencia, se acostumbra a nombrar el archivo de cabecera y el archivo fuente con el nombre de la clase, intentando definir una sola clase por archivo. Así, si se añade la clase PuntoColor a nuestro programa, se declarará en PuntoColor.h y se definirá en PuntoColor.cpp.

Para empezar, aquí está la declaración de la clase Punto en el archivo punto.h:

```
class Punto
{
private:
  int x,y;
public:
  void visualizar();
  void posicionar(int X,int Y);
  int color;
} ;
```

Observe que los métodos sólo se declaran mediante prototipos (firma cerrada por punto y coma). Esto es suficiente para que otras funciones puedan invocarlos, independientemente de dónde estén realmente implementados.

A continuación, implementamos (definimos) la clase `Punto` en el archivo `punto.cpp`:

```
void Punto::visualizar()
{
    printf("%d,%d\t",x,y);
}

void Punto::posicionar(int X,int Y)
{
    x = X;
    y = Y;
}
```

Cuando escriba esto, tiene que entender que el identificador de la función `visualizar()` se refiere a la clase `Punto` (a su espacio de nombres, de hecho, pero viene a ser lo mismo). La misma técnica se utiliza para el método `posicionar()`.

Ya nos hemos encontrado con el operador de resolución de ámbito `::` cuando queríamos alcanzar una variable global oculta por una variable local, dentro de una función. Aquí tenemos otro uso y no es el último.

Hoy en día, los compiladores de C++ son muy rápidos y ya no hay diferencia de rendimiento entre utilizar la definición de clase completa al declarar una clase y utilizar la definición remota en un archivo `.cpp`. Los desarrolladores Java preferirán probablemente la primera versión, que coincide con su forma de escribir una clase, pero el enfoque remoto de C++, además de ser estándar, ofrece la ventaja de una mayor legibilidad si su clase es bastante larga. De hecho, para utilizar una clase sólo es importante conocer los campos y las firmas de los métodos, mientras que la implementación es responsabilidad de la persona que creó la clase.

1.4 Instanciación

Si hay una regla obligatoria en la ciencia de los algoritmos, es la de los valores coherentes para las variables. Lo que sigue es una violación de esta regla:

```
int x,y;
 y = 2*x;
```

Como la variable x no está inicializada, no es posible predecir el valor de y. Aunque algunos compiladores inicializan las variables a 0, esto no es una regla sintáctica ni muy rigurosa. Por lo tanto, hay que dar un valor a cada variable antes de utilizarla y, a ser posible, nada más crearla.

De hecho, algunos lenguajes como Java o C# prohíben el uso del fragmento de código anterior, lanzando un error de bloqueo e interrumpiendo el proceso de compilación.

¿Qué ocurre ahora cuando se crea una instancia de clase (estructura)? Un nuevo conjunto de variables está disponible, sin esperar a que un método las asigne o las lea. Y es esto último lo que plantea el problema. Consideremos la clase Punto y la instanciación de un nuevo punto, y luego su visualización. Utilizamos la instanciación con el operador new porque es más explícita que la instanciación automática en la pila.

```
Punto*p;            // un punto que no existe todavía
  p=new Punto;      // instanciación
  p->visualizar(); // visualización errónea, demasiado prematura
```

En principio, el método `visualizar()` se basa en valores coherentes para los campos de coordenadas x e y. Pero estos campos aún no han sido inicializados. El método `visualizar()` mostrará cualquier valor, violando de nuevo la regla establecida anteriormente.

Entonces, ¿cómo inicializar los campos de una nueva instancia lo antes posible, para que el programador no tenga que utilizar sus clases de forma inadecuada? Sencillamente, haciendo coincidir la instanciación y la inicialización. Para conseguirlo, utilizamos un **constructor**, un método especial diseñado para inicializar todos los campos de la nueva instancia.

En términos de sintaxis, puesto que la clase es una extensión de las estructuras, estas dos entidades comparten los mismos mecanismos:

– reserva mediante `malloc();`

– instanciación automática en la pila;

– instanciación bajo demanda mediante el operador new.

Por las razones expuestas anteriormente, se debe evitar la reserva de memoria mediante la función `malloc()`, ya que no invoca al constructor. Los otros dos métodos, automático y mediante el operador `new`, son perfectamente aplicables a las clases.

```
Punto p, m; // dos objetos instanciados en la pila
Punto* t = new Punto; // un objeto instanciado a petición
```

1.5 Constructor

Ahora que sabemos más sobre el mecanismo de instanciación de las clases, necesitamos definir uno o varios constructores. Es bastante común encontrar varios constructores, distinguidos por sus argumentos (una firma), que conducen a la inicialización de nuevas instancias según diversas situaciones. Si consideramos la clase `Cadena`, es posible proporcionar un constructor denominado por defecto, es decir, que no recibe argumentos, y otro constructor que recibe un número entero que especifica el tamaño del búfer que se asignará a esta cadena.

Como puede ver, el constructor es un método, ya que es un grupo de instrucciones con nombre que utiliza una lista de argumentos.

¿Cuáles son las características que lo distinguen de un método ordinario? En primer lugar, el tipo de retorno, porque el constructor no devuelve nada, ni siquiera void. En segundo lugar, el constructor lleva el nombre de la clase. Como C++ distingue entre mayúsculas y minúsculas, hay que tener cuidado de nombrar el constructor `Punto()` para la clase `Punto` y no `punto()` o `Paint()`.

Como cualquier método, un constructor se puede declarar en el cuerpo de la clase y definirse más adelante, utilizando el operador de resolución de ámbito.

```
class Cadena
{
private:
  char*buffer;
  int t_buf;
  int longitud;

public:
  // un constructor par defecto
  Cadena()
  {
    t_buf = 100;
    buffer = new char[t_buf];
    longitud = 0;
  }

  // otro constructor, definido fuera de la clase
  Cadena(int tamanio);
} ;

Cadena::Cadena (int tamanio)
{
  t_buf = tamanio;
  buffer = new char[t_buf];
  longitud = 0;
}
```

Observe que no se especifica ningún tipo de retorno para el constructor. La elección de la implementación dentro o fuera de la clase es suya, y sigue la misma lógica que para los métodos ordinarios.

1.6 El puntero this

Es normal que un constructor reciba un argumento para pasarlo directamente a un campo. En el ejemplo anterior, el argumento `tamanio` se utilizó para inicializar el campo `t_buf`. Entonces, ¿por qué molestarse con un nombre diferente si las dos variables se refieren a la misma cantidad? A causa del fenómeno de enmascaramiento, se podría responder a este efecto.

```
Cadena::Cadena (int t_buf)
{
  t_buf = t_buf; // error
  buffer = new char[t_buf];
  longitud = 0;
}
```

La línea normalmente responsable de inicializar el campo `t_buf` asigna al argumento `t_buf` su propio valor. El asunto se complica cuando nos enteramos de que el operador de resolución de ámbito no resuelve la ambigüedad del acceso a una variable de nivel superior, como hemos hecho en el caso de las variables globales. Entonces, tenemos que utilizar el puntero `this`, que siempre designa la dirección de la instancia actual:

```
Cadena::Cadena (int t_buf)
{
  this->t_buf = t_buf;  // correcto
  buffer=new char[t_buf];
  longitud=0;
}
```

El puntero `this` siempre es `Type*`, donde `Type` representa el nombre de la clase. En nuestro constructor de la clase `Cadena`, `this` es un puntero a `Cadena`, es decir, un `Cadena*`.

Nótese de paso que `this` puede alcanzar a cualquier variable de la clase, sea cual sea su visibilidad, pero no a los campos heredados de clases superiores cuando son privados. Además, no es necesario utilizar `this` cuando no hay ambigüedad entre un argumento, una variable local y un campo de la clase.

Por último, se puede utilizar para pasar la dirección del objeto actual a una función o método. Como aplicación muy indirecta, se puede pedir al constructor que muestre la dirección del nuevo objeto:

```
printf("Dirección %x",(int) this);
```

1.7 Destructor

Dado que el constructor tiene un papel de inicialización, parece lógico incluir un método responsable de liberar los recursos consumidos por un objeto antes de que sea destruido.

Recuerde que el objeto se destruye a petición del compilador, cuando el flujo de ejecución abandona el ámbito de una función o bloque, que ha asignado objetos automáticamente o cuando el programa recibe la orden de destruir utilizando el operador `delete`.

```
void destruction()
{
Punto* p;
Punto m; // instanciación automática
  p = new Punto; // instanciación manual
  printf("dos objetos actuales");
  delete p; // destruir p
  return; // destruir m implícitamente
}
```

El destructor nunca recibe argumentos, lo cual es perfectamente normal. Dado que se puede invocar automáticamente, ¿qué valores proporcionaría el compilador a este método?

Al igual que el constructor, no devuelve nada, ni siquiera `void`, y lleva el nombre de la clase. De hecho, se reconoce por el símbolo ~ (tilde) antepuesto a su nombre:

```
~Cadena()
{
  delete buffer;
}
```

Al igual que con el constructor, la sintaxis no requiere que cada clase tenga un destructor. Su presencia está ligada a cualquier reserva de memoria o de recursos del sistema que mantenga el objeto.

Por último, como cualquier método, el destructor se puede definir en el cuerpo de la clase o de forma remota, en cuyo caso la sintaxis es la siguiente:

```
Cadena::~Cadena()
{
  delete buffer;
}
```

1.8 Destructor virtual

Aunque todavía no sabemos nada de derivación y herencia, ni de métodos virtuales, debe saber que los destructores tienen todo el interés en ser virtuales si la clase es heredada. Sin adelantarnos demasiado, tenga en cuenta que los constructores son siempre virtuales. Ilustraremos el concepto de métodos virtuales y destructores virtuales un poco más adelante, en la sección Herencia - Métodos virtuales y métodos virtuales puros.

Mientras tanto, aquí está la sintaxis para declarar tal destructor:

```
virtual ~Cadena()
{
    delete buffer;
}
```

Algunos entornos de desarrollo, como Visual C++ (Microsoft), declaran sistemáticamente un constructor y un destructor virtuales para una clase.

1.9 Asignación dinámica

Veamos ahora un tipo de programación conocida como programación dinámica. Dado que las clases son una extensión de las estructuras, es muy posible definir un puntero de tipo `Clase*` para construir estructuras dinámicas, como listas, árboles y grafos. Un ejemplo ilustrativo de una clase asignada dinámicamente se muestra en Otros aspectos de la programación orientada a objetos - Campos y métodos estáticos.

Por otro lado, hay que tener cuidado al asignar una matriz de objetos. Imaginemos el siguiente escenario:

```
Cadena*cadenas;
  cadenas=new Cadena[10];
```

¿Cómo funciona el operador `new`? ¿Asigna diez veces el tamaño de la clase `Cadena`? ¿Tiene que llamar también a cada constructor para cada una de las diez cadenas recién creadas?

Para determinar su comportamiento, añadamos un mensaje al cuerpo del constructor:

```
class Cadena
{
private:
  char* buffer;
  int t_buf;
  int longitud;
public:
  // un constructor por defecto
  Cadena()
  {
    printf("Constructor por defecto, Cadena()\n");
    t_buf = 100;
    buffer = new char[t_buf];
    longitud=0;
  }

  Cadena (int t_buf)
  {
    printf("Constructor Cadena (%d)\n", t_buf);
    this->t_buf = t_buf;
    buffer = new char[t_buf];
```

```
      longitud = 0;
    }
} ;

int main(int argc, char* argv[])
{
  Cadena*cadenas;
  cadenas=new Cadena[10];
  return 0;
}
```

Probemos el programa y analicemos los resultados: el constructor por defecto es llamado diez veces. Entonces, ¿cómo se llama al segundo constructor, el que recibe un entero como argumento?

No se puede combinar la selección de un constructor con un argumento y la especificación de un número de objetos a asignar con el operador new. Debe proceder en dos pasos, ya que lo siguiente no es válido:

```
Cadenas = nueva Cadena(75)[10];
```

Así que opte por la siguiente redacción, aunque parezca más compleja:

```
Cadena** cadenas;
  cadenas = new Cadena*[10];
  for(int i=0; i<10; i++)
    cadenas[i] = new Cadena(75);
```

Tenga en cuenta que habrá notado que el tipo de la variable cadenas ha cambiado de Cadena* a Cadena**. Este cambio difiere la instanciación de la asignación de la matriz, que se ha convertido en una simple matriz de punteros.

1.10 Constructor de copia

Cuando estudiamos las estructuras descubrimos que, al copiar una instancia en otra, mediante asignación, todos los valores de la primera instancia se copiaban en la segunda. Esta regla sigue siendo válida para las clases.

```
Cadena s(20);
Cadena r;
Cadena x = s; // inicialización de x con s
r = s;        // vuelve a copiar s en r
```

También debemos recordar que esta copia plantea problemas, cuando la estructura (clase) tiene campos de tipo puntero. Esto se debe a que la instancia inicializada por la copia ve cómo sus propios punteros designan las mismas zonas de memoria que la instancia de origen.

Las clases C++ ofrecen un mejor soporte para esta situación. En primer lugar, hay que escribir un constructor de copia para resolver el problema de inicializar un objeto a partir de otro. A continuación, la sobrecarga de operadores (véase la sección Otros aspectos de la programación orientada a objetos - Sobrecarga de operadores) elimina el problema de la copia por asignación.

```
class Cadena
{
// ... la declaración siguiente
public:
  Cadena(const Cadena&);  // constructor de copia
  Cadena& operador = (const Cadena&); // asignación de copia
} ;
```

Empecemos con el constructor de copia:

```
 Cadena::Cadena(const Cadena & cd)
{
  t_buf = cd.t_buf;
  longitud = cd.longitud;
  buffer = new char[cd.t_buf];   // cd referencia
  for(int i=0; i<cd.longitud; i++)
    buffer[i]=cd.buffer[i];
}
```

El constructor de copia recibe como único argumento una referencia a un objeto del tipo en cuestión.

Continuemos con la sobrecarga del operador de asignación:

```
Cadena& Cadena::operador=(const Cadena& cd)
{
  if(this != &cd)
  {
    delete buffer;
    buffer = new char[cd.t_buf];    // cd refErencia
    for(int i=0; i<cd.longitud; i++)
      buffer[i] = cd.buffer[i];
    longitud = cd.longitud;

  }
  return *this;
}
```

Para una clase equipada con estas dos operaciones (constructor de copia y sobrecarga del operador de asignación), la copia mediante inicialización y asignación ya no debería plantear ningún problema. Naturalmente, el programador es responsable de describir el algoritmo de copia adecuado.

2. Herencia

2.1 Derivación de clases (herencia)

Ahora que estamos familiarizados con la estructura y el funcionamiento de una clase, podemos hacer que nuestros programas sean más genéricos. Es práctica común describir un problema general con los algoritmos apropiados, y luego hacer pequeñas modificaciones cuando se presente un caso similar.

La filosofía de orientación a objetos consiste en reducir al mínimo las macros, las inclusiones y los módulos. Este enfoque presenta una serie de riesgos cuando los problemas se hacen cada vez más complejos. La programación orientada a objetos adopta un enfoque genérico/específico, que se adapta mucho mejor a las pequeñas variaciones de los datos implicados en un problema. Los métodos de modelización basados en UML pueden guiarle en la construcción de redes de clases adaptadas a las circunstancias de un proyecto, sobre todo teniendo en cuenta que C++ es uno de los lenguajes que admiten este enfoque.

2.2 Ejemplo de derivación de clase

Imaginemos una clase Cuenta compuesta por los siguientes elementos:

```
class Cuenta
{
protected:
  int numero;     // número de la cuenta
  double saldo;     // saldo de la cuenta

  static int num;  // variable utilizada para calcular el siguiente
número
  static int siguiente_numero();

public:
  char*titular;     // titular de la cuenta

  Cuenta(char*titular);
  ~Cuenta(void);
  void credito(double cantidad);
  bool debito(double cantidad);
  void aumentar();
};
```

Ahora podemos imaginar una clase CuentaRemunerada, que especialice el funcionamiento de la clase Cuenta. Es fácil ver que una cuenta remunerada puede realizar las mismas operaciones que una cuenta convencional, pero su comportamiento es ligeramente diferente cuando se trata de operaciones de crédito, ya que el banco paga intereses. En consecuencia, sería tedioso reescribir completamente el programa que funciona para la clase Cuenta. En su lugar, vamos a derivar esta clase para obtener la clase CuentaRemunerada.

La clase CuentaRemunerada adopta todas las características de la clase Cuenta: hereda sus campos y métodos. Para simplificar, diremos que CuentaRemunerada hereda de Cuenta.

```
class CuentaRemunerada : public Cuenta
{
protected:
  double interes;

public:
  CuentaRemunerada(char*titular,double interes);
```

```
  ~CuentaRemunerada(void);

  void credito(double cantidad);
};
```

Habrá observado que sólo las diferencias (modificaciones y adiciones) se registran en la declaración de la clase heredera. Todos los miembros de la clase `Cuenta` se heredan: `public Cuenta`.

Esta es la implementación de la clase `Cuenta`:

```
#include "cuenta.h"
#include <string.h>
#include <stdio.h>

Cuenta::Cuenta(char*titular)
{
  this->titular=new char[strlen(titular)+1];
  strcpy(this->titular,titular);
  saldo=0;
  numero=siguiente_numero();
}

Cuenta::~Cuenta(void)
{

  delete titular;
}

void Cuenta::credito(double cantidad)
{
  saldo+=cantidad;
}

bool Cuenta::debito(double cantidad)
{
  if(cantidad<=saldo)
  {
    saldo-=cantidad;
    return true;
  }
  return false;
}
```

```
void Cuenta::aumentar()
{
  printf("%s (%d) : %.3g euros\n",titular,numero,saldo);
}

int Cuenta::num=1000;

int Cuenta::siguiente_numero()
{
  return num++;
}
```

Aparte del uso de un campo y un método estáticos, se trata de un ejercicio conocido. Pasemos a la clase CuentaRemunerada:

```
#include ".\cuentaremunerada.h"

CuentaRemunerada::CuentaRemunerada(char*titular,
                double interes) : Cuenta(titular)

{
  this->interes=interes;
}

CuentaRemunerada::~CuentaRemunerada(void)
{
}

void CuentaRemunerada::credito(double cantidad)
{
  Cuenta::credito(cantidad*(1+interes/100));
}
```

La llamada al constructor de la clase `Cuenta` desde el constructor de la clase `CuentaRemunerada` se tratará en la sección Llamada a constructores. Concentrémonos en cambio en escribir el método `credito`.

Este método ya existe en la clase base, `Cuenta`. Pero hay que tener en cuenta que el abono en una cuenta remunerada es muy similar al abono en una cuenta convencional, salvo que el banco paga intereses. Por tanto, debemos llamar al método base, `credito`, situado en la clase `Cuenta`.

Desgraciadamente, las reglas de visibilidad y alcance hacen que no se pueda acceder a ella si no es especificando el nombre de la clase a la que se hace referencia:

```
void CuentaRemunerada::credito(double cantidad)
{
  // ámbito más cercano => recurrencia infinita
  credito(cantidad*(1+interes/100));

  // escritura correcta
  Cuenta::credito(cantidad*(1+interes/100));
}
```

Como los programadores de Java y C# no están familiarizados con la herencia múltiple, hemos sustituido el nombre de la clase base por una sola palabra clave, `super` y `base` respectivamente.

Para estudiar cómo funciona el programa completo, proporcionamos el módulo principal, `main.cpp`:

```
// #include "cuenta.h" // inútil porque ya está presente
dans cuentaremunerada.h
#include "cuentaremunerada.h"

int main(int argc, char* argv[])
{
  Cuenta c1("Victor Hugo");
  c1.credito(100);
  c1.aumentar();
  c1.debito(80);
  c1.aumentar();

  CuentaRemunerada r1("Jean Valjean",5);
  r1.credito(100);
  r1.aumentar();
  return 0;
}
```

Los resultados son los siguientes:

```
PROBLEMAS   SALIDA   CONSOLA DE DEPURACIÓN   ...

Victor Hugo (1000) : 100 euros
Victor Hugo (1000) : 20 euros
Jean Valjean (1001) : 105 euros
```

El abono de 100 euros en la cuenta de Jean Valjean sí generó un interés del 5%.

2.3 Herencia pública, protegida y privada

Existe una característica específica del lenguaje C++: es posible restringir el acceso a los miembros de la clase derivada controlando la naturaleza pública de la herencia.

```
class Derivada : public Base
{
...
};
```

La palabra clave `public` se puede sustituir por `private` o `protected`. La siguiente tabla enumera los casos en los que se puede acceder a los campos de una clase base desde una clase derivada, en función de su nivel inicial de protección y del tipo de derivación.

Visibilidad en la clase base	Tipo de derivación	Visibilidad en la clase derivada
`public`	`public`	`public`
`protected`	`public`	`protected`
`private`	`public`	inaccesible
`public`	`private`	`private`
`protected`	`private`	`private`
`private`	`private`	`private`
`public`	`protected`	`private`

Visibilidad en la clase base	Tipo de derivación	Visibilidad en la clase derivada
protected	protected	protected
private	protected	protected

Sin embargo, le recomendamos que no abuse de este tipo de construcción, ya que Java y C# sólo utilizan la herencia pública.

2.4 Llamada de los constructores

Sabemos que una clase derivada de otra hereda todos sus campos, aunque sean privados. Esto es perfectamente normal, porque una clase siempre se describe como un todo. Necesita todos sus campos para soportar su algoritmo, por lo que una clase nunca se describe con el motivo ulterior de derivarla posteriormente. Este patrón de diseño está reservado para clases abstractas, es decir, clases que contienen al menos un método virtual puro y poco algoritmo.

Como resultado, tenemos que encontrar una manera de inicializar todos los campos, incluidos los de la clase base, ya sean privados o no. Este trabajo de inicialización ya se ha realizado utilizando uno o más constructores.

Por otra parte, es la clase heredera la que se instanciará y su constructor se llamará para inicializar sus propios campos. Por tanto, parece legítimo intentar llamar a un constructor de la clase base lo antes posible o a los constructores de las clases base en caso de herencia múltiple.

El diseñador de C++ quiso hacer hincapié en que esta llamada se debía realizar antes de la ejecución de la primera instrucción del constructor de la clase heredera, por lo que utilizó una sintaxis especial:

```
CuentaRemunerada::CuentaRemunerada(
char*titular, double interes): Cuenta(titular)
{
  this->interes=interes;
}
```

El constructor de la clase `Cuenta` se llama antes de asignar el campo `interes`. En caso de herencia múltiple, los constructores se separan por comas:

```
ConstructorHeredado(argumentos): Constructor1(argumentos),
Constructor2(argumentos)
{
}
```

Se habrá dado cuenta de que es posible pasar argumentos recibidos en la clase heredera al constructor de la clase superior, lo cual es perfectamente legítimo.

Si su clase base no tiene constructor o si tiene uno por defecto (sin argumentos), el compilador puede hacer esta llamada automáticamente. Sin embargo, la ausencia de un constructor o la ausencia de una elección explícita del constructor, es una debilidad en la programación y probablemente en el diseño.

2.5 Polimorfismo

El polimorfismo caracteriza a los elementos informáticos que existen de varias formas. Aunque en sentido estricto no es una característica necesaria de los lenguajes orientados a objetos, muchos de ellos la comparten.

2.6 Métodos polimórficos

Para definir un método polimórfico, basta con proponer diferentes prototipos con el mismo número de firmas (listas de argumentos). La función debe tener siempre el mismo nombre, de lo contrario no sería polimórfica. El compilador utiliza el número y tipo de argumentos pasados cuando se invoca un método para determinar qué versión debe invocar.

```
class Cadena
{
...
  void concat(char c);
  void concat(Cadena s);
  void concat(int nombre);
} :
```

Hay que tener cuidado cuando se invoca un método polimórfico utilizando un valor literal como argumento, ya que las ambigüedades a veces pueden ser difíciles de resolver. Una de las soluciones más claras es el transtipado (cambio de tipo por coerción).

En nuestro ejemplo de clase `Cadena`, invocaremos el método `concat()` con el valor literal 65. Si 65 es el código ASCII de la letra B, también es un entero. ¿Qué versión elige el compilador?

```
Cadena s="abc";
s.concat(65);
```

En función de la versión consultada, deberíamos obtener la cadena `"abcA"` o la cadena `"abc65"`.

Podemos resolver la ambigüedad mediante un transtipado adaptado a las circunstancias:

```
s.concat( (char) 65 );
```

Esta vez estamos seguros de que se llama a la versión que recibe un char. Es mejor ser lo más explícito posible, ya que el compilador de C++ suele ser muy permisivo e implícito en sus decisiones

2.7 Conversión de objetos

Si hay un método que suele ser polimórfico, ése es sin duda el constructor. Este permite inicializar un objeto a partir de otros objetos:

```
Cadena x('A');
Cadena t(x);
```

Una vez que hayamos visto la sobrecarga de operadores, veremos cómo aprovechar la multitud de constructores disponibles para ciertas clases.

2.8 Métodos virtuales y métodos virtuales puros

C++ es un lenguaje compilado y, por tanto, fuertemente tipado. Esto significa que el compilador sigue los tipos esperados para cada variable, lo más fielmente posible.

Hagamos el siguiente experimento: consideremos dos clases, `Base` y `Derivada`, con la segunda derivando naturalmente de la primera. La clase `Base` contiene actualmente un solo método, `metodo1()`, sobrecargado (sobrescrito) en la segunda clase:

```
class Base
{
public:
  void metodo1()
  {
    printf("Base::metodo1\n");
  }
} ;

class Derivada : public Base
{
public:
  void metodo1()
  {
    printf("Derivada::metodo1\n");
  }
} ;
```

Ahora proponemos una función `main()` que instancie cada una de estas clases para invocar el método `metodo1()`.

```
int main(int argc, char* argv[])
{
  Base*b;
  Derivada*d;
  b = new Base();
  b->metodo1();

  d = new Derivada();
  d->metodo1();
  return 0;
}
```

La ejecución del programa proporciona resultados acordes con las instrucciones contenidas en la función `main()`:

```
C:\Windows\system32>cmd.exe
Microsoft Windows [Versión 10.0.19045.4170]
(c) Microsoft Corporation. Todos los derechos reservados.


Base::metodo1
Derivada::metodo1

Pulse una tecla para continuar...
```

El compilador ha seguido el tipado de los punteros `b` y `d` para aplicar el método correcto.

Ahora, consideremos la clase `Base` como un subconjunto de la clase `Derivada`. Es posible escribir `b=d`, ya que todas las operaciones aplicables a `b` están disponibles en `d`, y la operación es segura para su ejecución. Entonces, ¿qué elección hará el compilador cuando escribamos `b->metodo1()`?

```
printf("--------");
b = d;
b->metodo1();
```

La ejecución del programa nos da el siguiente resultado, habiendo optado finalmente el compilador por la versión propuesta por `Base`.

```
C:\Windows\system32>cmd.exe
Microsoft Windows [Versión 10.0.19045.4170]
(c) Microsoft Corporation. Todos los derechos reservados.


Base::metodo1
Derivada::metodo1
---------
Base::metodo1

Pulse una tecla para continuar...
```

Este resultado es perfectamente lógico, dado que la edición del enlace tiene lugar antes de la ejecución. No se aplica ningún mecanismo para retrasar la edición del enlace y esperar hasta el último momento para determinar el tipo designado por el puntero `b`.

Este mecanismo existe en C++, en forma de métodos virtuales.

Ahora vamos a completar nuestras clases con `metodo2()`, cuyo prototipo está marcado con la palabra clave `virtual`:

```
 class Base
{
public:
  void metodo1()
  {
    printf("Base::metodo1\n");
  }

  virtual void metodo2()
  {
    printf("Base::metodo2\n");
  }
} ;

class Derivada : public Base
{
public:
  void metodo1()
  {
    printf("Derivada::metodo1\n");
  }

  void metodo2()
  {
    printf("Derivada::metodo2\n");
  }
} ;
```

Habrá observado que no es necesario marcar la versión heredada, ya que el atributo `virtual` se transmite automáticamente durante la derivación.

Un nuevo `main()` da resultados diferentes:

```
printf("--------");
b = d;
b->metodo2();
```

```
----------
Derivada::metodo2

Pulse una tecla para continuar...
```

Como el segundo método es virtual, el compilador retrasa el enlazador. El tipo designado por el puntero `b` se determina en tiempo de ejecución. La ejecución es más lenta, pero el compilador llama a la versión "correcta".

De hecho, los métodos virtuales representan la gran mayoría de las necesidades de los programadores, por lo que el lenguaje Java ha decidido suprimir los métodos no virtuales. En consecuencia, la palabra clave `virtual` ha desaparecido de su sintaxis. El lenguaje C# se ha mantenido más fiel a C++ previendo ambos sistemas, pero reforzando la sintaxis de sobrecarga de modo que el programador exprese su intención, cuando derive una clase y sobrecargue un método.

Los métodos virtuales son especialmente útiles para programar interfaces gráficas y colecciones. Tenga en cuenta que también funcionan con:

```
Base& br = *d;
br.metodo1();
br.metodo2();
```

A menudo ocurre que un método no se puede especificar completamente en su algoritmo, bien porque el algoritmo se deja en manos del programador o porque la clase expresa un concepto abierto, que se debe completar bajo demanda.

Los métodos virtuales puros son métodos que no tienen código. La clase a la que pertenecen debe ser derivada para poder implementar estos métodos:

```
 class Vehiculo
{
public:
  virtual void moverse() =0 ;
} ;

class Coche : public Vehiculo
{
public:
  void moverse()
  {
    printf("vroum");
  }
} ;
```

El método virtual puro se indica mediante la conjunción de la declaración `virtual` y la asignación de un puntero nulo (=0). En consecuencia, la clase abstracta Vehiculo no se puede instanciar directamente. Es `Coche` quien se encarga de implementar todos o algunos de los métodos virtuales puros heredados. Si hay al menos un método virtual puro que no se ha implementado, la clase `Coche` sigue siendo abstracta. Este no es el caso de nuestro ejemplo.

```
Vehiculo*veh = new Vehiculo; // prohibición porque es clase abstracta
Coche *coche1 = new Coche; // ok
coche1->moverse();
coche = new Coche; // ok
```

Como el lenguaje Java no está familiarizado con los punteros, ha sustituido la notación =0 o =`NULL` por la palabra clave `abstract`. Esto significa que C++ y Java (en C#) pueden expresar las mismas nociones de objeto, lo cual es crucial cuando la implementación sigue un enfoque de modelado como UML.

Los lenguajes sucesores de C++ también ofrecen la noción de interfaz: se trata de una clase abstracta cuyos métodos son todos abstractos, es decir, puramente virtuales en el vocabulario de C++. Las interfaces se propusieron sin duda para simplificar la escritura de programas, pero no son una novedad como tales. Por tanto, C++ es capaz de expresar modelos mediante interfaces.

2.9 Herencia múltiple

Los diseñadores de programas con orientación a objetos se enfrentaban a una situación incómoda: una clase tenía que especializar varios conceptos simultáneamente. En consecuencia, tenía que derivar de al menos dos clases y heredar de cada uno de sus miembros. El autor de C++ ha dotado a su lenguaje de una sintaxis que respeta este modelo, conocida como herencia múltiple.

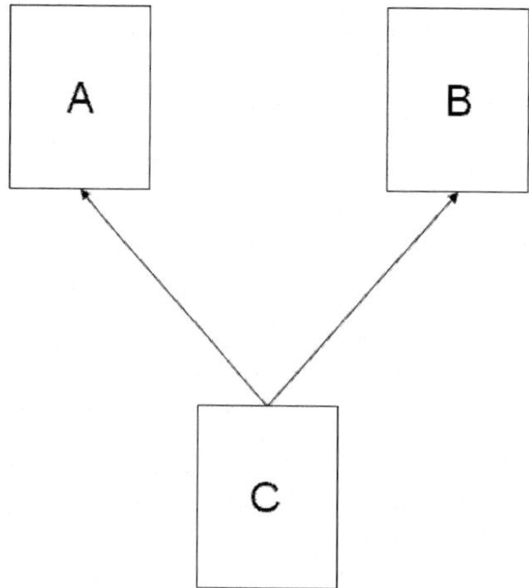

En nuestro ejemplo, la clase C hereda tanto de la clase A como de la clase B.

En términos de C++, habríamos traducido este modelo de la siguiente manera:

```
class A { ... } ;
class B { ... } ;
class C : public A, public B
{
...
} ;
```

2.10 Anotaciones especiales para la herencia múltiple

La primera notación se refiere naturalmente a la llamada a los constructores. Dado que la clase C hereda de las clases A y B, debe llamar a ambos constructores, en el orden que elija. De hecho, el orden de inicialización no suele ser importante, ya que una clase es un todo y no se diseña en relación con otras clases. Si el orden es especialmente importante para que el programa funcione, probablemente habrá que revisar el modelado.

```
C(param) : A(params), B(params)
{
...
}
```

Obviamente, los argumentos aplicables a los tres constructores pueden ser diferentes en valor, tipo y número.

A continuación, tenemos que distinguir entre los métodos que tienen el mismo nombre en las clases A y B y que serían invocados por un método en C.

Imaginemos la siguiente situación:

```
class A
{
  void metodo1() { ... }
};
```

y

```
class B
{
  void metodo1() { ... }
};
```

¿Qué ocurre si un método C llama a `metodo1()` que, en realidad, ha heredado dos veces? En ausencia de una marca particular, el compilador emite un error porque la llamada es ambigua:

```
class C : public A, public B
{
  void metodo2()
  {
    metodo1() ; // llamada ambigua
  }
} ;
```

En estos casos, el programador debe anteponer al nombre del método el nombre de la clase a la que hace referencia. Por supuesto, es el operador de resolución de ámbito el que entra en juego en este punto:

```
class C : public A, public B
{
  void metodo2()
  {
    A::metodo1() ; // ok
  }
} ;
```

Fuera de la clase, el problema persiste, ya que el compilador no sabe a qué versión llamar:

```
class A
{
public:
  int f(int i)
  {
    printf("A::f(int=%d)\n",i);
    return i;
  }
  char f(char i)
  {
    printf("A::f(char=%c)\n",i);
    return i;
  }
} ;

class B
{
public:
  double f(double d)
  {
    printf("B::f(double=%g)\n",d);
    return d;
  }
} ;
class AyB : public A, public B
{
public:
  char f(char a)
  {
```

```
      printf("AyB::f(char=%c)\n",a);
      return a;
    }
    bool f(bool b)
    {
      printf("AyB::f(boolean=%d)\n",b);
      return b;
    }
  };
  int main(int argc, char* argv[])
  {
    AyB x;
    x.f(1);     // llamada ambigua
    x.f(2.0);    // llamada ambigua
    x.f('A');
    x.f(true);
    return 0;
  }
```

Hay dos formas de eliminar la ambigüedad de las llamadas señaladas en la función `main()`. La primera es preceder la invocación de `f` con `A::` o `B::`, como se muestra en :

```
x.A::f(1000); x.
B::f(2,0);
```

La segunda forma es utilizar declaraciones `using` en el cuerpo de las declaraciones de las clases `A` y `B`:

```
using A::f;
using B::f;
```

El segundo método es preferible porque aumenta la calidad de la modelización.

2.11 Consecuencias de la herencia múltiple en la programación

Esta característica ha aumentado enormemente la complejidad de los compiladores, así como la vida de los programadores. Imaginemos una clase `A` que deriva de dos clases `B` y `C`. Añadamos a nuestro diagrama una clase `D` que hereda simultáneamente de `B` y `C`. Debería heredar miembros de `A` dos veces.

Los lenguajes Java y C# han suprimido la herencia múltiple, permitiendo únicamente la herencia de una clase y la implementación de una interfaz. Como una interfaz es abstracta, no contiene ni campos ni código. Por tanto, se han eliminado las dudas.

El autor de C++ propuso el mecanismo de las clases virtuales.

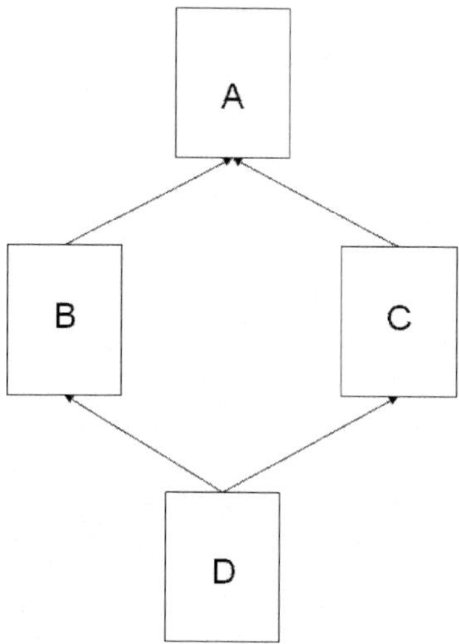

En principio, todos los miembros de la clase `A` son heredados dos veces por la clase `D`. El uso del operador de resolución de ámbito `::` controla el acceso a estos miembros. Cuando el diseñador (o programador) sólo desea una única herencia, puede utilizar el mecanismo de derivación virtual:

```
class B : public virtual A
{ ... } ;
class C : public virtual A
{ ... } ;

class D : public virtual B, public virtual C
{ ... } ;
```

El compilador se asegurará entonces de que cada miembro sólo se hereda una vez. Sin embargo, el programador no podrá diferenciar el origen de los miembros heredados. Por lo tanto, este mecanismo se debe utilizar con precaución.

3. Otros aspectos de la programación orientada a objetos

3.1 Conversión dinámica

3.1.1 Conversiones desde otro tipo

Los constructores se utilizan para convertir objetos a partir de instancias (valores) expresadas en otro tipo.

Tomemos el caso de nuestra clase `String`. Sería interesante "convertir" un `char*` o un `char` en una cadena:

```
#include <string.h>

class Cadena
{
private:
  char*buffer;
  int t_buf;
  int longitud;
public:
  // un constructor por defecto
  Cadena()
  {
    t_buf=100;
    buffer=new char[t_buf];
    longitud=0;
  }
  Cadena (int t_buf)
  {
    this->t_buf=t_buf;
    buffer=new char[t_buf];
    longitud=0;
  }

Cadena(char c)
  {
    t_buf=1;
    longitud=1;
    buffer=new char[t_buf];
    buffer[0]=c;
```

```
    }

    Cadena(char*s)
    {
      t_buf=strlen(s)+1;
      buffer=new char[t_buf];
      longitud=strlen(s);
      strcpy(buffer,s);
    }

    void visualizar()
    {
      for(int i=0; i<longitud; i++)
        printf("%c",buffer[i]);
      printf("\n");
    }
} ;

int main(int argc, char* argv[])
{
  // Escritura 1
  // Conversión mediante el uso explícito del constructor
  Cadena x;
  x=Cadena("hola");  // conversión
  x.visualizar();

  // Escritura 2
  // Transtipado (cast) par coerción
  Cadena y=(char*) "hola"; // conversión (cast)
  y.visualizar();

  // Escritura 3
  // Transtipado (cast), enfoque C++
  Cadena z=char('A');    // conversión (cast)
  z.visualizar();
  return 0;
}
```

La función `main()` ilustra las tres formas de convertir a un tipo de objeto:

- utilizando un constructor explícito (1);
- por transtipado, como en C (2);
- utilizando la sintaxis C++ (3).

Veremos que la sobrecarga del operador de conversión permite ir aún más lejos, en particular convertir un objeto en un tipo primitivo. Junto con la sobrecarga del operador de asignación, es posible realizar prácticamente cualquier tipo de conversión, sin tener que utilizar métodos especializados (`ToInt`, `ToString`, `ToChar`, `FromInt`, `FromString`, etc.).

3.1.2 Operadores de conversión

El lenguaje C++ dispone de dos operadores de conversión específicos:

```
const_cast<type> expressionconst_cast
```

Convierte una expresión como lo haría (`type`) expression si el tipo de expresion difiere sólo por los modificadores `const` o `volatile`.

```
reinterpret_cast<type> expressionreinterpret_cast
```

Convierte un puntero en otro sin preocuparse demasiado por la coherencia de la operación.

El primer operador, `const_cast`, se utiliza para olvidar temporalmente el uso del modificador `const`. Las funciones constantes, marcadas `const` tras su prototipo, no modifican los campos de la clase. Sin embargo, esta situación a veces puede resultar incómoda. `const_cast` permite convertir un puntero de clase en una clase idéntica, pero sin los marcadores `const`.

```
class CCTest
{
public:
   void setNumero( int );
   void mostrarNumero () const;
private:
   int numero;
};

void CCTest::setNumero(int num)
{
   numero = num;
}

void CCTest::mostrarNumero() const
{
   printf("Antes: %d",numero);
```

```
    const_cast< CCTest * >( this )->numero--;
    printf("Después %d",numero);
}

int main()
{
    CCTest X;
    X.setNumero( 8 );
    X.mostrarNumero();
}
```

Es en el método mostrarNumero donde se ha levantado temporalmente la prohibición. También hay que señalar que este operador no se puede utilizar directamente para levantar la prohibición de modificar campos const.

En cuanto al operador reinterpret_cast, es potencialmente bastante peligroso y sólo se debe utilizar para funciones de bajo nivel, como en el ejemplo de calcular un valor hash basado en el valor entero de un puntero:

```
unsigned short Hash( void *p )
{
    unsigned int val = reinterpret_cast<unsigned int>( p );
    return ( unsigned short )( val ^ (val >> 16));
}
```

3.1.3 Conversiones entre clases derivadas

Dos operadores adicionales controlan las conversiones de tipo, en particular en el caso de las clases derivadas. Cuando estudiamos los métodos virtuales, consideramos dos clases, Base y Derivada, siendo esta última derivada de la primera.

El operador static_cast garantiza una conversión implícita entre los dos tipos considerados. En consecuencia, es peligroso utilizarlo para desplazar un puntero hacia arriba en la jerarquía de clases, es decir, utilizar un puntero Derivada* para designar un Base*.

Por último, el operador `static_cast`, que se utiliza en tiempo de compilación, es mucho más útil para realizar conversiones limpias entre enumeraciones y enteros.

```
enum Colores { rojo, verde, azul };

int conv_color(Colores color)
{
  return static_cast<int> ( culor );
}
```

Para utilizar el operador `dynamic_cast`, a veces es necesario activar un interruptor del compilador, como `ENABLE_RTTI` (*Run Time Type Information*) para el compilador de Microsoft. Esto facilita la previsión de conversiones en las que aún existen dudas sobre el tipo que realmente se manipula: `dynamic_cast`.

```
void uso_sin_riesgo (Base*b)
{
  Derivada*d1 = dynamic_cast<Derivada*>(b);
}
```

Si el argumento designa realmente un objeto de tipo `Base`, su promoción directa a `Derivada` (por coerción) es bastante arriesgada. El operador `dynamic_cast` devolverá `NULL` o incluso lanzará una excepción. Sin embargo, la detección tendrá que esperar hasta el tiempo de ejecución para determinar el tipo exacto representado por `b`.

3.2 Campos y métodos estáticos

3.2.1 Campos estáticos

Un campo estático es una variable situada en una clase, pero cuyo valor es independiente de las instancias de esta clase: existe en una sola y única copia. ¿Para qué sirve una variable de este tipo? En primer lugar, hay situaciones en las que las variables se colocan en una clase por motivos de coherencia.

Veamos la clase `Matematicas` y la variable `PI`. Es lógico asociar `PI` al vocabulario matemático, es decir, clasificar `PI` en `Matematicas`. Pero el valor de `PI` es constante y, en cualquier caso, no puede variar para cada instancia de esta clase. Para reflejar este comportamiento, hemos optado por marcar el campo `PI` como estático.

Además, los métodos estáticos (véase la siguiente sección Métodos estáticos) no tienen acceso a las variables de instancia, es decir, a los campos. Si un método estático necesita compartir un valor con otro método estático, todo lo que tiene que hacer es direccionar a una variable estática. Nótese que se trata de un campo de clase y no de una variable local estática, disposición que afortunadamente ha desaparecido de los lenguajes de programación actuales.

```
class Matematicas
{
public :
  static double PI ;
} ;
double Matematicas ::PI=3.14159265358;
```

Tenga en cuenta que declarar un campo estático no equivale a asignarlo. Es necesario definir la variable fuera de la clase, utilizando el operador de resolución de ámbito `::` para asignar realmente la variable.

Para otro ejemplo de campo estático, véase el ejemplo anterior de la clase `Cuenta`. El siguiente número de cuenta, un entero que simboliza un contador, se incrementa mediante un método que a su vez es estático.

Observe que existe una gran similitud entre un campo estático, perteneciente a una clase y una variable declarada en un espacio de nombres, que algunos llaman módulo.

3.2.2 Métodos estáticos

Los métodos estáticos se basan en el mismo principio que los campos estáticos. Se declaran en una clase, porque se refieren a la semántica de esta clase, pero son totalmente independientes de los campos de esta clase. En otras palabras, no es necesario instanciar la clase a la que pertenecen para aplicarlos, lo que significa que no se pueden aplicar a objetos.

Atengámonos de momento a las matemáticas. La función `coseno(angulo)` se puede aproximar utilizando la expansión limitada, una función matemática muy sencilla:

```
coseno(angulo) = Σ (anguloⁱ / !i)
```

para `i=2*k`, k variando de 0 a n.

Deducimos la función `coseno` para C++ :

```
double coseno(double a)
{
  return 1-a*a/2+a*a*a*a/24+a*a*a*a*a*a/720 ;
}
```

Observamos que esta función es, por una parte, totalmente autónoma, ya que sólo consume un argumento a y, por otra, que se refiere al dominio matemático. Decidimos utilizarla como método estático:

```
class Matematicas
{
public :
double coseno(double a)
{
  return 1-a*a/2+a*a*a*a/24+a*a*a*a*a*a/720 ;
}

} ;
```

Ahora, para llamar a este método, todo lo que tenemos que hacer es aplicarlo directamente a la clase `Matematicas`, sin necesidad de crear un archivo:

```
double angulo=Matematica ::PI/4 ;
  printf("cos(pi/4)=%g",Matematicas::coseno(a));
```

Observación

El resultado se aproxima a la Raíz Cuadrada (2)/2, o 0.707. El microprocesador no lo hace de forma diferente a suministrar el valor de un coseno a la función `cos()` *disponible en <math.h>. Algunos procesadores digitales factorizan la variable* `a` *y utilizan una tabla de pesos para aumentar la velocidad del cálculo.*

A continuación, daremos un ejemplo de una estructura dinámica, la lista, muy popular en los cursos de informática. Esta estructura almacena elementos de varios tipos –enteros, cadenas...– y su tamaño aumenta en función de las necesidades.

Una lista

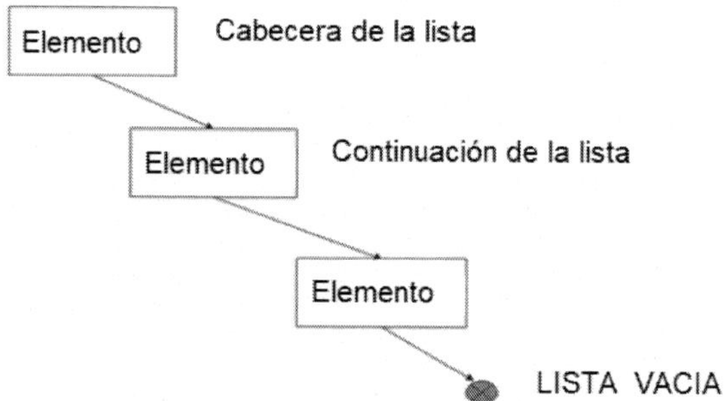

Generalmente utilizamos las siguientes funciones para manipular listas: `cons()`, que es nuestro constructor, `continua()` y `esta_vacia()`, que comprueba la nulidad de una lista. Existen innumerables aplicaciones para las listas y aprender a utilizarlas es una ventaja para cualquier programador.

Tradicionalmente la manejaba el lenguaje C, pero ahora también está implementada en C++, particularmente mediante el uso de métodos estáticos. He aquí la implementación propuesta. Comenzamos con el archivo `Lista.h`, que tiene varios miembros estáticos.

```
#pragma once

#include <stdio.h>

class Lista
{
public:
  char*elemento;
  Lista* _continua;
  static const Lista* LISTA_VACIA;

  Lista()
  {
    _continua=const_cast<Lista*>(LISTA_VACIA);
  }

  Lista(char*e,Lista*continua)
  {
    _continua=continua;
    elemento=e;
  }

  Lista* continua()
  {
    return _continua;
  }

  static bool esta_vacia(Lista* l)
  {
    return l==LISTA_VACIA;
  }

  void visualizar()
  {
    Lista::visualizar(this);
  }

  static void visualizar(Lista*l)
```

```
    {
      if(Lista::esta_vacia(l))
        return;
      printf("%s,",l->elemento);
      Lista::visualizar(l->continua());
    }
  } ;
```

Como la función `esta_vacia` es completamente autónoma y tiene sentido definirla como estática. La visualización de una lista es mucho más fácil escribiendo una función recursiva que reciba una lista como argumento. Como resultado, la función no se aplica a ninguna instancia en particular y el método correspondiente se convierte en estático. Que este método recursivo se muestre a nivel público o privado depende del programador.

A continuación, en el archivo `Lista.cpp`, encontramos la definición del campo estático `LISTA_VACIA`. Nótese de paso la combinación de los modificadores `static` y `const`, combinación frecuente donde las haya.

```
#include ".\lista.h"
const Lista* Lista::EMPTY_LIST=NULL;
```

La definición remota de esta variable no podía aparecer de ninguna manera en el archivo `Lista.h`, ya que su inclusión por varios módulos `cpp` hubiera dado lugar a su duplicación entre cada módulo, imposibilitando la edición de los enlaces.

La función `main()` crea una lista de ejemplo y luego llama al método `visualizar()`:

```
#include "Lista.h"


int main(int argc, char* argv[])
{
  Lista* liste=new Lista("hola",
        new Lista("mis",
         new Lista("amigos",
const_cast <Lista*> (Lista::LISTA_VACIA) )));
  lista->visualizar();
  return 0;
}
```

De paso, habrá notado el uso del operador `const_cast` para afinar con precisión los tipos manipulados.

```
C:\Windows\system32>cmd.exe
Microsoft Windows [Versión 10.0.19045.4170]
(c) Microsoft Corporation. Todos los derechos reservados.

hola mis amigos
Pulse una tecla para continuar...
```

3.3 Sobrecarga del operador

El diseñador de C++ quería que su lenguaje fuera lo más expresivo posible; definir clases y crear nuevos tipos es una cosa, mantener la programación simple y clara es otra. Sobrecargar operadores, es decir, adaptarlos a clases definidas por el programador, va precisamente en esta dirección.

Un operador se puede asimilar a una función. Esta función combina un cierto número de operandos y evalúa un resultado de un tipo determinado. Para que un operador se pueda sobrecargar, debe aparecer en una clase como cualquier otro método.

3.3.1 Sintaxis

De hecho, el programador dispone de una gran libertad en cuanto al tipo de argumentos aplicables a los operadores sobrecargados. El respeto de la conmutatividad, las prioridades y la propia semántica de un operador, se pueden cuestionar sin que el compilador encuentre ningún fallo.

La sintaxis es la siguiente:

```
class Clase
{
      tipo_retorno operador op (tipo_op operando)
      {
      ...
      }
} ;
```

Este operador op está destinado a aparecer entre una instancia de la clase Class y un operando de tipo tipo_op. La función es libre de modificar la instancia a la que se aplica y puede devolver un resultado de cualquier tipo, incluso void.

Para ilustrar esta notación, tomemos el ejemplo de la clase Cadena que vimos anteriormente. Añadamos una sobrecarga del operador + para concatenar un único carácter:

```
Cadena& operator+(char c)
{
  buffer[longitud++] = c;
  return *this;
}
```

Es una buena idea devolver la **referencia del objeto actual**, para poder encadenar las operaciones:

```
Cadena c("hola ");
c = c+' am';
c + 'i';
Cadena d;
d = c + 'g' + 'o';  // encadenamiento
d.visualizar(); // muestra hola amigo
```

Se habrá dado cuenta de que nuestro operador + modifica la instancia a la que se aplica, mientras que en términos matemáticos sumar dos variables no modifica ninguna de ellas. En su lugar, habría sido posible construir una nueva cadena y simplemente evaluar la concatenación. De este modo ganaríamos en flexibilidad, pero probablemente perderíamos en rendimiento.

Prácticamente todos los operadores están disponibles para sobrecarga, con la notable excepción de los enumerados en la tabla siguiente:

.	Acceso a los campos.
::	Resolución de ámbito.
sizeof	Tamaño de un tipo.
? :	Forma predicativa (véase if).
.*	Direccionamiento relativo.

Con estas excepciones, el programador tiene una gran libertad en la semántica propuesta por los operadores, siempre que se mantenga el número de operandos (binario, unario) y la precedencia, y se respete la asociatividad. El programador tampoco puede determinar la dirección de un operador (puntero de función), ni proponer valores por defecto para los argumentos aplicables.

Los operadores se pueden implementar en forma de métodos o funciones, siendo mejor declarar estos últimos como amigos (`friends`). La ventaja de este enfoque es que es posible invertir el orden de los operandos, ampliando así el vocabulario de una clase existente.

Esta técnica también se utiliza para sobrecargar el operador << aplicable a la clase `std::ostream`.

3.3.2 Sobrecarga del operador de indexación

Proponemos su implementación porque se adapta perfectamente al ejemplo de la clase `Cadena`. Este operador es útil para acceder al enésimo dato contenido en un objeto. En nuestro caso, se trata de enumerar cada carácter contenido en una cadena:

```
int length()
{
    return longitud;
}

char operador[](int indice)
{
    return buffer[indice];
}
```

La visualización carácter por carácter, se convierte entonces en algo trivial:

```
for(int i=0; i<d.length(); i++)
    printf("%c ",d[i]);
```

3.3.3 Sobrecarga del operador de asignación

El operador de asignación es casi tan importante como el constructor de copia. Es habitual definir ambos para una clase determinada.

```
Cadena& operator=(const Cadena& cad)
{
  if(this != &cad)
  {
    delete buffer;
    buffer = new char[cad.t_buf];    // referencia a cad
    for(int i=0; i<cad.longitud; i++)
      buffer[i] = cad.buffer[i];
    longitud = cad.longitud;
  }
  return *this;
}
```

3.3.4 Sobrecarga del operador de conversión

El operador de conversión realiza una función simétrica a los constructores que toman varios tipos como argumentos para inicializar el nuevo objeto. En el caso de la clase `Cadena`, la conversión a un `char*` es absolutamente necesaria para garantizar una correcta traducción con las cadenas gestionadas por el propio lenguaje. Preste atención a la sintaxis, que es muy específica:

```
operator char*()
{
    char*out;
    out = new char[longitud+1];
    buffer[longitud] = 0;
    strcpy(out,buffer);
    return out;
}
```

La aplicación es mucho más sencilla:

```
char*s=(char*) d;
printf("d=%s",s); // muestra la cadena d convertida a char*
en la pantalla
```

Este operador se utiliza para transtipas (`cast`) un objeto de tipo `Cadena` a tipo `char*`.

3.4 Funciones amigas

Las funciones amigas son un recurso interesante para las funciones que no pertenecen a clases, pero necesitan acceder a sus campos privados.

Al ser funciones y no métodos, no aceptan un puntero `this`, por lo que generalmente reciben una instancia de la clase como argumento o instancian la clase en cuestión.

```
class Cadena
{
...
  friend void visualizar(Cadena&);
} ;

void visualizar(Cadena& ch)
{
  for(int i=0; i<cad.longitud; i++)
    printf("%c",cad.buffer[i]);
}
```

En la declaración de la clase `Cadena`, hemos colocado deliberadamente la declaración de amistad sin especificar si se trataba de un bloque público, privado o protegido. Dado que la función `visualizar()` no es un miembro, la ubicación de su declaración es irrelevante.

Las funciones amigas son realmente útiles para sobrecargar operadores cuyo primer argumento no es la clase que estamos describiendo. El ejemplo habitual consiste en sobrecargar el operador de inyección << aplicado a la clase `ostream`:

```
#include <iostream>
using namespace std;

class Cadena
{
private:
  int t_buf;
  char*buffer;
  int longitud;
public:

  friend ostream& operator<<(ostream& out,Cadena&);
```

```
...
} ;

ostream& operator<<(ostream& out, Cadena& cad)
{
  for(int i=0; i<cad.longitud; i++)
    out << cad[i]; // << sobrecarga para ostream y char

  return out;
}
int main(int argc, char* argv[])
{
  Cadena c("Hola ");
  cout << c << "\n";  // cout es un objeto de tipo ostream
}
```

También hay que señalar que las relaciones de amistad no son heredables y que es posible definir relaciones de amistad entre métodos. Sin embargo, estos usos se deben limitar para aumentar la portabilidad de los programas a lenguajes no familiarizados con este concepto.

3.5 Direccionamiento relativo y punteros de miembros

El lenguaje C++ inauguró una nueva técnica de programación conocida como programación distribuida. Esta técnica consiste en llamar, en una máquina remota de métodos aplicados, a un objeto del que sólo conocemos la interfaz. Recuerde que la interfaz equivale a todos los métodos públicos de una clase.

En tal situación, la noción de puntero, en el sentido en que la hemos estudiado hasta ahora, no se permite. En efecto, un puntero designa una dirección perteneciente a la máquina actual o incluso al proceso actual. Para invocar un método o acceder a un campo remoto, sería más apropiado un número de miembro ya que es independiente de la posición de memoria del objeto. Por supuesto, en el último momento, este desplazamiento se combinará con una dirección base física para acceder al miembro en cuestión.

Esta dirección base no suele ser conocida por el solicitante, que la obtiene de un servicio de nombres, a menudo mediante una URL adecuada.

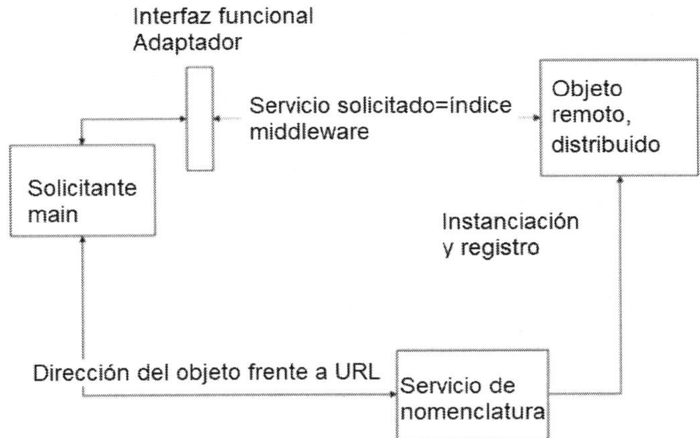

Muchos middlewares orientados a objetos, como DCOM, Corba, RMI o .NET Remoting, funcionan de esta manera. Muchos de ellos se implementan en C++.

Los punteros a miembros en C++ se utilizan para expresar el acceso a un miembro como un índice y no como una dirección física.

3.5.1 Notaciones

Hay tres operadores dedicados a manejar el direccionamiento relativo término que, de hecho, se refiere a los punteros de miembros:

- operador `&` (dirección relativa de un miembro);
- el operador `.*` (indirección sobre una dirección relativa);
- el operador `->*` (indirección sobre una dirección relativa).

El primer operador busca la dirección relativa de un miembro, siguiendo la lógica habitual:

```
Cadena::* index_buffer=&Cadena::buffer;
```

Por lo tanto, el tipo de puntero es `Clase::*`.

Los demás operadores combinan el índice con una referencia o dirección de objeto, siguiendo de nuevo la lógica habitual:

```
Cadena cad;
cad.*index_buffer=new char[100];
```

Para los punteros de métodos relativos, la firma también se ajusta a los punteros de funciones habituales:

```
int (Cadena::* pf_length)(void);
pf_length=&Cadena::length;
```

3.5.2 Creación de middleware orientado a objetos

Proponemos aplicar los punteros miembros a la simulación de un middleware utilizado para distribuir nuestras aplicaciones. En nuestro caso, todo funcionará dentro de un único proceso, pero el razonamiento se puede generalizar fácilmente a una infraestructura más compleja.

Observación

El middleware es un conjunto de servicios de sistema y de red diseñados para permitir la comunicación entre programas informáticos que se ejecutan en máquinas diferentes. Existen middlewares orientados a mensajes (Mom), de los cuales MQSeries (IBM) y MSMQ son los más conocidos. Aquí estudiamos los middlewares orientados a objetos (Moo).

Completaremos el diagrama presentado en la introducción de esta sección con una clase `Adaptador`. Esta es la capa de middleware responsable de retransmitir las invocaciones del solicitante a través de la "red" para llegar al objeto real, denominado objeto remoto.

Para el solicitante, el escenario es el siguiente:

1. acceso al servicio de nombres (una sola instanciación);
2. localizar el objeto remoto a cambio de proporcionar una URL;
3. acceso a métodos remotos.

Para ilustrar nuestro ejemplo, proponemos una interfaz `IObjetoRemoto` con dos métodos, uno que simplemente devuelve la cadena de caracteres "Hola a todos" y un segundo método, más elaborado, que añade dos enteros pasados como argumentos.

Interfaz RemoteObject

Para empezar, aquí está la interfaz `IObjetoRemoto`, que sólo contiene métodos virtuales puros:

```
#pragma once

// Archivo : IObjetoRemoto
// Objetivo: Esta interfaz contiene la liste de métodos
//          que se pueden llamar de manera remota.
//          Para simplificar, todos los métodos tienen la
//          misma firma.
class IObjetoRemoto
{
public:
  virtual void* hello_world(int num_params, void* params)=0;
  virtual void* suma(int num_params, void* params)=0;
} ;
```

Implementación de IObjetoRemoto

Continuamos con su implementación, que ignora completamente el hecho de que está pensado para ser un `ObjetoRemoto` distribuido, es decir, instanciado e invocado remotamente:

```
#pragma once

// Archivo  : ObjetoRemoto.h
// Objetivo : Implementación de la clase (interfaz) IObjetoRemoto
#include "IObjetoRemoto.h"

class ObjetoRemoto : public IObjetoRemoto
{
public:
  void* hello_world(int num_params,void*params);
  void* suma(int num_params,void*params);
};
```

Después:

```
#include ".\objetoremoto.h"

// la clase ObjetoRemoto ignora totalmente que es remota
// es decir que se llama a distancia.

void* ObjetoRemoto::hello_world(int num_params,void*params)
{
  return "Hola a todos"; // char* de hecho
}

void* ObjetoRemoto::suma(int num_params,void*params)
{
  int*local_params=(int*) params;

  // para enviar el resultado, se podría haber usado
  // un reinterpret_cast pero es poco riguroso.
  int*resultado=new int[1];
  *resultado=local_params[0]+local_params[1];
  return (void*)resultado;
}
```

Adaptador

A continuación, llegamos a la parte central con la clase `Adaptador`, que utiliza punteros miembro multinivel.

En el caso de una distribución real, bastará con proporcionar dos clases (`skeleton` y `stub`) que traduzcan la dirección del objeto `l_objeto` entre las dos máquinas.

```
#pragma once

// Archivo: Adaptador.h
// Objetivo : Clase que permite la invocación segura de métodos
//           en  el objeto remoto.
#include "IObjetoRemoto.h"

class Adaptador : public IObjetoRemoto
{
private:
  IObjetoRemoto*l_objeto;
```

```
    void* invocar_por_numero(
      void* (IObjetoRemoto::* p_funcion) (int,void*),
      int num_params,void*params);
public:
  Adaptador(IObjetoRemoto*dir);

  void* hello_world(int num_params,void*params);
  void* suma(int num_params,void*params);
};
```

La implementación continua de manera natural. Observe cómo los métodos `hello_world()` y `suma()` simplemente llaman a las implementaciones reales utilizando punteros a miembros:

```
#include ".\adaptador.h"

Adaptador::Adaptador(IObjetoRemoto*dir)
{
  l_objeto=dir;  // memoriza la dirección física del objeto remoto
}
void* Adaptador::invocar_por_numero(
  void* (IObjetoRemoto::* p_funcion) (int,void*) ,
int num_params,void*params)
{
  // El puntero de miembro se utiliza aquí.
  // La llamada combina la dirección física, el objeto,
  // con el índice de la función que se va a llamar, p_funcion.
  return (l_objeto->*p_funcion) (num_params,params);
}

void* Adaptador::hello_world(int num_params,void*params)
{
  return invocar_por_numero(
    &IObjetoRemoto::hello_world, // índice de la función
    num_params,params);
}

void* Adaptador::suma(int num_params,void*params)
{
  return invocar_por_numero(
    &IObjetoRemoto::suma,     // índice de la función
    num_params,params);
}
```

Servicio de nomenclatura

El servicio de nomenclatura es bastante básico. Lleva a cabo sus responsabilidades de registro de objetos (publicación) junto con las de un servidor de objetos (instanciación). En una situación real de distribución, la URL que designa el objeto no consiste en un único segmento que indica el nombre. A menudo incluye también la dirección del servidor en el que se instanciará el objeto.

```
#pragma once

// Archivo: Nomenclatura.h
// Objetivo : Sistema de registro y localización
// de objetos IObjetoRemoto
//          Para simplificar, la clase pública automáticamente
un objeto
#include "IObjetoRemoto.h"
#include "Adaptador.h"

class Nomenclatura
{
private:
  IObjetoRemoto* objeto;
  char*url;

public:
  void publicar(IObjetoRemoto*objeto,char*url);
  IObjetoRemoto*wncontrar(char*url);
  Nomenclatura();
  ~Nomenclatura();
};
```

La implementación es más interesante que la declaración porque sustituye, a petición del cliente, el objeto remoto por su versión distribuida (`Adaptador`):

```
#include ".\nomenclatura.h"
#include "objetoremoto.h"
#include <string.h>

Nomenclatura::Nomenclatura()
{
  // procede a la publicación de un nuevo objeto
  printf("Instanciación de un objeto con el nombre objeto1\n");
```

```
    publicar(new ObjetoRemoto,"objeto1");
}

Nomenclatura::~Nomenclatura()
{
  // destruye el objeto
  delete this->objeto;
  this->url=NULL;
}

void Nomenclatura::publicar(IObjetoRemoto*objeto,char*url)
{
  printf("Publicación de un objeto con el nombre %s\n",url);
  this->objeto=objeto;
  this->url=url;
}

IObjetoRemoto*Nomenclatura::encontrar(char*url)
{

  printf("Buscar un objeto con el nombre %s\n",url);
  if(!strcmp(this->url,url))
    return new Adaptador(this->objeto);

  printf("Objeto no encontrado\n");
  return NULL;
}
```

Programa cliente (solicitante)

La función `main()` actúa como el solicitante en nuestro esquema. Se ajusta al escenario descrito anteriormente:

```
#include "nomenclatura.h"

int main(int argc, char* argv[])
{
  // Utiliza el servicio de nomenclatura ad hoc
  Nomenclatura nomenclatura;

  // busca un objeto remoto contra una URL
  IObjetoRemoto*objeto_remoto= nomenclatura.encontrar("objeto1");

  // llamada de un método remoto
```

```
  char*s=(char*) objeto_remoto->hello_world( 0,NULL);
  printf("s=%s\n",s);

  // llamada de otro método, siempre remoto
  int tab[2]={3,8};
  int*r=(int*) objeto_remoto->suma(2,(void*) tab );
 printf("3+8=%d\n",*r);
  return 0;
}
```

Tras todos estos esfuerzos de programación, he aquí los resultados de la ejecución del programa:

```
C:\Windows\system32>cmd.exe
Microsoft Windows [Versión 10.0.19045.4170]
(c) Microsoft Corporation. Todos los derechos reservados.

Instanciación de un objeto con el nombre objeto1
Publicación de un objeto con el nombre objeto1
Buscar un objeto con el nombre objeto1
s=Hola a todos
3+8=11

Pulse una tecla para continuar...
```

4. Las excepciones más seguras que los errores

La enorme ventaja de las excepciones es que son intrínsecas al lenguaje, e incluso al entorno de ejecución (runtime o incluso framework). Por tanto, son mucho más seguras para controlar la ejecución de un programa multithread (como es el caso de muchas librerías). Además, las excepciones guían al programador y facilitan la estructuración del código. En otras palabras, es difícil prescindir de ellas una vez que se domina su uso.

Observación

Algunos lenguajes van incluso más allá y exigen que se tengan en cuenta a la hora de escribir el programa. Es el caso, por ejemplo, de Java.

El lenguaje C++ ofrece excepciones estructuradas, basadas, por supuesto, en clases y una gestión avanzada de la pila. La idea es supervisar una secuencia de instrucciones –que pueden contener llamadas a funciones–. Cuando se produce un problema, el programador puede interceptar la excepción que describe el problema a medida que se propaga por la pila.

El principio de las excepciones en C++ consiste en separar la detección de un problema de su tratamiento. Es probable que una función de cálculo no disponga de medios para decidir qué estrategia adoptar en caso de fallo. Las distintas alternativas son continuar con un resultado falso, integrar nuevos valores introducidos por el usuario, suspender el cálculo, etc.

Cuando una función provoca una excepción, ésta se propaga por la pila de llamadas hasta que es interceptada.

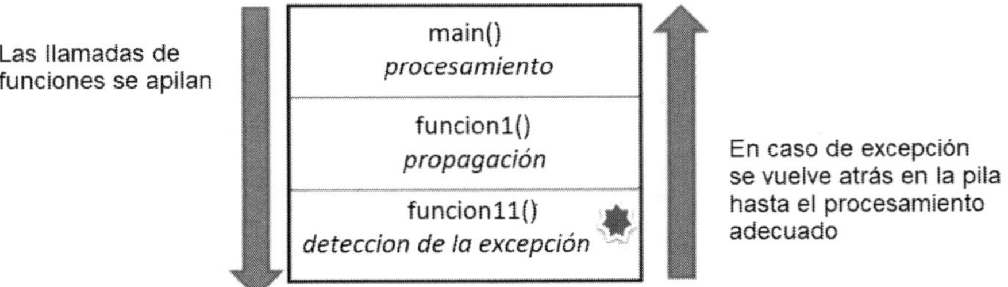

Esta organización elimina las restricciones impuestas por la librería del lenguaje C; ya no hay acceso concurrente a una variable global responsable de describir el estado del error, puesto que el contexto del error lo define una instancia por derecho propio. Cuando se desencadena una excepción, provoca una salida inmediata del procedimiento o la función y empieza a buscar un bloque de procesamiento.

4.1 Propagación explícita

La palabra clave **throw** se utiliza para lanzar una excepción. Va seguida de una instancia, cuya semántica se deja al programador. A veces, el tipo utilizado para instanciar la excepción es suficiente para especificar las circunstancias del error.

Cuando se produce una excepción, se busca en la pila de llamadas un bloque de intercepción correspondiente a este tipo de excepción.

Volvamos a nuestro ejemplo de abrir un archivo y mejorarlo con la ayuda de excepciones:

```
FILE*abrir(char*nombre)
{
FILE*f;
  f = fopen(nombre,"rb");
  if(f==NULL)
    throw 1 ;

  return f;
}

int main(int argc, char* argv[])
{
  FILE*archivo;
  try
  {
    archivo = abrir(argv[1]);

    char temp[50];
    fread(temp, 50, sizeof(char),archivo);

    fclose(archivo);
  }
  catch(int code)
  {
    printf("Se ha producido un error, code=%d\n", code);
  }
  return 0;
}
```

La función `abrir()` es la que decide si lanzar una excepción de 'valor' 1 cuando falla la llamada a `fopen`. En caso afirmativo, la instrucción return no se ejecuta y el `throw` interrumpe la secuencia de ejecución.

En la función `main()`, las instrucciones desde `abrir()` hasta `fclose()` se monitorizan mediante un bloque `try`. Si una de estas instrucciones provoca una excepción, aunque sea de forma indirecta, el bloque `try` se interrumpe y el entorno de ejecución busca un bloque `catch` que capture una excepción del tipo planteado.

4.2 Tipos de excepción personalizados

4.2.1 Definición de las clases de excepción

Nuestro programa anterior se puede mejorar fácilmente creando una clase de excepción. Es cierto que un código entero no es muy significativo, mientras que un tipo completo tiene todo para serlo.

```
class AperturaArchivoExcepcion
{} ;
```

Modificamos la secuencia de lanzamiento de excepciones:

```
if(f==NULL)
  throw AperturaArchivoExcepcion();
```

En consecuencia, se debe rediseñar el bloque `catch`:

```
catch(AperturaArchivoExcepcion)
{
  printf("No se ha podido abrir el archivo");
}
```

Ahora que sabemos cómo crear tipos de excepción personalizados, podemos proporcionar fácilmente varios bloques `catch` para un único bloque `try`.

```
 try
{
  archivo=abrir("test.txt");

  char temp[50];
  fread(temp,50,sizeof(char),archivo);
```

```
  fclose(archivo);
}
catch(AperturaArchivoExcepcion)
{
  printf("No se ha podido abrir el archivo\n");
}
catch(CierreArchivoExcepcion)
{
  printf("El archivo no se ha podido cerrar\n");
}
```

4.2.2 Instanciación de clases

Las clases de excepción se pueden instanciar con argumentos que describan el error con la mayor precisión posible. Así que podemos modificar nuestra clase de error dándole un argumento:

```
class AperturaArchivoExcepcion
{
public:
  char*mensaje;

  AperturaArchivoExcepcion()
  {
    mensaje="";
  }

  AperturaArchivoExcepcion(char*msj) : mensaje(msj) {}

  AperturaArchivoExcepcion(std::string m)
  {
    using namespace std;
    mensaje=new char[m.length()+1];
    m.copy(mensaje,m.length());
    mensaje[m.length()]=0;
  }

} ;
```

Observación

La sintaxis `std::string` especifica que el tipo `string` está definido en el espacio de nombres std (el espacio de nombres de la librería estándar STL).

El código que lanza la excepción puede ahora especificar las circunstancias del error:

```
if(f==NULL)
    throw AperturaArchivoExcepcion(
std::string("Imposible de abrir ") + nombre);
```

Como resultado, damos un nombre a la instancia de `AperturaArchivo Exception` para que podamos mostrar (o procesar) tanta información como sea posible:

```
catch(AperturaArchivoExcepcion e)
{
  printf("No se ha podido abrir el archivo\n");
  printf(e.mensaje);
}
```

4.2.3 Clases de excepción derivadas

Las clases de excepción relacionadas con la misma semántica de error, se suelen agrupar por derivación. En el ejemplo siguiente, el operador : indica que las clases `AperturaArchivoExcepcion`, `ES_ArchivoExcepcion` et `CierrearchivoException` heredan de la clase `ArchivoException`.

```
class ArchivoException {} ;

class AperturaArchivoExcepcion : public ArchivoException
{} ;

class ES_ArchivoException : public ArchivoException
{} ;

class CierreArchivoException : public ArchivoException
{} ;
```

La escritura de bloques de `catch` puede aprovechar al máximo esta organización para filtrar las causas de fallo primero de forma fina y luego de forma gruesa:

```
catch(AperturaArchivoExcepcion e)
{
    printf("No se ha podido abrir el archivo\n");
    printf(e.mensaje);
}
catch(ArchivoExcepcion)
```

```
{
    printf("Se ha producido un error de tipo archivo ");
}
```

La clase base se debe colocar en último lugar: intercepta todas las excepciones de tipo `ArchivoExcepcion` que no corresponden a casos más específicos, como `AperturaArchivoExcepcion`.

La librería estándar tiene una serie de excepciones derivadas en varias semánticas: excepción general, excepción de entrada-salida, excepción matemática, etc.

4.3 Tratamiento de una excepción y reintento

Dado que es probable que nuestra función `abrir()` provoque excepciones, es importante advertir al programa de que un bloque `try/catch` sería bienvenido. La palabra clave `throw` también se utiliza en esta situación:

```
FILE*abrir(char*nom) throw (AperturaArchivoExcepcion)
```

Dependiendo del compilador, llamar a esta función sin un bloque `try/catch` provocará una advertencia o incluso un error de compilación.

Una función marcada como throw (`TipoExcepcion`) puede prescindir de la necesidad de establecer un bloque `try/catch` para llamar a funciones marcadas con el mismo nivel de excepción. Este principio es especialmente útil en Java, un lenguaje que adopta el mecanismo de excepciones de C++ reforzando el control de las marcado.

Si un bloque `catch` quiere lanzar una excepción que ya ha sido interceptada, puede utilizar sólo la palabra clave `throw`:

```
catch(TipoExcepcion)
{
  throw; // reinicio
}
```

4.4 Excepciones no interceptadas

La sintaxis `catch(...)` es útil para capturar todo tipo de excepciones. Sin embargo, utilizar un bloque `try/catch` en la función `main()` puede ser restrictivo. Por lo tanto, algunas excepciones se pueden activar, pero no capturar.

En principio, tal situación provoca la terminación del programa. También es posible utilizar la función de la librería estándar `std:terminate()` o registrar una función de devolución de llamada utilizando la función `std:set_terminate()` para evitar esta interrupción intempestiva.

4.5 Adquisición de recursos

RAII son las siglas en inglés de *Recurso Acquisition Is Initialization*. Esto significa que los recursos se adquieren e inicializan durante una operación atómica (inseparable). ¿Qué tiene esto que ver con la gestión de excepciones? Si los objetos inicializados desde una función en la que se produce una excepción han adquirido recursos, deben ser liberados antes de que el flujo de ejecución se desvíe al manejador apropiado. Esto es afortunado porque C++ siempre libera los objetos locales antes de que abandonen el ámbito de una función, incluso si se lanza o propaga una excepción.

He aquí un ejemplo:

```
#include <iostream>
using namespace std;

// muestra un mensaje tabulado
void display_log(char*fname,char*mensaje,int tab)
{
    while(tab-->0) // descuenta el número de tabulaciones
        cout << "\t";

    cout << fname << ":\t" << mensaje << endl << endl;
}

// clase de excepción personalizada
class Cexception
{
```

```
public:
    Cexception(){};
    ~Cexception(){};

    // circunstancia de la excepción
    const char *Mensaje() const
    {
        return "Se ha producido un error.";
    }

};

const int BUFFER_SIZE = 500;

// tipo de objeto que utiliza los recursos
class Crecurso
{
private:
    char*buffer;

public:
    Crecurso();
    ~Crecurso();
};

Crecurso::CRecurso()
{
    display_log("CRecurso::Constructor","Asignación del buffer.",1);
    buffer = new char[BUFFER_SIZE];
}

Crecurso::~CRecurso()
{
    display_log("CRecurso::Destructor","Liberación del buffer.",1);
    delete buffer;
}

// función que instancia una clase Crecurso.
// los objetos correspondientes asignan 500 bytes de memoria.
void funcion()
{
    CRecurso recurso;
    display_log("funcion","desencadena la excepción
Cexception.",1);

    throw Cexception();
```

```
}

// función principal
int main()
{
    try
    {
        display_log("main","Llamada de función().",0);
        funcion();
    }
    catch( CException ex )
    {
        display_log("catch(CException)",(char*)ex.Mensaje(),0);
    }

    display_log("main","Después del try / catch.",0);
    return 0;
}
```

La traza de pantalla muestra que el objeto `recurso` se destruye (por lo que sus recursos internos se liberan) antes de que el `catch` atrape el flujo de ejecución:

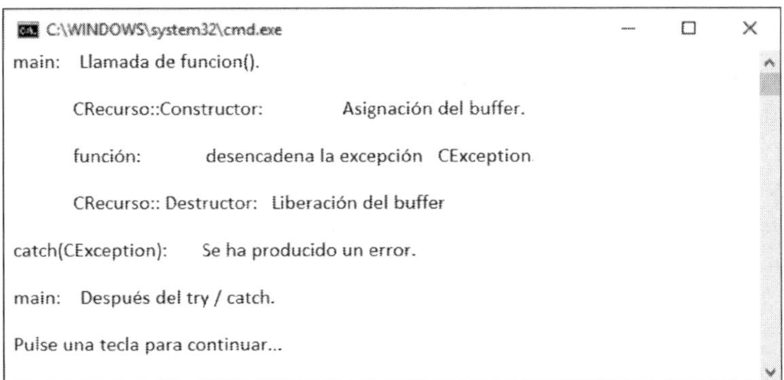

■Observación

Por lo tanto, el mecanismo RAII es bastante similar a la construcción `try/finally` de C# y Java.

5. Programación genérica

El lenguaje C está demasiado cerca de la máquina para ofrecer una verdadera genericidad. Como mucho, el uso de punteros `void*` (introducidos por C++) permite trabajar con distintos tipos. Pero esta imprecisión tiene un alto precio, en términos de legibilidad, robustez y rendimiento del programa.

Las macros tampoco son una solución viable para implementar un algoritmo independientemente de la tipificación. Las macros desarrollan una filosofía opuesta a las técnicas de compilación. Pueden ser apropiadas en ciertos casos sencillos, pero su uso es, la mayoría de las veces, un ejercicio de bricolaje.

El hecho es que no todos los algoritmos están diseñados para ser implementados para la universalidad de los tipos de datos de C++. Para un cierto número de tipos, empezamos a pensar en términos de funciones polimórficas.

Por último, los modelos C++ son una solución mucho más elegante, muy sencilla y al mismo tiempo muy segura de utilizar. El tipo de datos lo elige el programador, que instanciará el modelo bajo demanda. El lenguaje C++ ofrece modelos de funciones y modelos de clases y trataremos estos dos aspectos sucesivamente.

5.1 Modelos de funciones

No todos los algoritmos se prestan a la construcción de un modelo. Identificar un algoritmo es una simple precaución que hay que tomar, porque un modelo construido con el propósito equivocado puede reducir la calidad de una aplicación.

Para el algoritmo estándar, la librería STL ha optado por implementarse en forma de modelos. Los contenedores son estructuras cuyo funcionamiento es, por supuesto, independiente del tipo de objeto a almacenar.

En el caso de las cadenas, la elección es más discutible. Por ello, la librería STL ofrece un modelo de clase para cadenas que es independiente de la codificación de caracteres, lo que abre la puerta a una gran variedad de formatos. Para la codificación más común, ASCII, la clase `string` es una implementación específica.

El ámbito digital es especialmente exigente en cuanto a modelos de funciones y clases. Los programadores pueden elegir entre precisión (`long double` o `double`) y velocidad (`float`) sin tener que cuestionar todo su programa. Algunos algoritmos pueden incluso trabajar con representaciones numéricas más específicas.

Una sintaxis específica explica la construcción de un modelo de función. Se trata de un prefijo que indica la lista de argumentos que se deben suministrar al instanciar el modelo. Los argumentos se escriben a menudo en mayúsculas para distinguirlos de las variables del cuerpo de la función, pero esto no es una restricción sintáctica.

```
 template<class T> T coseno(T a)
{
  int i;
  T cos = 1;
  T pa = a*a;
  int pf = 2;
  T signo = -1;

  for(i=2; i<=14; i+=2)
  {
    cos += signo*pa/pf;
    signo = -signo;
    pa = pa*a*a;
    pf = pf*(i+1);
    pf = pf*(i+2);
  }
  return cos;
}
```

Ante todo, el modelo se debe leer como una función cuyo tipo se puede parametrizar. Si el tipo es `double`, obtenemos la siguiente firma:

```
doble coseno(doble a)
```

En el cuerpo del método, el tipo `T` se escribe en lugar del tipo de las variables o expresiones. Así, las variables `cos`, `pa` y `sign` pueden ser `double` o `float`.

Ni que decir tiene que la lista de argumentos del modelo, especificada entre los símbolos < y >, puede ser diferente de la lista de argumentos de la función, como muestra el siguiente ejemplo:

```
template<class T> void vector_add(T*vect,int n,T valor)

{
  for(int i=0;i<n;i++)
    vect[i]+=valor;
}
```

Para utilizar un modelo de función, basta con llamar a la función con los argumentos que corresponden a los que espera. Esto tiene como efecto desarrollar el modelo en una versión adaptada a los tipos de argumentos pasados que, por supuesto, pueden ser valores literales, expresiones o variables, respetando las reglas habituales de llamada a una función.

Proponemos un primer ejemplo utilizando nuestro modelo de función coseno. En este ejemplo, comparamos el tiempo de cálculo para un gran número de cosenos, así como la precisión del cálculo. Dependiendo del tipo de argumento pasado a la función `coseno` –`float` o `long double`– el compilador producirá varias versiones basadas en el mismo modelo.

```
int main(int argc, char* argv[])
{
  time_t   start, finish;
  double   result, elapsed_time;

  int N=10000000;
  // coseno en float
  time( &start );
  float a1=3.14159265358F/2;
  float r1;
  for(int i=0; i<N; i++)
    r1=coseno(a1);
  time( &finish );
  elapsed_time = difftime( finish, start );

  printf("%d coseno en float, r=%f\n",N,r1);
  printf("Duración del cálculo:  %6.0f segundos.\n", elapsed_time );

  // coseno en long double
  time( &start );
  long double a2=3.14159265358/2;
```

```
    long double r2;
    for(i=0; i<N; i++)
      r2=coseno(a2);
    time( &finish );
    elapsed_time = difftime( finish, start );

    printf("\n%d coseno en long double, %g\n",N,r2);
    printf( "Duración del cálculo:  %6.0f segundos.\n", elapsed_time );

    return 0;
}
```

Observamos diferencias significativas en la duración y la calidad del cálculo.

```
PROBLEMAS   SALIDA   CONSOLA DE DEPURACIÓN   ...

100000000 coseno en float, r=-0.000000
Duración del cálculo :  12 segundos.

100000000 coseno en long double, -4.29011e-07
Duración del cálculo :  3 segundos.
```

Armados con esta información, el diseñador y el programador pueden elegir el tipo de datos que mejor se adapte a sus especificaciones.

A continuación proponemos una aplicación del modelo `vector_add()`. Un potente editor de código fuente guía al programador en la introducción de los argumentos que se pasan a la función:

Aquí está el código completo:

```
double valores[]={3,-9,8.2,5 };
vector_add(valores,4,3.0);
```

El tercer argumento de la función debe ser del tipo correspondiente a la tabla de valores, en nuestro caso por razones de coherencia del cálculo, pero también por razones sintácticas.

Proporcionar un valor literal ambiguo puede dar lugar a una advertencia o incluso a un error de compilación:

```
vector_add(valores,4,3); // 3 literales enteros
```

Sabiendo que esta llamada debe ser lo más explícita posible, deducimos que el modelo de función puede ser sobrecargado, es decir, polimórfico.

Sobrecargar un modelo de función implica describir otra función con el mismo nombre, pero con argumentos diferentes.

```
template<class T> void vector_add(T& vect,T valor)

{
  vect+=valor;
}
```

Los argumentos del modelo también pueden variar de una versión a otra.

Cuando se llama a la función, el compilador decide qué versión es la más adecuada.

Finalmente, obtenemos el siguiente código para instanciar nuestro nuevo modelo:

```
vector_add(valores[0],(double) 3);
```

Cuando es posible optimizar la implementación para un tipo determinado, se acostumbra a especializar el modelo. Por ejemplo, podríamos escribir una versión específica de `coseno()` basada en la librería matemática cuando el tipo es `double`:

```
template<double> double cosine(double a)
{ return cos(a);
}
```

En presencia de la plantilla general `template<class T> T coseno (T a)` y la versión especializada, el compilador tomará la versión especializada si el tipo considerado coincide exactamente.

La clase `string` de la librería STL es un ejemplo de un modelo de clase `basic_string` especializado aplicado a `char`. Ni que decir tiene que los modelos de clase también se pueden especializar.

5.2 Modelos de clase

La especificación de un modelo de clases sigue exactamente la misma lógica que la de un modelo de funciones. Aquí damos el ejemplo de una clase, `Matriz`, que se puede implementar con diferentes tipos, a elección del programador.

```
template<class T> class Matriz
{
protected:
  int num_vector,t_vector;
  T*valores;

public:
  // constructor
  Matriz(int nb,int t) : num_vector(nb),t_vector(t)
  {
    valores=new T[num_vector*t_vector];
  }

  // referencia al tipo T
  T& at(int vector,int valor)
  {
    return valores[vector*t_vector+valor];
  }

  // transtipado de double a T
  void random()
  {
  int vect,val;
    for(vect=0; vect<num_vector; vect++)
    {
      for(val=0; val<t_vector; val++)
        at(vect,val)=(T) (((double)rand()/RAND_MAX)*100.0);
    }
  }

  // visualizar
  void visualizar()
  {
    int vect,val;
    cout.precision(2);
    cout << fixed;
```

```
      for(vect=0; vect<num_vector; vect++)
      {
        for(val=0; val<t_vector; val++)
        {
          cout.width(6);
          cout << at(vect,val) ;
          cout << (val<t_vector-1?",":"");
        }
        cout << endl;
      }
    }
  } ;
```

Los miembros de la clase `Matriz` ilustran distintos aspectos de los modelos de clase.

La clase contiene un campo de tipo `T*`, tal y como habíamos declarado anteriormente una variable local en el cuerpo de la función `coseno`.

El método `at()` devuelve una referencia a un tipo `T`, denotado `T&` por supuesto.

El argumento del modelo `T` se puede utilizar para realizar conversiones de tipo (transtyping); el método `random()` explica cómo funciona la notación `(T)` para inicializar aleatoriamente cada valor de la matriz.

En cuanto a la función `visualizar()`, es menos trivial de lo que parece. Si utilizáramos `printf()` para mostrar nuestros valores en la consola, tendríamos que comprobar el tipo realmente utilizado para elegir un formateador adecuado, %f o %g, por ejemplo. Resulta que el operador << está sobrecargado para los tipos primitivos de C++, pero `printf` no.

Sin la clase `ostream`, tendríamos otras formas de resolver este problema; sustituyendo ostream, lo que puede ser tedioso (e innecesario). También podríamos crear un modelo de función `visualizar()`, externo a la clase y especializarlo. O podríamos especializar parcialmente la clase `Matriz`. Pero, en este punto, algunos compiladores son más cooperativos que otros.

Si hubiéramos elegido una definición de método remoto, se convertiría en un modelo de función. Entonces tendríamos que incluir los argumentos del modelo en el nombre de la clase:

```
template<class T> T& Matriz<T>::at(int vector,int valor)
{
  return valores[vector*t_vector+valor];
}
```

La instanciación es prácticamente la misma que para una función, salvo que el tipo asociado al modelo se debe suministrar explícitamente.

```
Matriz<double> m(3,4);
m.random();
m.visualizar();
```

Nuestra pantalla arroja los siguientes resultados:

```
C:\WINDOWS\system32\cmd.exe
 0.13, 56.36, 19.33, 80.87
58.50, 47.99, 35.03, 89.60
82.28, 74.66, 17.41, 85.89

Pulse una tecla para continuar...
```

La sintaxis C++ permite valores por defecto para definir modelos:

```
template<clase T=float> class Matriz
...
```

La clase (y el modelo) entonces se pueden instanciar sin especificar un tipo, siendo `float` el valor por defecto:

```
Matriz<> mf(5,5); // matriz de float
```

Ahora llegamos al complicado tema de la especialización parcial. En primer lugar, los compiladores de C++ admiten este mecanismo en distintos grados. En algunos casos, la compilación falla o el código generado es incorrecto, lo que puede resultar especialmente molesto.

Entre los compiladores más habituales figuran GNU C++, el compilador VC++ de Microsoft y la última versión suministrada por Intel. Evidentemente, otros cumplen al 100% la norma C++; sin embargo, los productos mencionados han demostrado su rigor en la versión indicada. Tenga en cuenta que no siempre ha sido así, sobre todo en el caso de VC++ (antes de 2003) y el compilador de Intel.

Empezaremos creando un modelo de función para el método `visualizar()`, es decir, utilizando la definición remota :

```
template<class T> void Matriz<T>::visualizar()
{
  int vect,val;
  cout.precision(2);
  cout << fixed;
  for(vect=0; vect<num_vector; vect++)
  {
    for(val=0; val<t_vector; val++)
    {
      cout.width(6);
      cout << at(vect,val) ;
      cout << (val<t_vector-1?",":"");
    }
    cout << endl;
  }
}
```

Esta versión es la de emergencia, la más general. Puede ser imposible de construir, pero en nuestro caso, `cout` se comporta bastante bien con todos los tipos habituales.

Continuamos con una versión específica para la visualización de `float`. Observe que el modelo de función ha perdido su argumento pero que se indica el tipo de clase, `Matriz<float>`:

```
template<> void Matriz<float>::visualizar()
{
  int vect,val;

  cout.precision(2);
  cout << fixed;
  printf("Visualziación específica float\n");
  for(vect=0; vect<num_vector; vect++)
```

```
    {
      for(val=0; val<t_vector; val++)
      {
        printf("%f",at(vect,val)) ;
        printf((val<t_vector-1?", ":""));
      }
      printf("\n");;
    }
}
```

Al igual que con los modelos de funciones especializadas, el compilador preferirá utilizar esta versión para una matriz `float` y la versión más general en los demás casos.

6. Trabajo práctico

6.1 Uso de la herencia de clases en el intérprete tiny-lisp

La herramienta tiny-lisp es un intérprete de LISP escrito en C++, cuyo código fuente está disponible con este libro.

En el intérprete tiny-lisp, las clases derivadas de `ScriptBox` se encargan de ejecutar el analizador en tantos entornos como sea posible:

- La `Sandbox` es un entorno aislado donde la E/S está neutralizada (no activada).
- El entorno `ConsoleBox` proporciona entrada/salida en la consola del sistema.

La clase base se llama `ScriptBox` y define un método virtual `init_events()`:

```
/*
        Entorno genérico de ejecución
*/
class ScriptBox
{
public:
        LexScan*lexScan;
```

```
        Evaluator*parser;

        ScriptBox();
        ~ScriptBox();

        virtual void init_events();

        void new_text();
        void set_text(string text);
        void parse();
        bool has_errors();
        string get_errors();
        string get_text();

        bool set_debug();
};
```

En la versión neutral, `Sandbox`, este método no está sobrecargado.

```
/*
        Entorno de ejecución neutro
*/
class Sandbox :
        public ScriptBox
{
public:
        Sandbox();
        ~Sandbox();
};
```

En el entorno Consolebox, en cambio, el método se sobrecarga para declarar eventos de entrada/salida en la consola (pantalla, teclado).

```
/*
        Entorno de ejecución de consola
*/
class Consolebox :
        public ScriptBox
{
public:
        Consolebox();
        ~Consolebox();

        virtual void init_events();
};
```

Veamos ahora cómo la función main() inicializa las instancias de estos entornos de ejecución:

```
int main()
{
        sandbox = new Sandbox;
        sandbox->init_events();

        consoleBox = new Consolebox;
        consoleBox->init_events();

        show_hello();
        show_prompt(LINEA_NUM::RESET);
        eval_loop();
    return 0;
}
```

Como el método virtual init_events() está sobrecargado en la clase Consolebox, se llama para la instancia consoleBox.

6.2 Punteros de miembros para funciones callback

Pasamos ahora al método init_events(), que crea la asociación entre el analizador sintáctico y el entorno de ejecución. El analizador sintáctico interactúa en dos ocasiones: la visualización en pantalla y la lectura de datos del teclado.

Sin embargo, el código del analizador debe ser lo más neutro y genérico posible, y no se deben hacer referencias explícitas a clases en tiempo de ejecución. Aquí es donde entran en juego los punteros a miembros.

Consideremos la clase GenericDelegate, que define cómo llamar a un método que recibe dos punteros void* como argumentos y devuelve void (de hecho, el primer argumento representa el objeto de entrada, el segundo el objeto resultado). El método do_handler es puramente virtual, ya que la clase es completamente genérica (no se puede definir ninguna implementación por defecto).

```
/*
        Define un 'contrato' para llamar a un método genérico
*/
class GenericDelegate
{
public:
        // método que se debe llamar, de manera evasiva virtual puro
        virtual void do_handler(void*inp, void*outp) = 0;

        // tipo puntero de método a una función
        // que tiene la misma firma
        typedef void (GenericDelegate::*pdo_handler)(void*, void*);
};
```

La clase `GenericEvent` realiza la asociación entre el solicitante y el controlador:

```
/*
        Asociación entre un evento (el solicitante de un servicio) y
        un delegado que presta el servicio (el manejador del evento).
*/
class GenericEvent
{
public:
        // delegado
        GenericDelegate * rhandler;         // instancia
        GenericDelegate::pdo_handler doo_handler; // método administrador

        // métodos de asociación del administrador
        void AddHandler(GenericDelegate *handlerInstance,
            GenericDelegate::pdo_handler handlerMethod);

        // desencadena el evento => llama al administrador
        void RaiseEvent(void*inp, void*outp);
};
```

Veamos ahora como la clase `Procs` declara un evento `OnReadLine`:

```
#pragma region Procs : primitivas integradas

class Procs
{
public:
   static GenericEvent OnReadLine;
}
```

Un poco más adelante, el analizador quiere utilizar los servicios de OnReadLine, pero no se preocupa de la posible implementación ni de la clase que lleva el código para el:

```
#pragma region read_line
Variant Procs::read_line(const variants& c)
{
   // devuelve vacío si no se prevé ningún administrador
   if (OnReadLine.rhandler == nullptr)
       return Variant();

   // desencadena el evento pasando data como argumento de salida
   std::string data;
   OnReadLine.RaiseEvent(nullptr, &data);

   // Vuelta al ciclo de evaluación
   return Variant(Cadena, data);
}

#pragma endregion
```

El método virtual ConsoleBox::init_event() es el responsable de definir el manejador de eventos, es decir, el método que será llamado cuando se active el evento OnReadLine.

```
/**
  init_events()
  se llama para definir los administradores de eventos de ConsoleBox
*/
void Consolebox::init_events()
{
  // TODO:
  // Añadir aquí los administradoreses de eventos soportados
por ScriptBox
  // Evenement.AddHandler(handlerInstance,handlerMethod)

  Procs::OnReadLine.AddHandler(
        FxConsole::get_instance()->leer_handler /* handlerInstance */,
        &GenericDelegate::do_handler /* handlerMethod */ );
}
```

Por simplicidad, `get_instance()` es un singleton de la clase `FxConsole` (una única instancia). La clase `FxConsole` contiene un campo `read_handler` de tipo `ReadHandler*`. Este objeto contiene el método `do_handler()`,que a su vez se llama cuando se dispara el evento.

```
/**
*   Proporciona E/S de consola
*/
class FxConsole
{
private:
  static FxConsole* instance;
  FxConsole();
public:
  ~FxConsole();
  static FxConsole* get_instance();

  /*
  * Evento OnLeer
  */
  class LeerHandler : public GenericDelegate
  {
  public:
     void do_handler(void*inp, void*outp)
     {
        string data;
        cin >> data;

        *(reinterpret_cast<string*>(outp)) = data;
     }
  };

  LeerHandler*leer_handler;
};
```

Para probar este mecanismo de eventos, establezca un punto de interrupción en el método `do_handler()`, ejecute el intérprete e introduzca las siguientes instrucciones tiny-lisp:

```
(read-line)
go.
```

En tiempo de ejecución, el método `Procs::read_line()` dispara el evento e indirectamente llama al método `LeerHandler::do_handler()`.

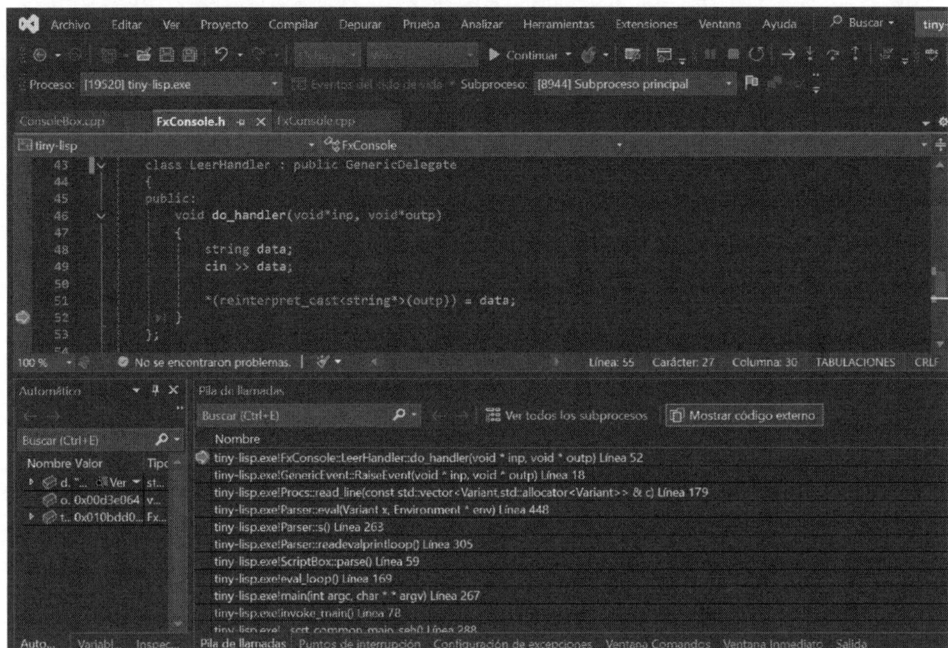

El intérprete tiny-lisp se hace eco de la entrada del teclado:

```
C:\Users\angelms\RIT4CPP - C++ - 1165\tiny-lisp\Debug\tiny-lisp.exe
tiny-lisp (C) 2024
ayuda. para ver la ayuda

1>(read-line)
2>go.
hello!
hello!
1>
```

En conclusión, este enfoque de C++ basado en punteros de miembros permite definir eventos y manejadores, sin que la clase solicitante tenga conocimiento explícito de la clase que realizará el trabajo. Esta construcción es especialmente apreciada, e incluso necesaria, en entornos asíncronos, interfaces gráficas, programación basada en componentes, etc. Hasta tal punto que los lenguajes C++ CLI, C# y Java la han integrado más o menos directamente en su sintaxis.

Capítulo 5
La librería STL estándar

1. Introducción

El inventor de C++, Bjarne Stroustrup, trabajó en algunos proyectos de desarrollo muy importantes. Las primeras aplicaciones de C++ fueron las telecomunicaciones, un campo que requiere herramientas de alto nivel. Por supuesto, las clases fomentan la abstracción, pero un programa no se compone sólo de interfaces e implementaciones.

Al diseñar el software, el desarrollador debe determinar el límite de reutilización de proyectos anteriores. El término "reutilización" se utiliza a menudo para referirse a copiar y pegar determinadas partes del código fuente. ¿Qué elementos se prestan mejor a esta operación? Las clases, por supuesto, ya que el modelo orientado a objetos se construye en torno al concepto de reutilización. Pero también hay estructuras de datos, funciones especializadas y partes algorítmicas de diversos tipos que aún no han alcanzado la madurez necesaria para formar clases.

Los módulos describen un desglose bastante físico de los programas. Por ejemplo, un archivo de código fuente `.h` o `.cpp` se puede considerar un módulo. Sin embargo, ensamblar módulos no es fácil, sobre todo cuando proceden de proyectos anteriores. Puede haber conflictos de nombres, de funciones, diferencias en la representación de tipos y el programa se puede desestructurar, con todos los miembros de un módulo apareciendo en el mismo nivel que los demás.

Se trata de conjuntos de variables, funciones, clases y subespacios de nombres, cuyos miembros obedecen a reglas de visibilidad. De este modo, los programadores pueden organizar y ordenar su desarrollo, que es el resultado de un nuevo trabajo y de una agregación de código fuente antiguo.

Como lenguaje de alto nivel, C++ también anima a dar un paso atrás en los desarrollos ya terminados. Es sorprendente que en todo el software se utilicen los mismos algoritmos. Un algoritmo es un elemento caracterizado con un comportamiento específico. ¿Por qué no formalizarlo mediante una o varias clases? Este es precisamente uno de los papeles que desempeña la librería de plantillas estándares.

De hecho, la librería STL es tanto un conjunto de herramientas para el programador como una prueba de concepto del modelo orientado a objetos.

2. Organización de programas

2.1 Espacio de nombres

El lenguaje C sólo tiene dos niveles de ámbito: el nivel global, al que pertenece la función `main()` y el nivel local, destinado a las instrucciones y variables locales. Con la aparición de las clases, se añadió un nivel adicional, para registrar campos y métodos. La introducción de la derivación (herencia) y los miembros estáticos refinó aún más la gama de niveles de alcance.

Por las razones expuestas en la introducción, se hizo necesario estructurar el espacio global. Por mencionar sólo una de ellas, el espacio global es demasiado arriesgado para almacenar variables y funciones de programas antiguos. Los conflictos son inevitables.

Este espacio global se puede dividir mediante:

```
namespace Edificio
{
  double longitud;

  void medir()
  {
```

```
    longitud=50.3;
  }
} ;

namespace Cadenas
{
  int longitud;

  void calculo_longitud(char*s)
  {
    longitud=strlen(s);
  }
} ;
```

Dos espacios de nombres, `Edificio` y `Cadenas`, contienen ambos una variable llamada `longitud`, que es de un tipo diferente. Las funciones `medir()` y `calculo_longitud()` siempre utilizan la versión correcta, porque la regla de accesibilidad también se verifica en los espacios de nombres: el compilador siempre busca la versión más cercana.

Para utilizar cualquiera de estas funciones, la función `main()` debe utilizar la operación de resolución de ámbito `::` o una instrucción `using`:

```
int main(int argc, char* argv[])
{
  Edificio::medir();
  printf("La longitud del edificio es %g\n",Edificio::longitud);

  using Cadenas::longitud;
  Cadenas::calculo_longitud("hola");
  printf("La longitud de la cadena es %d\n",longitud);
  return 0;
}
```

Podemos ver que llamar a una función declarada dentro de un espacio de nombres es muy similar a llamar a un método estático. Esta analogía se extiende al acceso a una variable, que se puede comparar con el acceso a un campo estático.

La sintaxis `using` es útil para crear alias. Antes de la declaración `using Cadenas::longitud`, no había ninguna variable accesible para `main()`. Entonces, hasta nuevo aviso, longitud se convirtió en un alias de `Cadenas::longitud`.

2.1.1 Uso completo de un espacio de nombres

No es raro tener que utilizar todos los miembros pertenecientes a un espacio de nombres. Resulta inútil crear un alias para cada uno de ellos y además, la operación puede resultar tediosa e inútil. La sintaxis `using namespace` es mucho más adecuada:

```
#include <iostream>
using namespace std;
// utiliza todo el espacio de nombres std.
```

Esta declaración es muy significativa y se debe distinguir de la directiva `#include`. Mientras que la directiva `#include` incluye el archivo especificado, `iostream` en este caso, la directiva `using namespace` crea alias para miembros del espacio de nombres `std`, declarados en `iostream`.

En otras palabras, la directiva `using` no importa ni incluye, sólo pretende simplificar la escritura. Sin usarla, tendríamos que prefijar cada elemento con `std`.

Así es más fácil escribir:

```
cout << "Hola";
```

que:

```
std::cout << "Hola";
```

Sin embargo, si existe un conflicto entre dos espacios de nombres plenamente utilizados, el uso del operador de resolución de ámbito elimina cualquier ambigüedad:

```
namespace Cadenas
{
  int longitud;

  void calculo_longitud(char*s)
  {
    longitud=strlen(s);
  }

  bool cout;
} ;
...
```

```
using namespace Cadenas;
std::cout << "No hay duda sobre esta línea";
```

2.1.2 Espacio de nombres repartido en varios archivos

Es perfectamente lícito definir el mismo espacio de nombres en diferentes archivos de código fuente, cada uno de los cuales aporta sus propios miembros.

```
// orden.h

namespace Algo
{
  void orden_rapido(int*valores);
  void orden_burbuja(int*valores);
} ;

// pila.h

namespace Algo
{
  class Pila
  {
  protected:
    int*valores;
    int num_elementos;
    int max;
  public:
    Pila();
    void apilar(int v);
    int desapilar();
    bool pila_vacia();
  } ;
} ;
...
#include "orden.h"
#include "pila.h"

using namespace Algo;

int main(int argc, char* argv[])
{
    return 0;
}
```

El compilador C++ de Microsoft, cuando se ejecuta en modo gestionado (con extensiones .NET), conserva la organización de módulos a nivel de código objeto y ejecutable. Al mismo tiempo, la diferencia entre las directivas `#include` y `using namespace` cada vez es más difusa; por ello, el lenguaje C# ha optado por combinar las dos directivas en una sola, `using`, parecido a Java con la instrucción import.

Por otro lado, es perfectamente posible mantener la separación entre declaración y definición. La organización del código fuente en `.h` y `.cpp` funciona como de costumbre:

```
// orden.cpp
#include "orden.h"

void Algo::orden_rapido(int*valores)
{

}
```

2.1.3 Relación entre clase y espacio de nombres

Por último, la clase y el espacio de nombres son bastante similares. ¿Deberíamos pensar en el espacio de nombres como una clase que sólo contiene miembros estáticos o en la clase como un módulo instanciable? En realidad, una clase C++ genera su propio espacio de nombres. Esto explica tanto el uso del operador de resolución de ámbito como, lo que es más importante, la declaración de campos estáticos.

Si el campo estático se instanciara realmente en el momento de su declaración en el cuerpo de la clase, este campo podría existir en varias versiones: cada archivo `.cpp` que incluyera la declaración de la clase a través de un archivo de cabecera `.h`, provocaría su duplicación. Por lo tanto, es necesario instanciar este campo, una vez y sólo una, en un archivo `.cpp`, normalmente el que contiene la definición de los métodos de la clase.

La misma advertencia se aplica a los espacios de nombres. Si se define un espacio de nombres en un archivo .h, hay que tener cuidado de no declarar una variable en esta parte, ya que de lo contrario la variable podría definirse en varios lugares.

Entonces, ¿cómo decirle al compilador que una variable existe en la declaración .h de un espacio de nombres, como `cout` y `cin` para el espacio `std`, sabiendo que no se puede definir allí? La respuesta es la palabra clave `static`. La palabra clave `static` advierte al compilador que esta variable no se debe duplicar en cada archivo que incluya la definición del espacio de nombres.

Sin embargo, a diferencia de las clases, la variable no se tiene que definir en un archivo `.cpp`:

```
// pila.h

namespace Algo
{
  class Pila
  {
  protected:
    int*valores;
   int num_elementos;
    int max;
  public:
    Pila();
    void apilar(int v);
    int desapilar();
    bool pila_vacia();
  } ;

  static int T_PILA=3;
} ;

// pila.cpp
#include "pila.h"

// no declarar aquí la variable Algo::T_PILA
```

2.1.4 Declaración de subespacios de nombres

Un espacio de nombres puede contener otros espacios de nombres o incluso clases y estructuras.

```
namespace Algo
{
  namespace Estructuras
  {
    class Tabla {};
    class Pila {};
  } ;

  namespace Funciones
  {
    using namespace Estructuras;
    void orden_rapido(Tabla t);
  } ;
} ;
```

Es absolutamente necesario utilizar el espacio `Estructuras` en el espacio `Funciones`, para llegar a la definición de la clase `Tabla`. Fuera del espacio `Algo`, pueden ser necesarias varias directivas para utilizar todos los miembros declarados en `Algo`:

```
using namespace Algo;
using namespace Algo::Estructuras;

int main(int argc, char* argv[])
{
  Tabla t;
  return 0;
}
```

2.2 Presentación de la librería STL

La librería estándar se creó para ayudar a los programadores de C++ a producir software de alto nivel. Aunque los lenguajes C y C++ se apoyan universalmente en interfaces de programación (API) de todo tipo, la parte algorítmica del lenguaje pasa a un segundo plano porque las instrucciones son muy concisas y similares a las de una máquina. Las cadenas de caracteres ASCII-Z (terminadas por un byte cero) son un buen ejemplo de una situación en la que el programador no sabe qué hacer. Hoy en día, la cuestión ya no es cómo se representan las cadenas, sino cuál es la mejor manera de utilizarlas. Por supuesto, hay que mantener un buen rendimiento, pero también adaptarse a las codificaciones internacionales.

La adopción generalizada de la programación orientada a objetos ha acabado por distorsionar el trabajo de los desarrolladores. Se abandonaron los algoritmos en favor de una visión abstracta basada en interfaces. Es muy posible que Bjarne Stroustrup intuyera que esta transformación de la profesión de programador se produciría rápidamente, por lo que la librería STL estuvo disponible muy poco después de la publicación del lenguaje.

La librería STL ofrece una serie de temas para ayudar al programador: cadenas de caracteres, entrada/salida, algoritmos y sus estructuras de datos, cálculo numérico. Si eso no es suficiente para su trabajo, recuerde que se construyó en C++, por lo que cualquier programador es libre de añadir sus propias contribuciones.

3. Flujos C++ (entrada-salida)

La librería STL gestiona muchos aspectos de la E/S. Introduce una forma de programar para hacer persistentes los nuevos tipos definidos mediante el lenguaje C++.

El equipo que lo diseñó a finales de la década de 1980 se preocupó por respetar las técnicas actuales y producir una obra que resistiera el paso del tiempo.

Hay que decir que la gestión de archivos ha evolucionado enormemente desde la introducción de la librería estándar: las bases de datos relacionales han sustituido a los archivos estructurados y las interfaces gráficas han pasado a primer plano, frente a las consolas orientadas a caracteres.

Sin embargo, la dirección que se tomó al desarrollar la librería STL fue la correcta. Aunque el uso de streams ha caído en desuso, su estudio nos permite ver con más claridad cómo producir una nueva generación de entradas-salidas. El terminal en modo carácter sigue existiendo y la vitalidad de los sistemas Linux es prueba de ello.

3.1 General

Para empezar el aprendizaje de la E/S con buen pie, debemos distinguir entre archivos y flujos. Un archivo se caracteriza por un nombre, una ubicación, derechos de acceso y a veces también un periférico. Un flujo o *stream* es contenido, información que es leída o escrita por el programa. Esta información puede ser de nivel superior o inferior. Se empieza naturalmente por el byte, luego se especializa en datos de tipo entero, decimal, booleano, cadena, etc. Por último, podemos crear registros compuestos por información muy variada. Es bastante lógico considerar que la forma de estos registros corresponde a la formación de una clase, es decir, de un tipo en el sentido de C++.

Los flujos C++ se organizan en tres niveles. El primero –el más abstracto– es `ios_base`, un formato de entrada-salida independiente del estado y el formato. Luego está el nivel `basic_ios`, una versión que incorpora la noción de argumento regional (*locale* en inglés).

Por último, está el nivel `basic_iostream`, un grupo de modelos de clases diseñados para soportar el formateo de todos los tipos básicos conocidos por el lenguaje. Este es el nivel en el que vamos a trabajar.

La información fluye a través de un sistema de *buffer*, soportado por la clase `basic_streambuf`.

Los usuarios de la librería STL suelen estar familiarizados con los flujos estándar, `cout`, `cin` y `cerr`, así como con las clases `istream` y `ostream`.

3.2 Flujo integrado

Los streams incorporados, `cout`, `cin` y `cerr`, ofrecen muchas formas de intercambiar información. Los objetos `cout` y `cerr` son instancias de la clase `ostream`, mientras que `cin` es una instancia de la clase `istream`.

Estas clases utilizan los operadores << y >> para leer o escribir tipos primitivos:

```
cout << "Hola"; // char*
int edad;
cin >> edad;
```

Hemos visto que es muy posible enriquecer el registro de tipos admitidos sobrecargando este operador con una función amiga:

```
friend ostream& operator << (ostream& out,Type & t);
friend istream& operator >> (istream& out,Type & t);
```

3.3 Estado de un flujo

Los flujos `istream` y `ostream` disponen de métodos para caracterizar su estado.

`setstate(iostate)`	Añade un indicador de estado.
`clear(iostate)`	Define los indicadores de estado.

3.4 Formato

La clase `ios_base` proporciona una serie de controles de formato que se pueden aplicar posteriormente. Estos controles se utilizan como interruptores. El formato se aplica y permanece activo hasta nuevo aviso.

`skipws`	Omite el espacio en la entrada.
`left`	Ajusta el campo rellenándolo después del valor.
`right`	Rellena antes del valor.
`internal`	Rellena entre el signo y el valor.
`boolalpha`	Utiliza una representación simbólica para verdadero y falso.
`dec`	Base decimal.
`hex`	Base hexadecimal.
`oct`	Base octal.
`scientific`	Notación en coma flotante.
`fixed`	Formato de coma fija dddd.dd.
`showbase`	Añade un prefijo que indica la base.
`showpoint`	Imprime ceros a la derecha.
`showpos`	Indica + para números positivos.
`uppercase`	Mostrar en mayúsculas.
`adjustfield`	Vinculado al ajuste del campo: interno, izquierdo o derecho.
`basefield`	Vinculado a la base: dec, hex o oct.
`floatfield`	Vinculado a la salida flotante: fija o científica.
`flags()`	Lee los indicadores.
`flags(fmtflags)`	Define los indicadores.
`setf(fmtflags)`	Añade un indicador.
`unsetf(fmtflags)`	Anula un indicador.

Utilizando formateadores, podemos mostrar temporalmente un valor entero en hexadecimal:

```
cout << hex << 4096 << "\n";
cout << 8192 << "\n";      // siempre en hexadecimal
cout << dec << 4096 << "\n"; // cambia a decimal
```

La función `width()` puede especificar el espacio para la siguiente operación de E/S, lo que resulta útil para mostrar números. El método `fill()` proporciona el carácter de relleno:

```
cout.width(8);
cout.fill('#');
cout << 3.1415;
```

La librería STL también ofrece una serie de manipuladores de flujo, como `flush`, que purga el flujo, es decir, vacía el búfer en el dispositivo de salida:

```
cout << 3.1415 << flush;
```

3.5 Flujo de archivos

Para trabajar con archivos de forma diferente a C, la librería STL ofrece las clases `ofstream` e `ifstream`. En el caso de los archivos, se trata de adaptaciones por herencia de las clases `ostream` e `istream`.

A continuación, se muestra un programa de copia de archivos que utiliza estas clases:

```
#include <fstream>

using namespace std;

int main(int argc, char* argv[])
{
  if(argc<3)
    return 1;

  // apertura de los flujos
  ifstream src(argv[1]);
  if(!src)
  {
    cerr << "Imposible de abrir " << argv[1] << endl;
```

```
    return 2;
  }

  ofstream dst(argv[2]);
  if(!dst)
  {
    cerr << "Imposible de abrir " << argv[2] << endl;
    return 2;
  }


  // copia
  char c;
  while(src.get(c))
    dst.put(c);

  // cierre
  src.close();
  dst.close();

   return 0;
}
```

Las clases tienen la misma lógica que sus antecesoras `ostream` e `istream`. Por lo tanto, el bucle de copia se podría haber escrito de la siguiente manera:

```
// copia
  char c;
  while(! src.eof())
  {
    src >> c;
    dst << c;
  }
```

Hay una diferencia importante con el API que ofrece el lenguaje C: las cantidades numéricas se tratan como cadenas de caracteres. La apertura en modo binario no cambiaría este comportamiento, ya que `ofstream` está especializado en el tratamiento de caracteres (*char*).

```
salida.open("archivo.bin",ios_base::binary);
salida << x;  // siempre la cadena "43"
salida.close();
```

3.6 Flujo de alimentación

Se puede adjuntar un flujo a una cadena de caracteres (*string*) en lugar de a un dispositivo. Esto hace que el programa sea más genérico y permite utilizar las secuencias de formato para los mensajes antes de imprimirlos en un *log*, un archivo, una pantalla, etc.

Para utilizar secuencias de cadenas, se debe incluir el archivo `<sstream>`, como se muestra en el siguiente programa:

```
#include <math.h>
#include <sstream>
#include <iostream>

using namespace std;

int main(int argc, char* argv[])
{
  ostringstream out;
  double pi = 3.14159265358;
  out.width(8);
  out.setf(ios_base::scientific);
  out << "cos(pi/4)= " << cos(pi/4) << endl;

  // salida del flujo en un string
  string res = out.str();

  // finalmente visualización
  cout << res;

  // relectura
  istringstream in(res);
  double x;
  string msj;
  in >> msj >> x;
  cout << "msj=" << msj << endl << "x=" << x;
  return 0;
}
```

La ejecución de este programa es bastante interesante. Durante la relectura, el escáner detiene la cadena `msj` en el carácter de espacio insertado después del signo igual, que es un delimitador. También se encuentra el valor de la variable x, es decir, la raíz de 2 sobre 2 (0,707):

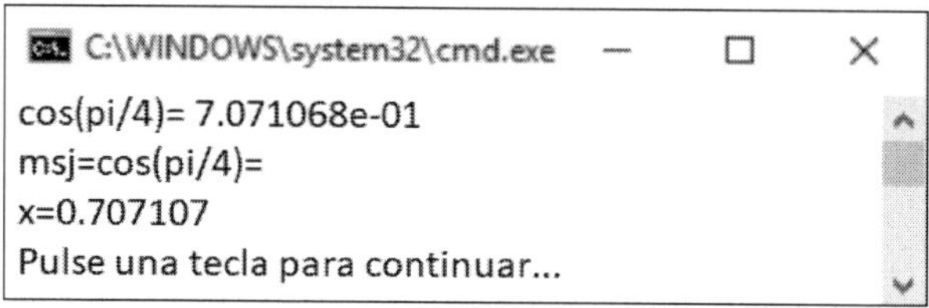

3.7 Parámetros locales

La clase `locale` define un cierto número de facetas destinadas a ser tenidas en cuenta durante el formateo por los flujos de la librería STL. Cada faceta es responsable de un tipo de formato para una cultura determinada. Por ejemplo, imagínese formatear un número en moneda para un país de la zona euro o formatear la fecha en alemán.

Esta clase se utiliza para seleccionar un cierto número de facetas para su aplicación a un flujo utilizando el método `imbue()`. También contiene una serie de métodos estáticos para comparar dos clases locales.

Para ilustrar el sutil funcionamiento de las clases locales definidas por la librería STL, vamos a diseñar una faceta para mostrar números en euros. El ejemplo puede ser modificado para soportar diferentes símbolos de moneda.

Para empezar, vamos a incluir los archivos correspondientes al uso de la clase local, así como la cabecera `fstream`, ya que nuestro sistema utiliza el stream `cout` para la visualización:

```
#include <fstream>
#include <locale>
using namespace std;
```

Ahora definimos una estructura (clase) Currency para que cout pueda distinguir entre la visualización de un double –sin unidades– y la visualización de datos de tipo Currency:

```
struct Moneda
{
    Moneda (const double cantidad)
        : m(cantidad) {}

    double m;
};
```

Sin duda habrás notado el estilo de inicialización de la variable m, muy común en C++ (es como utilizar el constructor de la variable m).

A continuación, escribimos una faceta diseñada para dar formato a los datos para su visualización. Es fácil subclasificar esta faceta para hacerla personalizable.

```
class moneda_put: public locale::facet
{
public:
  static locale::id id;

  moneda_put (std::size_t refs = 0)
    : std::locale::facet (refs) { }

  string put (const double &m) const
  {
    char buf[50];
    sprintf(buf,"%g Euro",m);
    return string(buf);
  }
};

locale::id moneda_put::id;
```

Dependiendo de cómo esté organizado su programa, el campo currency_put::id se deberá definir en un archivo .cpp aparte.

Ahora anularemos el operador << para soportar la inserción de un objeto Moneda en un flujo ostream. Como se trata de una estructura donde todos los campos son públicos, no hay necesidad de declarar la amistad.

Obtenemos directamente:

```
ostream& operator<< (ostream& os, const Moneda& mon)
{
  std::locale loc = os.getloc ();
  const moneda_put& ppFacet
                  = std::use_facet<moneda_put> (loc);
  os << ppFacet.put(mon.m);
  return (os);
}
```

Sólo queda aplicar esta construcción y probar el programa.

```
int main(int argc, char* argv[])
{
  cout.imbue (locale (locale::classic (), new dinero_put));
  Dinero m(30);
  cout << m; // display 30 Euro
  return 0;
}
```

4. Clase string para representar cadenas de caracteres

Sorprendentemente, la mayoría de los tratados de algoritmia no estudian las cadenas como tales. La estructura de datos más parecida es la matriz, para la que se han ideado numerosos problemas y soluciones.

El lenguaje C se ha mantenido fiel a este enfoque, tratando las cadenas como matrices de caracteres. Sus diseñadores tomaron dos decisiones importantes: la longitud de una cadena se limita a la asignada a la matriz y la codificación es la de los caracteres C, utilizando la tabla ASCII. Como no hay otra forma de determinar el tamaño de una matriz que utilizando una variable adicional, a los diseñadores del lenguaje C se les ocurrió la idea de terminar las cadenas con un carácter especial cero. Es cierto que este carácter no tiene ninguna función en la tabla ASCII, pero las cadenas en C se han vuelto muy especializadas y, por tanto, muy alejadas del algoritmo general.

El autor de C++, Bjarne Stroustrup, quería que su lenguaje fuera compatible con el lenguaje C, pero también mejorar la codificación teniendo en cuenta distintos formatos de codificación, tanto ASCII como no ASCII.

4.1 Representación de cadenas en la librería STL

Para la librería STL, una cadena es un conjunto ordenado de caracteres. Una cadena es, por tanto, muy similar a `vector`, clase también presente en la librería. Sin embargo, la cadena desarrolla sus propios accesos y procesamiento, proporcionando un mejor soporte a los algoritmos traducidos a C++.

Las cadenas de la librería estándar utilizan una clase de caracteres para evitar la codificación. La librería STL ofrece soporte para caracteres ASCII (`char`) y caracteres extendidos (`wchar_t`), pero sería posible desarrollar otros formatos para algoritmos basados en cadenas. La ingeniería genética utiliza cadenas formadas por caracteres específicos, A, C, G, T. Por tanto, la codificación con un char es muy costosa en términos de espacio, ya que bastan dos bits para expresar un vocabulario de este tipo, sobre todo teniendo en cuenta que las secuencias de genes pueden implicar varios cientos de miles de bases. También es posible especificar caracteres adaptados a alfabetos no latinos, para los que la tabla ASCII resulta ineficaz.

La clase `basic_string` utiliza un `vector` para almacenar caracteres en memoria. La implementación y el rendimiento pueden variar de un entorno a otro, dependiendo de la calidad de la programación. Sin embargo, la consecuencia más interesante del uso de vectores es que la longitud de las cadenas ha pasado a ser variable. Se trata de una limitación del lenguaje C que por fin se ha superado.

Por otra parte, el acceso a los caracteres no es tan directo. Se han añadido métodos específicos, ya que la clase `vector` no ofrece lo necesario. Una cadena también ofrece métodos específicos para trabajar en intervalos de caracteres (extracción de subcadenas, búsqueda), mientras que un vector está pensado más para el acceso individual a los elementos que contiene.

Para los programadores que utilizan la librería estándar, la parte de cadenas de caracteres se puede resumir en la clase `string`, diseñada para mejorar la antigua `char*`. Pero también existe el material necesario para ir más allá.

4.2 Cómo utilizar la clase string

La clase `string` es una especialización del modelo `basic_string` para los caracteres habituales, `char`. Las características que se describen a continuación también son válidas para otros formatos de cadena derivados de `basic_string`.

4.2.1 Funciones básicas

Una cadena se puede construirse de diferentes maneras, a partir de un literal de cadena o carácter por carácter. Cuando se crea una cadena, a menudo intentamos acceder a algunos de sus caracteres.

4.2.2 Constructores

Existen varios constructores para inicializar una cadena de tipo `string`. Una cadena se puede inicializar a partir de una cadena C (`char*`), de otra cadena o de un trozo de cadena:

```
#include <iostream>
#include <string>
using namespace std;

int main(int argc, char* argv[])
{
  string s1;  // cadena vacía
  string s2 = ""; // también vacía

  string s3 = "Hola";
  string s4(s3);  // copia s3 en s4

  // copia todos los caracteres de s3 en s5
  string s5(s3.begin(),s3.end());
  string s6(s3,0,s3.length());  // ídem
  cout << s1 << " " << s2 << endl;
  cout << s3 << " " << s4 << endl;
  cout << s5 << " " << s6 << endl;

  return 0;
}
```

Los métodos begin() y end() expresan las posiciones de las subcadenas. No son valores enteros, sino referencias a caracteres. El constructor utilizado para s6 es diferente del utilizado para s5, que trabaja con índices de caracteres.

4.2.3 Iteradores

La clase string proporciona dos iteradores para iteración ordinaria e inversa. Sin embargo, los métodos específicos de la clase string proporcionan mejores implementaciones para algoritmos específicos de cadenas.

Sin embargo, es posible utilizar estos iteradores, begin/end (respectivamente rbegin, rend):

```
#include <algorithm>
#include <iostream>
#include <string>
using namespace std;

int main(int argc, char* argv[])
{
  string s="Hola librería STL";
  string::iterator p=find(s.begin(),s.end(),'n');
  if(p==s.end())
    cout << "No existe carácter 'n' en s" << endl;
  else
    cout << "El carácter 'n' se encuentra en la cadena: " << *p;
  return 0;
}
```

4.2.4 Acceso a los elementos

Se ha sobrecargado el operador de índice [] para la clase string. Se accede a los elementos s[0] a s[s.length() -1]. Fuera de estos rangos, el acceso provoca una excepción out_of_range.

```
string s="Hola librería STL";
cout << s[0] << ' ' << s[1] << ' ' <<
s[s.length()-1] << endl;
// muestra el primer, segundo y último carácter de la cadena s
```

Cuidado, porque la equivalencia entre array y puntero ya no se verifica, ya que la clase string ha definido varios campos. Así, s es diferente de &s[0].

4.3 Integración en el lenguaje C++

La cadena es un tipo singular para cualquier lenguaje de programación, tan importante como los enteros o los booleanos. La clase `string` se ha diseñado con el objetivo de que su uso sea lo más natural posible, es decir, que encaje tan bien como `char*` en los programas C++.

4.3.1 Asignaciones

Ya vimos en el capítulo Programación orientada a objetos que asignación y constructor son conceptos relacionados. La clase `string` tiene obviamente un constructor de copia, tres de sus cuatro argumentos reciben valores por defecto.

El operador = se ha redefinido para que el uso de la clase sea lo más sencillo posible:

```
string m;
  m = 'a';      // inicializa m a partir de 'a'
  m = "Hola"; // inicializa m a partir de char*
  m = s;
```

Sin embargo, tenga cuidado de no cometer errores semánticos ligados a la confusión entre tabla ASCII y valor entero:

```
m = 65L; // error semántico
```

Esto se debe a que `m` se inicializaría con el carácter de código ASCII 65, es decir, 'A', y no con la cadena '65'.

4.3.2 Comparaciones

La comparación de cadenas es esencial para implementar algoritmos. La clase `basic_string` soporta comparaciones entre dos cadenas y entre una cadena y una matriz de caracteres. El método `compare()` devuelve -1, 0 o 1 dependiendo de si la cadena a comparar está antes en orden lexicográfico, es idéntica o después en orden lexicográfico, como haría la función `strcmp()`.

Además, se han sobrecargado los operadores ==, !=, >, <, <= y >= para comparar cadenas.

```
#include <iostream>
#include <string>
using namespace std;

int main(int argc, char* argv[])
{
  string a="Piano";
  string b="Pianissimo";

  cout << boolalpha;
  cout << a.compare(b) << endl;     // muestra 1
  cout << a.compare("Forte") << endl;  // muestra 1

  cout << (a<b) << endl;        // muestra true

  return 0;
}
```

4.3.3 Conversión con C++

Existen tres métodos para aplicar las funciones de procesamiento de cadenas de C a instancias de la clase `string`: `data()`, `c_str()` y `copy()`.

El método `data()` copia los caracteres de la cadena en una matriz antes de devolver un puntero a esta zona (`const char*`). La instancia de la clase `string` es responsable de liberar la matriz de la memoria, por lo que el programador no debe intentar hacerlo por sí mismo. Si la cadena se modifica durante el periodo de exposición de la función `data()`, se pueden perder caracteres:

```
string a="hola";
const char*d=a.data();
a[0]='B';
char c=d[0];  // error, siempre el valor 'b'
```

El método `c_str()` añade un carácter 0 al final de la cadena, haciendo que esta representación coincida con las cadenas del lenguaje C:

```
const char*b = a.c_str();
int l_a = strlen(b);
```

Por último, el método `copy()` copia el contenido de la cadena en un búfer que el programador se encarga de liberar:

```
char*t=new char[a.length()+1];  // 0 terminal
  a.copy(t,a.length());
  t[a.length()]=0;  // 0 terminal
  // ...
  delete t;
```

4.4 Funciones específicas de las cadenas

Las cadenas de caracteres de la librería estándar ofrecen métodos específicos para escribir determinados algoritmos. Se trata de funciones de alto nivel, algunas de las cuales son difíciles de programar en lenguaje C.

4.4.1 Inserción

El operador += se ha sobrecargado para añadir un carácter o cadena al final de una cadena. Este operador tiene la misma función que el método `append()`, que ofrece un abanico de posibilidades más amplio.

El método `insert()` tiene la ventaja de insertar nuevos caracteres donde el programador desee.

```
string s="Fort";
  s+="isimo";
  cout << "s=" << s << endl;  // muestra Fortisimo
  s.insert(5,"s");
  cout << "s=" << s << endl;  // muestra Fortissimo
```

4.4.2 Concatenación

El operador + se ha sobrecargado para combinar varias cadenas en una sola. Concatena tanto caracteres como cadenas:

```
string tonalidad;
string ton="la ";
ton=ton+'b';
string may=" mayúscula";
tonalidad=ton+may;
cout << tonalidad << endl; // muestra la b mayúscula
```

4.4.3 Búsqueda y sustitución

Existen varias formas de buscar elementos dentro de una cadena:

`find`	Buscar una subcadena.
`rfind`	Buscar desde el final.
`find_first_of`	Búsqueda de personajes.
`find_last_of`	Buscar caracteres empezando por el final.
`find_first_not_of`	Buscar un carácter que falta en el argumento.
`find_last_not_of`	Busca un carácter ausente en el argumento empezando por el final.

Todos estos métodos devuelven un `string::size_type`, similar a un entero.

```
string s="BEADGCF";
string::size_type i1=s.find("A");

cout << "i1=" << i1 << endl;  // muestra i1=2
```

Si la búsqueda no tiene éxito, `find()` devuelve npos, una posición de carácter ilegal. El método `find()` devuelve un resultado sin signo:

```
string::size_type i2=s.find("Z");
cout << "i2=" << i2 << endl;  // muestra un número muy grande
if(i2==string::npos)
  cout << "búsqueda infructuosa de Z";
```

Es frecuente combinar la búsqueda y la sustitución. Precisamente la función del método `replace()` es modificar una secuencia de cadenas sustituyéndola por otra secuencia:

```
string ton="el bemol principal";
string::size_type p=ton.find("may");
ton.replace(p,6,"menor");
cout << ton << endl;    // muestra el bemol menor
```

Tenga en cuenta que la secuencia de sustitución puede tener una longitud diferente a la secuencia sobrescrita. También existe un método `erase()` para borrar un número determinado de caracteres:

```
ton.erase(ton.find("bemol"),5);
cout << ton << endl;    // muestra el menor
```

4.4.4 Extracción de subcadenas

El método `substr()` extrae una subcadena. Se entiende que devuelve como resultado un `string`. He aquí un ejemplo muy sencillo de cómo utilizar este método:

```
cout << ton.substr(0,3).c_str() << endl; // muestra el
```

5. Contenedores dinámicos

Una función esencial de la librería estándar es proporcionar mecanismos para soportar algoritmos de la forma más eficiente posible. Esta afirmación tiene varios objetivos contradictorios. Los algoritmos requieren genericidad, es decir, métodos de trabajo que sean independientes del tipo de datos a manipular. El lenguaje C se complacía en utilizar punteros `void*` para garantizar la genericidad, pero este enfoque se traduce en una pérdida significativa de eficiencia en el control de tipos, complicación del código y, en última instancia, bajo rendimiento. La eficiencia que se atribuye a STL se consigue a costa de un diseño riguroso y un sutil control de tipos. Es cierto que el resultado es un compromiso entre expectativas a veces contradictorias, pero es lo suficientemente convincente como para ser utilizado en el desarrollo de aplicaciones en las que la fiabilidad es imperativa.

Los diseñadores de la STL han utilizado modelos de clases para desarrollar la genericidad. Los modelos de clases y funciones se tratan en detalle en el capítulo Programación orientada a objetos y su uso es bastante sencillo. Una clase se instancia a partir de su modelo suministrando los argumentos esperados, generalmente el tipo de datos que realmente se tienen en cuenta al implementar la clase. Es esencial distinguir este enfoque del uso de macros (`#define`), que producen resultados inesperados. El uso de estas macros es muy poco seguro.

Una idea original en la construcción de la librería estándar es la correlación entre los contenedores de datos y los algoritmos que se aplican a estos contenedores. Una lectura comparativa de varios libros de texto sobre algoritmos lleva a la conclusión de que las estructuras de datos son siempre más o menos las mismas, al igual que los algoritmos que se aplican a estas estructuras. Por tanto, no era buena idea diseñar estructuras aisladas, como una pila o una lista, sin pensar en lo que vendría después, la aplicación de algoritmos menos específicos. Los diseñadores de la librería STL supieron evitar este escollo.

5.1 Contenedores

Los contenedores son estructuras de datos para almacenar objetos de varios tipos. Los contenedores de la librería STL respetan las principales construcciones desarrolladas en algorítmica.

Clase	Descripción	Cabecera
`vector`	Tabla T unidimensional. Estructura de referencia.	`<vector>`
`list`	Lista de doble cadena de T.	`<list>`
`deque`	Archivo de espera o cola (*queue*) T de doble acceso.	`<deque>`
`priority_queue`	Cola prioritaria.	`<deque>`
`stack`	Pila de T.	`<stack>`
`map`	Tabla asociativa de T	`<map>`
`multimap`	Varios elementos pueden tener la misma clave.	`<map>`
`configure`	Conjunto de T.	`<set>`
`multiset`	El multiconjunto puede contener los mismos valores varias veces, en un orden determinado.	`<set>`
`bitset`	Tabla de booleanos, conjunto de bits.	`<bitset>`

La clase `vector` es una especie de estructura de referencia. Aunque las demás clases no se basan en ella por motivos de rendimiento, `vector` allana el camino a los demás contenedores.

5.1.1 Inserción de elementos y recorridos

Las dos funciones principales que se esperan de los contenedores son la capacidad de agregar nuevos elementos y de examinar los elementos a los que hace referencia el contenedor.

La inserción es una operación cuya secuencia suele ser específica del tipo de contenedor en cuestión. Por ejemplo, la inserción en una cola prioritaria es muy diferente de la inserción en una matriz asociativa.

El recorrido, una vez completado, se utiliza con frecuencia para inspeccionar la colección de objetos que representa el contenedor. También se puede utilizar para explorar los resultados proporcionados por un algoritmo de selección o búsqueda.

5.1.2 Iteradores

Cuando el programador realiza una búsqueda, ordenación, selección u otra operación similar en un contenedor, no es necesario que el programa dependa del contenedor utilizado. De hecho, ejecutar una selección en una matriz asociativa o en un vector es idéntico desde el punto de vista algorítmico. El propósito de los iteradores es precisamente proporcionar una forma general de recorrer los datos.

Este es un ejemplo de cómo construir un vector de cadenas y recorrerlas utilizando un iterador:

```
#include <iostream>
#include <string>
#include <vector>
#include <iterator>

using namespace std;

int main(int argc, char* argv[])
{
  vector<string> tab;
```

```
    vector<string>::iterator iter;

    tab.insert(tab.begin(),"Mozart");
    tab.insert(tab.begin()+1,"Beethoven");
    tab.insert(tab.begin()+2,"Schubert");

    for(iter=tab.begin(); iter!=tab.end(); iter++)
      cout << (*iter) << " ";

    cout << endl;
    return 0;
}
```

Por tanto, un iterador se utiliza del mismo modo que un puntero, cuya aritmética es específica del contenedor en cuestión.

Los iteradores se utilizan para recorrer los elementos de un contenedor, independientemente del tipo de contenedor. Cada contenedor tiene funciones miembro para determinar los límites (inicio y fin) de la secuencia de elementos.

5.1.3 Operaciones aplicables a un vector

Un vector es una matriz dinámica, una colección de elementos del mismo tipo. La matriz también se puede ver como una pila, una estructura muy importante para escribir programas. Los métodos `push_back()`, `pop_back()` y `back()` están diseñados para hacer precisamente eso.

```
vector<int> v;
  v.push_back(1756);  // apila 1756
  v.push_back(1770);  // apila 1770
  v.push_back(1797);  // apila 1797

  int last=v.back();  // pide el último elemento, es decir 1797
  v.pop_back();     // desapila 1797

  vector<int>::iterator i;
  for(i=v.begin(); i!=v.end(); i++)
    cout << *i << " "; // muestra cada valor
```

El vector también dispone de varios métodos para insertar y borrar datos en lugares específicos, mientras que las funciones de pila actúan al final de la secuencia.

```
vector<string> opus;
  opus.insert(opus.begin(),"K545");
  opus.insert(opus.begin()+1,"K331");
  opus.erase(opus.begin());
  vector<string>::iterator o;

  for(o = opus.begin(); o != opus.end(); o++)
    cout << *o << " "; //muestra solo K331
```

Por último, el vector tiene una función `swap()` que intercambia valores entre dos vectores, una operación muy útil para ordenar elementos.

5.2 Contenedores estándares

La mayoría de los contenedores siguen el modelo de `vector`, excepto cuando esta "herencia" distorsiona la función que desempeña el contenedor. Ya podemos identificar una serie de características y operaciones comunes.

Tipos de miembros

`value_type`	Tipo de elemento.
`allocator_type`	Tipo de gestor de elementos.
`size_type`	Tipo de índices, recuento de elementos.
`difference_type`	Tipo de diferencia entre dos iteradores.
`iterator`	Especies de `value_type*`
`const_iterator`	Tipo de const `value_type*`
`reverse_iterator`	Iterador en orden inverso, `value_type*`
`const_reverse_iterator`	`const value_type*`
`reference`	`value_type&`
`const_reference`	`const value_type&`

5.2.1 Iteradores

`begin()`	Señala el primer elemento.
`end()`	Señala el elemento siguiente al último elemento.
`rbegin()`	Señala el último elemento (el primero en orden inverso).
`rend()`	Señala el elemento siguiente en orden inverso (antes del primero).

5.2.2 Acceso a los elementos

`front()`	Primer elemento.
`back()`	Último elemento.
`[]`	Índice de acceso no controlado, no aplicable a las listas.
`at()`	Índice de acceso controlado, no aplicable a las listas.

5.2.3 Operaciones de pila y cola

`push_back()`	Se añade al final de la secuencia.
`pop_back()`	Borra el último elemento.
`push_front()`	Inserta un nuevo primer elemento (aplicable a list y deque).
`pop_front()`	Borra el primero (sólo list y deque).

5.2.4 Operaciones sobre listas

`insert(p)`	Inserta antes `p`.
`erase(p)`	Borra p.
`clear()`	Borra todos los elementos.

5.2.5 Operaciones de asociación

`operator[](k)`	Accede al elemento de clave `k`.
`find(k)`	Encuentra el elemento de clave `k`.
`lower_bound(k)`	Busca el primer elemento de clave `k`.
`upper_bound(k)`	Busca el primer elemento con una clave mayor que `k`.
`equal_range(k)`	Encuentra todos los elementos `lower_bound` y `upper_bound` de clave `k`.

5.3 La secuencia list

Las secuencias son contenedores que siguen el modelo de `vector`. Las secuencias incluyen las clases `vector`, `list` y `deque`.

Una lista es una secuencia optimizada para insertar y eliminar elementos. Tiene iteradores bidireccionales pero no acceso a índices, tanto para respetar la forma de los algoritmos específicos de las listas como para optimizar el rendimiento.

La clase `list` se implementa probablemente utilizando listas de doble cadena, pero el programador no necesita conocer este detalle.

Además de las operaciones aplicables a las secuencias generales, la clase `list` ofrece los métodos `splice()`, `merge()` y `sort()`.

`splice()`	Mueve elementos de una lista a otra, sin copiarlos.
`merge()`	Fusiona dos listas.
`sort()`	Ordena una lista.

Otros métodos son especialmente útiles, como `reverse()`, `remove()`, `remove_if()` y `unique()`.

`reverse()`	Reorganiza la lista invirtiendo el orden de cada elemento.
`remove()`	Elimina un elemento de la lista.
`remove_if()`	Elimina un elemento si se cumple una condición.

unique()	Hace que cada elemento de la lista sea único.

Damos un ejemplo de cómo se pueden utilizar algunos de estos métodos:

```
#include <iostream>
#include <list>
#include <algorithm>
using namespace std;

bool inicial_b(string s)
{
  return s[0]=='B';
}

int main(int argc, char* argv[])
{
  // una lista de cadenas
  list<string> lista;

  // algunas entradas
  lista.push_back("Beethoven");
  lista.push_back("Bach");
  lista.push_back("Brahms");
  lista.push_back("Haydn");
  lista.push_back("Rachmaninov");

  // devolver la lista
  lista.reverse();

  // eliminar todos los compositores que empiezan por B
  lista.remove_if(inicial_b);

  // muestra la lista
  list<string>::iterator i;
  for(i=lista.begin(); i!=lista.end() ; i++)
  {
    string nombre=*i;
    cout << " " << nombre.c_str(); // muestra cada nombre presente
en la lista
  }
  return 0;
}
```

5.4 La secuencia deque

La clase deque es muy similar a la clase `list`, salvo que está optimizada para la inserción y extracción en los extremos de la secuencia.

Para las operaciones de inserción en medio de la secuencia, la eficacia se queda corta.

5.5 Adaptadores de secuencias

A partir de las secuencias `vector`, `list` y `deque`, se diseñan nuevas secuencias `stack`, `queue` y `priority_queue`. Sin embargo, por razones de rendimiento, las clases correspondientes refunden la implementación. No se trata de una subclase, sino de una adaptación. Esto explica por qué se denominan adaptadores de secuencias.

Los adaptadores de secuencia no proporcionan iteradores, porque los algoritmos que se aplican a ellos no los necesitan.

5.6 La pila stack

Una pila es una estructura de datos dinámica en la que no es posible acceder a un elemento sin eliminar sus sucesores. Esta estructura se denomina LIFO (*Last In First Out*).

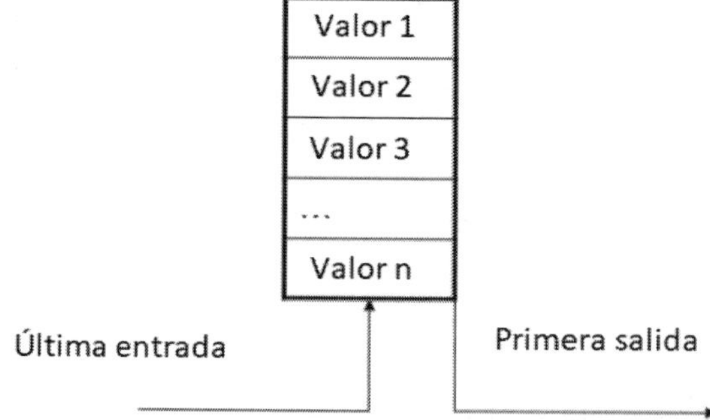

La interfaz `stack` incluye los métodos que siempre tienen sentido para una pila, a saber `back()`, `push_back()` y `pop_back()`. Estas funciones también existen bajo nombres más convencionalmente utilizados en la escritura de algoritmos: `top()`, `push()` y `pop()`.

5.7 La cola

Las colas también se conocen como pilas FIFO (*First In First Out*). Funcionan de forma algo diferente a las pilas convencionales, ya que los valores se insertan al final (apilamiento) y los valores se eliminan al principio.

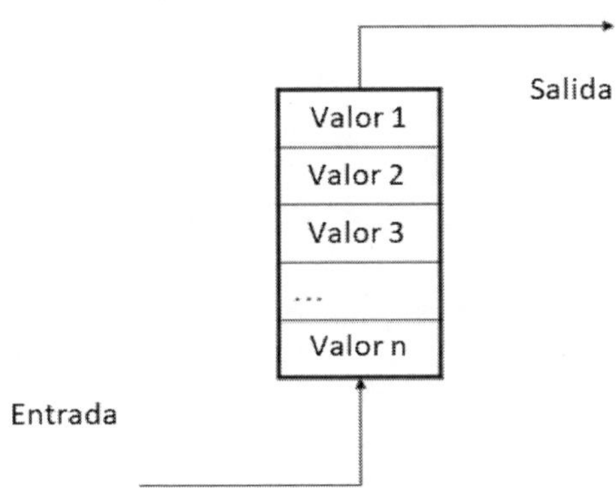

La clase `queue` proporciona los métodos de interfaz `front()`, `back()`, `push()` y `pop()`. Proponemos un pequeño programa de recorrido de grafos escrito utilizando una clase `queue`.

El grafo de ejemplo es un grafo dirigido con cuatro vértices:

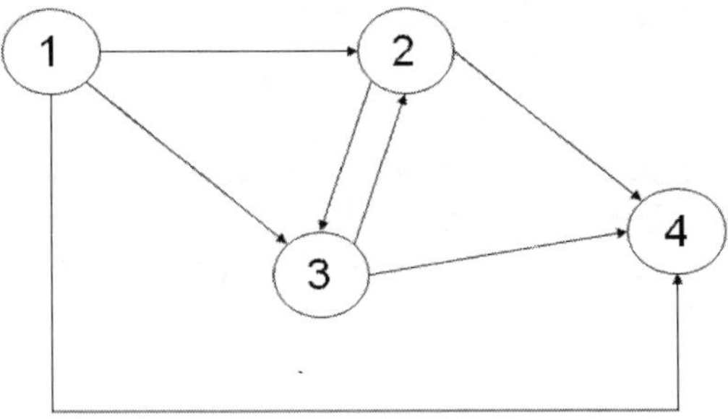

Hemos optado por implementar este grafo utilizando una matriz de adyacencia, una estructura que mantiene el algoritmo muy legible:

```
#define N 4

bool**init_grafo()
{
  bool**grafo;
  grafo=new bool*[N];

  grafo[0]=new bool[N];

  grafo[0][0]=false;     // true cuando hay una adyacencia
  grafo[0][1]=true;
  grafo[0][2]=true;
  grafo[0][3]=true;

  grafo[1]=new bool[N];
  grafo[1][0]=false;
  grafo[1][1]=false;
  grafo[1][2]=true;
  grafo[1][3]=true;
  grafo[2]=new bool[N];
  grafo[2][0]=false;
  grafo[2][1]=true;
  grafo[2][2]=false;
  grafo[2][2]=true;

  grafo[3]=new bool[N];
  grafo[3][0]=false;
  grafo[3][1]=false;
  grafo[3][2]=false;
  grafo[3][3]=false;

  return grafo;
}
```

Esta es la estructura de datos, una cola, que soporta el llamado recorrido en longitud inicialmente. Como estamos recorriendo un grafo en el que varios nodos pueden ser adyacentes a otros nodos, una matriz de booleanos lleva la cuenta del estado de visita de cada vértice.

```
queue<int> file;
bool*vertices_visitados;
```

Continuamos con el código de las funciones de recorrido de grafos:

```
void visitado(bool**grafo,int n,int vertice)
{
  if(vertices_visitados[vertice])
    return;

  vertices_visitados[vertice]=true;
  cout << "Visita al vertice" << (vertice+1) << endl;

  // busca todos los adyacentes no visitados
  for(int i=0; i<n; i++)
    if(grafo[vertice][i] && ! vertices_visitados[i])
      file.push(i);
}

void recorrido_longitud(bool**grafo,int n)
{
  vertices_visitados=new bool[n];
  for(int i=0; i<n; i++)
    vertices_visitados[i]=false;  // vértice no visitado

  file.push(0);       // parte del vértice 1

  while(! file.empty())
  {
    int s=file.front();
    file.pop();
    visitado(grafo,n,s);
  }
}
```

Nuestro ejemplo termina con la función `main()` y su ejecución.

```
int main(int argc, char* argv[])
{
 bool**grafo;
 grafo=init_grafo();

 recorrido_longitud(grafo,N);
 return 0;
}
```

La ejecución garantiza que cada vértice accesible desde el vértice 1 sea visitado una vez y sólo una:

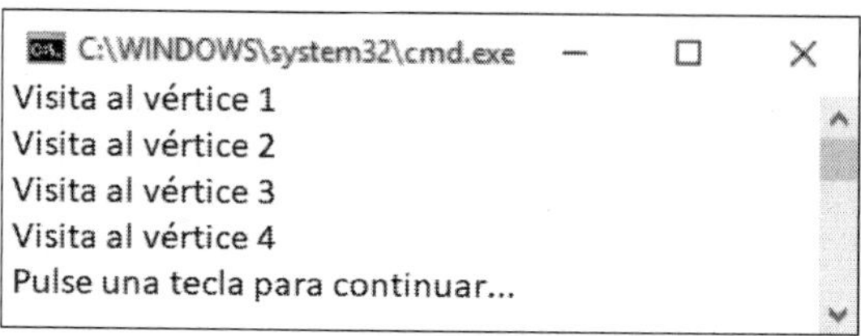
C:\WINDOWS\system32\cmd.exe
Visita al vértice 1
Visita al vértice 2
Visita al vértice 3
Visita al vértice 4
Pulse una tecla para continuar...

5.8 La cola prioritaria

Se trata de una estructura de datos importante para determinar el mejor camino en un grafo. El algoritmo A* (A Star) utiliza colas prioritarias. En comparación con una cola ordinaria, la ponderación acelera el desapilado de unos elementos en detrimento de otros.

```
priority_queue<int> pq;
  pq.push(30);
  pq.push(10);
  pq.push(20);

  cout << pq.top() << endl;  // muestra 30
```

5.9 El contenedor asociativo map

Los contenedores asociativos son muy útiles para implementar algoritmos de todo tipo. Estas estructuras de datos son tan prácticas que algunos lenguajes/entornos las ofrecen de manera estándar. La clase principal se llama map y a veces se denomina matriz asociativa o tabla hash.

La clase `map` es una secuencia de claves y valores. Las claves deben ser comparables para garantizar un buen rendimiento. Cuando el orden de los elementos es difícil de determinar, la clase `hash_map` proporcionará un mejor rendimiento.

Los iteradores de la clase map proporcionan instancias de la clase peer, combinando una clave y un valor.

```
#include <iostream>
#include <map>
using namespace std;

int main(int argc, char* argv[])
{
  map<int,string> tab;
  tab[1]="Madrid";
  tab[5]="Londres";
  tab[10]="París";

  map<int,string>::iterator parejas;
  for(parejas=tab.begin(); parejas!=tab.end(); parejas++)
  {
    int clave=parejas->first;
    string valor=parejas->second;
    cout << clave << " " << valor.c_str() << endl;
    // muestra cada pareja clave-valor
  }
  return 0;
}
```

5.10 Los contenedores asociativos multimap, set y multiset

El multimap es una tabla map en la que se autoriza la duplicación de claves.

Un set es una tabla map que sólo gestiona las claves. Los valores no tienen ninguna relación entre sí.

El multiset es un tipo de conjunto para el que se autoriza la duplicación de claves.

6. Algoritmos

Un contenedor ya ofrece un resultado interesante, pero la librería estándar extrae su fuerza de otro aspecto: los contenedores se asocian a funciones generales o algoritmos. Estas funciones utilizan casi todos los iteradores para armonizar el acceso a los datos de un tipo de contenedor a otro.

6.1 Operaciones de secuencia sin modificación

Se trata principalmente de algoritmos de búsqueda y recorrido.

`for_each()`	Ejecuta la acción para cada elemento de una secuencia.
`find()`	Busca la primera aparición de un valor.
`find_if()`	Busca la primera coincidencia de un predicado.
`find_first_of()`	Busca en una secuencia un valor de otra secuencia.
`adjacent_find()`	Busca un par de valores adyacentes.
`count()`	Cuenta las ocurrencias de un valor.
`count_if()`	Cuenta las correspondencias de un predicado.
`mismatch()`	Encuentra los primeros elementos en los que difieren dos secuencias.
`equal()`	`True` si los elementos de dos secuencias son iguales a nivel de cada pareja.
`search()`	Busca la primera aparición de una secuencia como subsecuencia.
`find_end()`	Busca la última aparición de una secuencia como subsecuencia.
`search_n()`	Busca la enésima aparición de un valor.

He aquí un ejemplo de búsqueda de un valor en un vector de cadenas `char*`:

```
#include <iostream>
#include <algorithm>
#include <vector>
using namespace std;

int main(int argc, char* argv[])
{
  vector<char*> tab;
  tab.push_back("Sonata");
  tab.push_back("Partita");
  tab.push_back("Cantate");
  tab.push_back("Concerto");
  tab.push_back("Sinfonía");
  tab.push_back("Aria");
  tab.push_back("Preludio");

  vector<char*>::iterator pos;
  char*palabra="Concerto";
  pos=find(tab.begin(),tab.end(),palabra);
  cout << *pos << endl; // muestra Concerto
  return 0;
}
```

6.2 Secuencia de operaciones con modificación

`transform()`	Aplica una operación a todos los elementos de una secuencia.
`copy()`	Copiar una secuencia.
`copy_backward()`	Copia una secuencia en orden inverso, empezando por el último elemento.
`swap()`	Intercambia dos elementos.
`iter_swap()`	Lo mismo ocurre con los iteradores.
`replace()`	Sustituye los elementos por un valor dado.
`replace_if()`	Sustituye los elementos por un valor dado cuando se comprueba un predicado.

replace_copy()	Copia una secuencia sustituyendo los elementos por un valor dado.
replace_copy_if()	Ídem sobre la base de un predicado.
fill()	Sustituye cada elemento por un valor dado.
fill_n()	Limita la operación fill a los n primeros elementos.
generate()	Sustituye todos los elementos por el resultado de una operación.
remove()	Elimina los elementos con un valor determinado.
remove_if()	Ídem sobre la base de un predicado.
remove_copy()	Copia una secuencia eliminando elementos de un valor dado.
remove_copy_if()	Ídem sobre la base de un predicado.
unique()	Elimina elementos adyacentes e iguales.
unique_copy()	Copia una secuencia eliminando los elementos adyacentes e iguales.
reverse()	Invierte el orden de los elementos de una secuencia.
reverse_copy()	Copia una secuencia en orden inverso.
rotate()	Realiza un desplazamiento circular de los elementos.
rotate_copy()	Ídem sobre la base de una copia.
random_shuffle()	Mueve elementos al azar.

6.3 Secuencias ordenadas

sort()	Ordena los elementos.
stable_sort()	Ordena manteniendo el orden de los elementos iguales.
partial_sort()	Ordena la primera parte de una secuencia.
partial_sort_copy()	Ídem sobre la base de una copia.

nth_element()	Coloca el enésimo elemento en la posición adecuada.
lower_bound()	Busca la primera aparición de un valor.
upper_bound()	Busca la última aparición de un valor.
equal_range()	Busca una subsecuencia de un valor dado.
binary_search()	Busca un valor en una secuencia ordenada.
merge()	Fusiona dos secuencias ordenadas.
inplace_merge()	Fusiona dos subsecuencias consecutivas ordenadas.
partition()	Mueve elementos alrededor de un valor pivote.
stable_partition()	Idéntico al algoritmo anterior, pero conserva el orden de los elementos iguales.

6.4 Algoritmos de conjunto

includest()	Comprueba si una secuencia es subsecuencia de otra.
set_union()	Produce una unión ordenada de varias secuencias.
set_intersection()	Intersección ordenada.
set_difference()	Construye una secuencia de elementos ordenados en la primera, pero no en la segunda.

6.5 Mínimo y máximo

min_element()	El valor más pequeño de una secuencia.
min()	El menor de los dos valores.
max_element()	El valor más alto de una secuencia.
max()	El mayor de los dos valores.

6.6 Cálculo numérico

El lenguaje C++ es especialmente atractivo por la claridad de su ejecución, que se puede predecir. Los tipos habituales –de `char` a `double`– también resultan familiares de otros lenguajes, como C o Pascal y realizan muchos de los cálculos necesarios para ejecutar un programa.

Hay situaciones en las que estos tipos ya no son adecuados, bien porque la precisión no es suficiente –incluso con un duplicado– o porque la velocidad de los cálculos se ve comprometida por un volumen demasiado grande. El software que requiere cálculos de alta precisión tiene dificultades para satisfacer una optimización avanzada del rendimiento con una representación satisfactoria de los valores numéricos.

Echemos un vistazo rápido a las posibilidades de cálculo numérico en C++ antes de presentar la parte correspondiente de la librería estándar.

6.6.1 Límites de los formatos ordinarios

La cabecera `<limits>` ofrece una serie de clases parametrizadas para determinar los valores característicos de un formato como `short` o `double`. Cuál es el valor más pequeño, cuál es el incremento más pequeño (épsilon), etc.

El siguiente programa nos da información sobre el tipo `doble`:

```
#include <iostream>
#include <limits>
using namespace std;
int main(int argc, char* argv[])
{
  cout << "Valor más pequeño (double)=" <<
numeric_limits<double>::min() << endl;

  cout << "Valor más grande (double)=" <<
numeric_limits<double>::max() << endl;
  cout << "Valor más pequeño absoluto significativo (double)=" <<
numeric_limits<double>::epsilon() << endl;
  cout << "Representación de una cantidad que no es un número
(double)=" << numeric_limits<double>::signaling_NaN() << endl;
  return 0;
}
```

PROBLEMAS SALIDA CONSOLA DE DEPURACIÓN ...

```
Valor más pequeño (double)=2.22507e-308
Valor más grande (double)=1.79769e+308
Valor más pequeño absoluto significativo (double)=2.22045e-16
Representación de una cantidad que no es un número (double)=nan
```

6.6.2 Funciones de librería

Las cabeceras de la librería C, `<cmath>` y `<math.h>`, proporcionan soporte para las funciones matemáticas habituales, la mayoría de las cuales son aplicables al tipo double. Se ha elegido este tipo en parte porque corresponde a un formato normalizado (IEEE 754), y en parte porque los microprocesadores pueden trabajar directamente con este formato, sin que ello suponga más tiempo que el `float`, que ofrece menos precisión. No obstante, hay que tener cuidado con ciertas implementaciones de software que pueden hacer variar ligeramente estos formatos.

Puede que merezca la pena consultar el excelente libro de Laurent Padjasek, Técnicas de programación en ensamblador, el cálculo numérico (publicado por Sybex), para descubrir todas las sutilezas de la codificación IEEE 754.

A continuación, presentamos una lista de las principales funciones de la librería matemática de C.

`abs(), fabs()`	Valor absoluto.
`ceil()`	El número entero más pequeño no menor que el argumento.
`floor()`	Mayor entero no mayor que el argumento.
`sqrt()`	Raíz cuadrada.
`pow()`	Potencia.
`cos(), sin(), tan()`	Funciones trigonométricas.
`acos(), asin(), atan()`	Arco coseno, arco seno, arco tangente, funciones trigonométricas inversas.
`atan2(x,y)`	atan(x/y)
`sinh(), cosh(), tanh()`	Funciones trigonométricas hiperbólicas.

exp(), log(), log10()	Exponenciales y logaritmos.
mod()	Parte fraccionaria.

6.6.3 Funciones de librería estándar y clase valarray

La librería estándar se ha centrado en proporcionar un mecanismo para vincular la optimización de los cálculos al propio programa. Los microprocesadores están adoptando el procesamiento en cadena y en paralelo para optimizar los cálculos, un concepto conocido como cálculo vectorial.

En la librería STL encontramos la estructura `valarray`, cuyo papel es precisamente preparar la optimización de los cálculos manteniendo una legibilidad bastante buena del programa.

Entre sus constructores, esta clase tiene una firma que acepta una matriz ordinaria, una inicialización que asegura una buena integración con el sistema existente.

El siguiente programa crea un `valarray` a partir de una serie de valores dobles suministrados en una matriz inicializado en extensión. Una sola operación `v+=10` corresponde a una suma realizada en cada valor del vector. Dependiendo de la implementación y de las capacidades del microprocesador, esta escritura abreviada irá acompañada de una ejecución muy rápida. Los procesadores RISC aprovechan al máximo este tipo de operaciones.

```
#include <iostream>
#include <valarray>
using namespace std;

int main(int argc, char* argv[])
{
  double d[]={3, 5.2, 8, 4 };
  valarray<double> v(d,4);
  v+=10;    // agregar 10 a cada elemento

  return 0;
}
```

La librería estándar también ofrece soporte para matrices (`slice_array`) formadas a partir de `valarray` tras un paso de estructuración llamado slice.

7. Las aportaciones del C++ moderno

El lenguaje C++ está sujeto a constantes revisiones e innovaciones. Desde la versión de referencia, C++ 98, publicada en 1998, otras versiones lo han puesto al día. Las normas C++ 11, C++ 14, C++ 17, C++ 20 y ahora C++ 23 incluyen algunas características muy potentes que, hasta ahora, sólo estaban disponibles en otros lenguajes diseñados mucho después que C++.

Aquí presentamos algunas nuevas posibilidades relacionadas con el lenguaje y los algoritmos.

7.1 Las expresiones lambda

En C++, una expresión lambda (o lambda) es una función anónima (conocida como *closure*) llamada en el mismo punto donde se define. Es una forma práctica de describir pequeños algoritmos sin intentar que las funciones sean reutilizables.

Lambda es una notación compuesta por los siguientes elementos:

```
[capture] (argumentos) mutable exception { corps }
```

La captura permite a lambda trabajar con variables declaradas en el ámbito que la define, por referencia & o por valor =. La captura por defecto puede ser por valor =, lo que significa que la lambda recibe una "copia" de las variables que aparecen en el cuerpo de la instrucción. Si la captura es por referencia &, la lambda puede modificar las variables.

Los argumentos son opcionales, aunque a menudo una lambda recibe elementos para ser probados, comparados, evaluados, procesados, etc.

La palabra clave `mutable` también es opcional. Como regla general, el operador de llamada a una lambda es `const` por valor, pero la presencia de `mutable` anula esta regla, permitiendo al cuerpo de la instrucción modificar localmente variables capturadas por valor.

La indicación de excepciones mediante `throw` o `noexcept` es opcional, como en todas las funciones C++.

El tipo de retorno es deducido por el compilador a partir del cuerpo. Por defecto, es void, a menos que una instrucción `return expresión` permita al compilador deducir un tipo particular.

Veamos la función `ends_with()`, que comprueba la terminación de una cadena:

```
// comprueba si la cadena termina con el sufijo (ejemplo cadena =
prueba.txt termina con sufijo = .txt)
inline bool ends_with(std::string const& cadena, std::string
const& sufijo)
{
  if (sufijo.size() > cadena.size())
     return false;

  return std::equal(sufijo.rbegin(), sufijo.rend(), cadena.rbegin());
}
```

Esta función se utiliza en la función `main()` para comprobar un nombre de archivo:

```
int main()
{
  string s = "documento1.txt";
  cout << s << " ¿archivo de texto? " << (ends_with(s, ".txt") ?
" sí " : " no") << endl;
}
```

PROBLEMAS SALIDA CONSOLA DE DEPURACIÓN ...

documento1.txt ¿archivo de texto? sí

Es tan sencillo que vamos a anonimizarla quitándole el nombre, así que tenemos que usarlo cuando lo definamos:

```
string archivo = "documento2.txt";
cout << archivo << " ¿archivo de texto? " <<
  (
     [=](string cadena, string sufijo) {
        if (sufijo.size() > cadena.size())
           return false;

        return std::equal(sufijo.rbegin(), sufijo.rend(),
cadena.rbegin());
```

```
        }
        (archivo, ".txt")

    ? " sí " : " no") << endl;
```

La función se ha convertido en una expresión lambda anónima. Se llama con los argumentos `archivo` y `".txt"`.

```
PROBLEMAS   SALIDA   CONSOLA DE DEPURACIÓN   ...

documento1.txt  ¿archivo de texto?  sí
documento2.txt  ¿archivo de texto?  sí
```

Más adelante veremos cómo se pueden utilizar las expresiones lambda para simplificar la escritura de programas que traten con colecciones de objetos.

7.2 Inferencia de tipo

El significado de la palabra clave auto ha cambiado desde C++ 11. Originaria del lenguaje C, esta palabra clave indicaba al compilador que almacenara una variable en un espacio automático, es decir, la pila, como ocurre con las variables locales.

Desde entonces, el término ha adquirido otro significado; la palabra clave `auto` deja en manos del compilador deducir el tipo de una variable. Esto se denomina inferencia de tipo.

Observación

El argumento /Zc:auto en MSVC cambia la palabra clave `auto` del modo de lenguaje C al modo C++ 11.

La inferencia de tipos se utiliza para simplificar las notaciones, sobre todo cuando se trata de modelos. Tomemos el ejemplo de la exploración de colecciones de objetos para ver cómo funciona la palabra clave auto:

```
class Persona {
public:
   string nombre;
   int edad;
```

```
    Persona() : edad(0) {
        nombre = "";
    }

    Persona(string nom,int weight) : edad(weight), nombre(nom) {

    }
};
int main()
{
    vector<Persona> personas;
    personas.push_back(Persona("María",40));
    personas.push_back(Persona("Mateo", 19));
    personas.push_back(Persona("Ángel",20));
    personas.push_back(Persona("Blanca",16));
    personas.push_back(Persona("José",31));
    personas.push_back(Persona("Pablo", 15));

    cout << "lista de personas (versión clásica) :" << endl;
    for (vector<Persona>::iterator p = personas.begin(); p <
personas.end(); p++)
    {
        cout << (*p).nombre << " " << (*p).edad << " años\n";
    }

    cout << "lista de personas (versión auto) :" << endl;
    for (auto p = personas.begin(); p < personas.end(); p++)
    {
        cout << (*p).nombre << " " << (*p).edad << " años\n";
    }
}
```

Escribir el segundo bucle (versión auto) es mucho más sencillo. Para el compilador, son idénticos, ya que en cada versión la variable p tiene el mismo tipo. En el primer caso, el desarrollador indica explícitamente el tipo; en el segundo, el compilador lo deduce.

7.3 Los nuevos tipos de bucles

C++ también tiene la instrucción *range loop*, también llamada `foreach` en algunos lenguajes. La sintaxis de C++ se basa en una forma de sentencia `for`. Este bucle permite que la variable de iteración tome todos los valores de un conjunto, también conocido como rango. Empecemos con un ejemplo muy sencillo en el que una variable entera `i` tomará sucesivamente los valores de una tabla de tres elementos:

```
#include <iostream>
using namespace std;

int main()
{
    for (int i : {1, 2, 3})
    {
        cout << "i = " << i << endl;
    }
}
```

```
PROBLEMAS   SALIDA   CONSOLA DE DEPURACIÓN   ...

i = 1
i = 2
i = 3
```

El bucle también puede iterar sobre los valores de un contenedor como un vector o un conjunto multidimensional como un mapa. En estas situaciones, el uso combinado con la palabra clave `auto` no es necesario, pero hace que el programa sea mucho más conciso:

```
cout << "lista de personas :" << endl;
for (auto& e : personas)
{
   cout << e.nombre << " " << e.edad << " años\n";
}
```

He aquí un ejemplo que ilustra estos tres conceptos: expresiones lambda, inferencia de tipos y bucles transversales de rango:

```
// inferencia de tipo a una lambda
auto comp = [](const Persona& w1, const Persona& w2)
{
   return w1.edad < w2.edad;
};
sort(personas.begin(), personas.end(), comp);

// recorrido de la tabla ordenada
cout << "personas por edad:" << endl;
for (auto i = personas.begin(); i < personas.end(); i++)
{
   cout << (*i).nombre << " " << (*i).edad << " años" << endl;
}
cout << endl;

int max = 18;

auto menores = begin(personas);
while (menores != end(personas)) {

   menores = find_if(menores,
       end(personas),
       [=](Persona p) {
       return p.edad < max;
       });

   if (menores == end(personas))
       break;

   cout << " menor de edad: " << (*menores).nombre << " " <<
(*menores).edad << " años" << endl;
   menores ++;
}
```

```
PROBLEMAS   SALIDA   CONSOLA DE DEPURACIÓN   ...

lista de personas:
Ángel 51 años
María 49 años
Mateo 12 años
Marieta 17 años
José Antonio 80 años
Blanca 75 años

personas por edad:
Mateo 12 años
Marieta 17 años
María 49 años
Ángel 51 años
Blanca 75 años
José Antonio 80 años

menor de edad: Mateo 12 años
menor de edad: Marieta 18 años
```

7.4 Los punteros inteligentes

El término original es smart pointer (puntero inteligente). Estos punteros son objetos diseñados para simplificar la gestión de la memoria y hacer más segura la escritura de programas.

Hemos estudiado las palabras clave para crear y destruir objetos, `new` y `delete`. El programador de C++ es responsable de que los objetos se eliminen cuando llegue el momento, es decir, cuando ya no se necesiten.

Los lenguajes gestionados como Java o C# tienen un sistema automático de gestión de memoria que destruye objetos y compacta el heap. Este proceso se denomina recolección de basura (garbage collector) y su funcionamiento es muy sencillo. El recolector de basura registra el número de referencias a un objeto. En la instanciación, el recuento es 1. Cada vez que una referencia a un objeto se duplica en otra variable como argumento de un método, la cuenta de referencia se incrementa.

Cuando finaliza el ámbito de una variable de referencia, el recuento se decrementa al mismo tiempo que se destruye la variable. Periódicamente, el recolector de basura destruye los objetos a los que ya no se hace referencia (cuenta = 0), e incluso puede reciclar la memoria o compactarla para optimizar su reasignación.

Observación

C# y Java no permiten el acceso directo a la memoria mediante punteros. No hay forma de conocer la dirección de un objeto. Sólo se permiten referencias, sin valores numéricos. Esta restricción es necesaria para el funcionamiento del recolector de basura, que no puede entrar en conflicto con la determinación algorítmica de las direcciones. Algunos desarrolladores ven en ello una ventaja en cuanto a la sencillez con que se pueden escribir los programas y la fiabilidad con que se pueden ejecutar, mientras que otros consideran que el recolector de basura afecta negativamente al rendimiento y la velocidad de ejecución de los programas.

Los punteros inteligentes de C++ adoptan la misma lógica. Para rastrear las referencias a un objeto, las operaciones de instanciación, referenciación y destrucción se delegan en estos punteros de nuevo estilo.

Considere el siguiente ejemplo, utilizando las palabras clave estándar `new` y `delete`:

```
void calcular_media()
{
   cout << "cálculo de la media\n";

   // instanciación estándar de la clase Persona
   Persona* p1 = new Persona("María", 20);
   Persona* p2 = new Persona("Blanca", 24);

   int m = (p1->edad + p2->edad) / 2;
   cout << p1->to_string() << endl;
   cout << p2->to_string() << endl;

   cout << "media de edad: " << m << " años." << endl;
   cout << endl;

   // destrucción estándar de los objetos
   // no olvidar bajo riesgo de provocar fugas de memoria
   delete p1;
   delete p2;
}
```

En la versión inteligente, los objetos se destruyen automáticamente al final del método. Los destructores de los punteros inteligentes se encargan de llamar a delete. Para seguir los pasos de instanciación y destrucción, la clase Persona muestra mensajes específicos:

```
class Persona {
public:
   string nombre;
   int edad;

   Persona() : nombre(""), edad(0) {

   }

   Persona(string nombre, int edad) : nombre(nombre), edad(edad) {
       cout << "instanciación de " << nombre << endl;
   }

   string to_string() {
       return nombre.append(" ").append(std::to_string(edad)).
append(" años");
   }

   ~Persona() {
       cout << "destrucción de " << nombre << endl;
   }
};
```

El código de la versión smart es similar al del ejemplo inicial, excepto por el uso de los nuevos objetos punteros `unique_ptr<T>`:

```
void calcular_media_smart() {
   cout << "cálculo de la media usando los punteros smart\n";

   unique_ptr<Persona> p1 (new Persona("María", 20));
   unique_ptr<Persona> p2 (new Persona("Blanca", 24));

   int m = (p1->edad + p2->edad) / 2;
   cout << p1->to_string() << endl;
   cout << p2->to_string() << endl;

   cout << "media de edad: " << m << " años." << endl;
   cout << endl;
}
```

En tiempo de ejecución, los objetos se destruyen sin una llamada explícita a delete:

```
PROBLEMAS   SALIDA   CONSOLA DE DEPURACIÓN   ...

cálculo de la media usando los punteros smart
instanciación de María
instanciación de Blanca
María 49 años
Blanca 75 años
media de edad: 62 años.

destrucción de María 49 años
destrucción de Blanca 75 años
```

Veamos ahora otras posibilidades: la instanciación mediante la función `make_unique<T>()`, el acceso al puntero en bruto (con una dirección clásica) y el paso por referencia:

```
// otra forma de instanciación
unique_ptr<Persona> p3 = make_unique<Persona>("Henri", 13);

// recuperar un puntero bruto
Persona* p3_bruto = p3.get();

// llamar a un método que pasa una referencia
mostrar_detalle(*p3);
```

El método `mostrar_detalle` recibe como argumento una `const Persona&`. No puede modificar el objeto pasado como argumento:

```
void mostrar_detalle(const Persona& p)
{
   cout << p.nombre << " " << to_string(p.edad) << " años." << endl;
}
```

Además de los punteros únicos unique_ptr, existen punteros compartido shared_ptr con referencias contadas. Éstos rastrean el uso de punteros en bruto por varios propietarios. Esto permite, por ejemplo, devolver una copia de un objeto conservando el original. El objeto subyacente se destruye cuando todas las propiedades están fuera de rango o cuando la propiedad del objeto ha cesado. Los punteros weak_ptr también se comparten, pero no participan en el recuento de referencias.

```
void compartir() {
   shared_ptr<Persona> p1(new Persona("Alicia", 35));
   shared_ptr<Persona> p2 = make_shared<Persona>("Alan", 52);

   shared_ptr<Persona> p3(p1); // copia, 2 referencias en p1
   shared_ptr<Persona> p4 = p3; // copia, 3 referencias en p1

   // una colección de objetos compartidos
   vector<shared_ptr<Persona>> list;
   list.push_back(shared_ptr<Persona>(new Persona("Ellis",60)));
}
```

8. Introducción a la librería boost

La librería **boost** no es un competidor de la librería STL, sino más bien un complemento o extensión de la misma. De hecho, varios módulos del repositorio boost se han integrado en la librería estándar a lo largo de las versiones C++ 14 a C++ 17. Por tanto, las librerías STL y boost funcionan muy bien juntas.

8.1 Instalación de la librería

Hay varias formas de instalar la librería en un proyecto. En Linux, puede seguir las instrucciones del sitio web https://boost.org/ para recuperar un paquete fuente o binario.

Desde Visual Studio, la forma más directa es descargar un paquete NuGet. En el menú **Proyecto**, utilice el comando **Administrar paquetes NuGet**. Introduzca `boost` en el cuadro de búsqueda de la pestaña **Examinar**. El catálogo de paquetes mostrará entonces la librería completa, así como los volúmenes de esta librería.

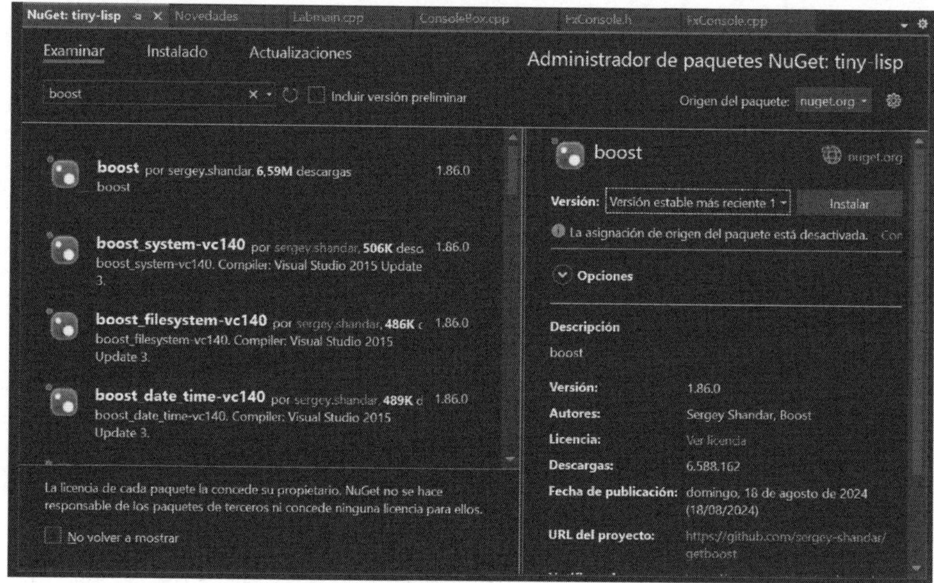

Tras pulsar el botón **Instalar**, el gestor de paquetes le pedirá que confirme que la librería se ha instalado en el directorio:

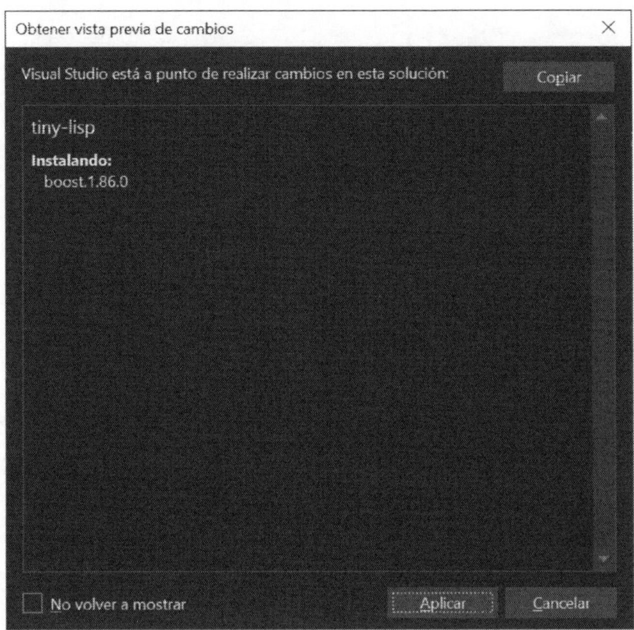

La confirmación activa el proceso de descarga del paquete NuGet (desde la solución de Visual Studio) y la instalación de la librería en el proyecto.

8.2 Un primer ejemplo con boost

Este ejemplo sigue perteneciendo al ámbito de los algoritmos y las colecciones. Muestra cómo las boost lambdas facilitan la escritura de bucles para recorrer una colección:

```
#include <boost/lambda/lambda.hpp>
#include <iostream>
#include <iterator>
#include <vector>
#include <string>

using namespace std;
```

```
int main()
{
   vector<int> tab;
   tab.push_back(1);
   tab.push_back(2);
   tab.push_back(3);
   tab.push_back(4);

   using namespace boost::lambda;

   std::for_each(
       tab.begin(),
       tab.end(),
       std::cout << _1 << "**2 = " << (_1 * _1) << "\n");
}
```

El bucle `for_each` itera sobre toda la colección de `tab`. En la lambda, el argumento `anonyme _1` representa el enésimo objeto de la colección.

```
PROBLEMAS   SALIDA   CONSOLA DE DEPURACIÓN   ...
1**2 = 1
2**2 = 4
3**2 = 9
4**2 = 16

Salida de c:\Usuarios\angelms\source\dbd\debug\turbo_boost.exe (proceso 35724). Code : 0.
Pulse una tecla para cerrar esta ventana...
```

Otras instrucciones de control están disponibles en forma lambda. El siguiente ejemplo comprueba la paridad del valor entero de la colección:

```
// utiliza la lambda if_then_else en el bucle for_each
std::for_each(
   tab.begin(),
   tab.end(),
   if_then_else(_1 % 2 == 0, cout << _1 << " par\n", cout << _1
 << " impar\n")
);
```

```
PROBLEMAS   SALIDA   CONSOLA DE DEPURACIÓN   ...

1 impar
2 par
3 impar
4 par
```

8.3 Campos de aplicación

La librería STL fue diseñada inicialmente por Bjarne Soustrup para satisfacer las necesidades de ingeniería de software en el sector de las telecomunicaciones. Desde entonces, se ha ido reorientando gradualmente hacia ámbitos relacionados con los algoritmos.

La librería boost es comparativamente mucho más amplia. No sólo hay módulos algorítmicos, sino también de gestión de redes, soporte gráfico, gestión multihilo, videojuegos, multimedia, etc.

Recuerda que boost trabaja con la librería STL y que algunos de sus módulos se han estandarizado desde entonces.

Por tanto, la aportación de boost es especialmente rica para el desarrollador C++, que puede salir del marco de la programación procedimental y recurrir a potentes componentes para construir aplicaciones en contacto con el entorno técnico, por así decirlo, el mundo real.

Estos son algunos de los dominios compatibles con boost:

RAII y gestión de memoria	Cadenas (cadena, expresiones regulares, etc.)	Contenedores y colecciones	Estructuras de datos compuestas (tuplas, variantes, etc.)
Algoritmos y gráficos	Comunicaciones	Flujos y archivos	Gestión de fechas y horas
Programación funcional	Programación paralela	Programación genérica	Extensiones lingüísticas
Gestión de errores	Gestión de números	Patrones de diseño	Gráficos

9. Trabajo práctico

El intérprete tiny-lisp depende en gran medida de la librería STL. He aquí algunos detalles sobre la clase `Variant`, implementada utilizando objetos de la librería estándar.

9.1 La clase Variant

`Variant` es el tipo de datos universal de tiny-lisp. Puede ser un símbolo, un número, una lista (de `Variant`) o un procedimiento.

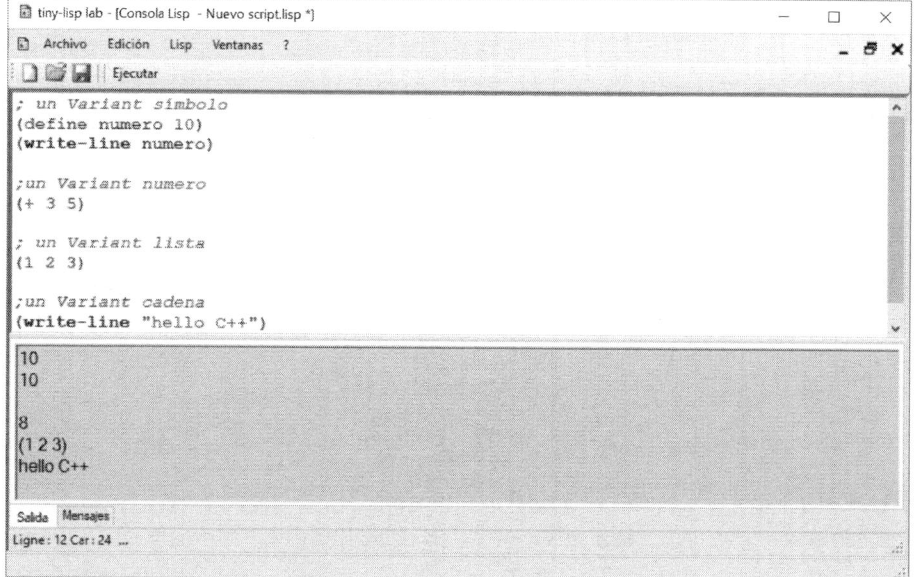

En tiny-lisp, el objeto `Variant` forma parte de un entorno, un contenedor con una tabla de símbolos. Esta estructura es necesaria para ejecutar funciones LISP y expresiones lambda, para pasar argumentos y crear variables locales.

```
enum variant_type
{
   Symbol, Number, List, Proc, Lambda, Cadena
};

// definición ; Variant y Environment se hacen referencia mutuamente
struct Environment;

// un Variant representa cualquier tipo de valor Lisp
class Variant {
public:

   // función que devuelve Variant y que recibe como argumento variants

   typedef Variant(*proc_type) ( const std::vector<Variant>& );

   typedef std::vector<Variant>::const_iterator iter;

   typedef std::map<std::string, Variant> map;

   // tipos tomados en la enumeración: symbol, number, list, proc o lamda
   variant_type type;

   // valor escalar
   std::string val;

   // valor list
   std::vector<Variant> list;

   // valor lambda
   proc_type proc;

   // environment
   Environment * env;

   // constructores
   Variant(variant_type type = Symbol) : type(type) , env(0), proc(0) {

   }

   Variant(variant_type type, const std::string& val) :
type(type), val(val) , env(0) , proc(0) {

   }
```

```
    Variant(proc_type proc) : type(Proc), proc(proc) , env(0) {

    }

    std::string to_string();
    std::string to_json_string();
    static Variant from_json_string(std::string json);
    static Variant parse_json(jsonlib::Json job);
};
```

9.2 El método to_string()

Este es un método recursivo muy sencillo. Está escrito en un estilo STL bastante directo, sin intentar sustituir los tipos de iteradores por `typedef`. El lector curioso puede mejorar la escritura de este programa:

```
std::string Variant::to_string()
{
    if (type == List)
    {
        std::string s("(");
        for (Variant::iter e = list.begin(); e != list.end(); ++e)
        {
            Variant v = *e;
            s.append(v.to_string());
            s.append(" ");
        }

        if (s[s.size() - 1] == ' ')
            s.erase(s.size() - 1);

        return s + ")";
    }
    else if (type == Lambda)
        return "<Lambda>";

    else if (type == Proc)
        return "<Proc>";

    else if (type == Cadena)
        return val;

    return val;
}
```

9.3 Traducción JSON

Los términos serialización y deserialización se utilizan para describir la traducción de un formato de objeto a otro, como XML o JSON.

9.3.1 El método estático to_json_string()

El código de serialización JSON es bastante similar al método `to_string()`:

```
std::string Variant::to_json_string()

{
   const std::string cl = "{ \"cell\": ";

   if (type == List)
   {
       std::string s;
       s.append(cl);
       s.append("{ ");
       s.append("\"type\": \"list\", ");

       s.append(" \"list\": [ ");

       for (Variant::iter e = list.begin(); e != list.end(); ++e)
       {
           Variant v = *e;
           s.append(v.to_json_string());
           s.append(",");
       }

       if (s[s.size() - 1] == ',')
       s.erase(s.size() - 1);

       s.append(" ] "); // list

       s.append(" } ");

       s.append(" }");
       return s;
   }
   else if (type == Lambda)
   {
       std::string clamb = cl;
```

```
        clamb.append("{ \"type\": \"lambda\" } }");
        return clamb;
    }
    else if (type == Proc)
    {
        std::string cproc = cl;
        cproc.append("{ \"type\": \"proc\" } }");
        return cproc;
    }
    else if (type == Cadena)
    {
        std::string sc = cl;
        sc.append("{ \"type\": \"string\", \"val\": ");
        sc.append("\"");
        sc.append(val);
        sc.append("\" } }");
        return sc;
    }

    else if (type == Number)
    {
        std::string sn = cl;
        sn.append("{ \"type\": \"number\", \"val\": ");
        sn.append(val);
        sn.append(" } }");
        return sn;
    }

    // símbolo
    std::string ss = cl;
    ss.append("{ \"type\": \"symbol\", ");
    ss.append("\"val\": \"");
    ss.append(val);
    ss.append("\" } }");

    return ss;
}
```

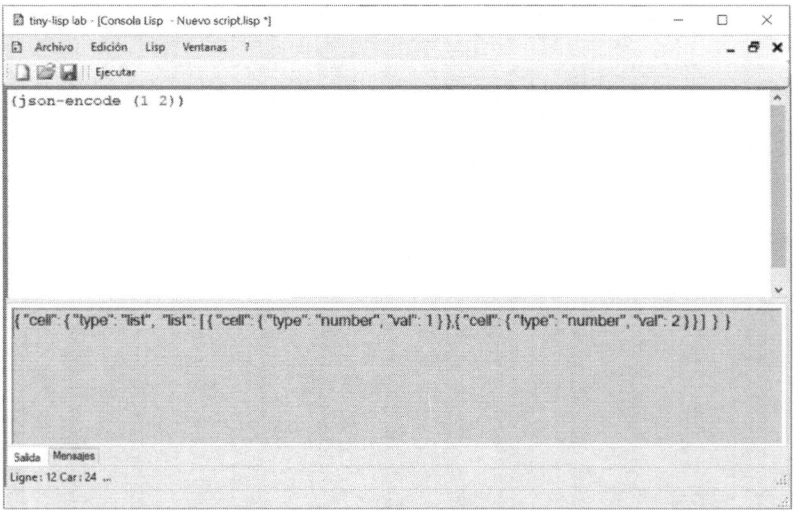

9.3.2 El método estático from_json_string()

Para la deserialización de JSON a Variant, el código se basa en una librería JSON11 que construye pares clave-valor a medida que lee. El algoritmo se basa en un método auxiliar `parse_json()` que es ligeramente más difícil:

```
#pragma region parse_json
Variant Variant::parse_json(jsonlib::Json job)
{
   Variant v;

   if (job.is_object())
   {
       for (auto items = job.object_items().begin(); items
!= job.object_items().end(); items++)
       {
           if ((*items).first == "cell")
           {
               //std::cout << "cell ";
               Variant e;
               e = parse_json((*items).second); // type, val
               v.list.push_back(e);
           }
           else if ((*items).first == "type") {
```

```
                std::string v_type = (*items).second.is_string() ?
(*items).second.string_value() : "";
                if (v_type == "number")
                    v.type = Number;

                if (v_type == "string")
                    v.type = Cadena;

                if (v_type == "list")
                    v.type = List;
            }
            else if ((*items).first == "val") {
                if ((*items).second.is_string())
                    v.val = (*items).second.string_value();

                else if ((*items).second.is_number())
                    v.val =
Utils::str((*items).second.number_value());
            }
            else if ((*items).first == "list") {
                if ((*items).second.is_array()) {
                    v.type = List;
                    for (auto listitem =
(*items).second.array_items().begin(); listitem !=
(*items).second.array_items().end(); listitem++) {
                        Variant le;
                        le = parse_json(*listitem);
                        v.list.push_back(le.list[0]);
                    }
                }
            }
        }
        return v;
    }
    if (job.is_string())
    {
        v.val = job.string_value();
    }
    if (job.is_number())
    {
        v.val = Utils::str(job.number_value());
    }
    if (job.is_array())
    {
```

```
        //ya tratado
    }

    return v;
}
#pragma endregion

#pragma region from_json_string
Variant Variant::from_json_string(std::string sjson)
{
    Variant s;
    std::string err;
    const auto job = jsonlib::Json::parse(sjson, err);
    s = parse_json(job);

    return s.list[0];
}
#pragma endregion
```

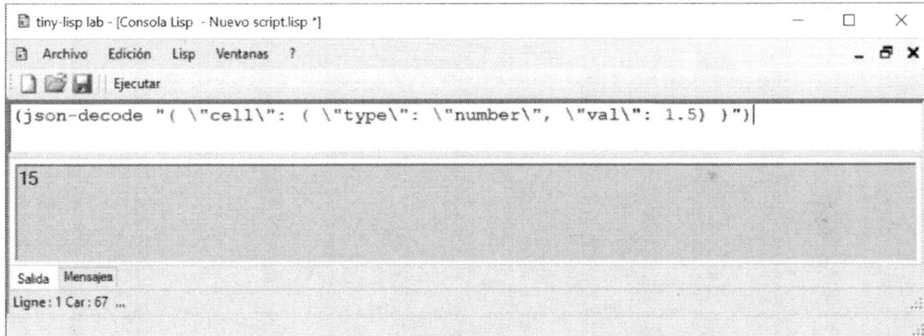

Capítulo 6
Los entornos de C++

1. El entorno Windows

1.1 Programas Win32

La plataforma Win32 pronto recibió el apoyo de C++, ya que Microsoft lanzó Visual C++ en 1992, uno de los primeros entornos integrados para este lenguaje. En aquel momento, muchos arquitectos estaban convencidos de las ventajas de utilizar un lenguaje de objetos similar a C para crear aplicaciones que se ejecutaran en entornos gráficos.

Sin embargo, programar una aplicación con ventanas sin un framework no es tarea fácil. No obstante, la plataforma Win32 ofrece varios formatos de aplicación: aplicaciones de consola, servicios de Windows, librerías dinámicas (DLL) y, por supuesto, aplicaciones gráficas con ventanas.

Observación

No existe un modelo de proyecto "Win64", ya que Windows sigue siendo un sistema de 32 bits. Sin embargo, Visual Studio puede compilar en modo de 64 bits desde un proyecto Win32.

1.1.1 Elección del modo de compilación

Para crear un proyecto, utilice el comando **Archivo - Nuevo - Proyecto**:

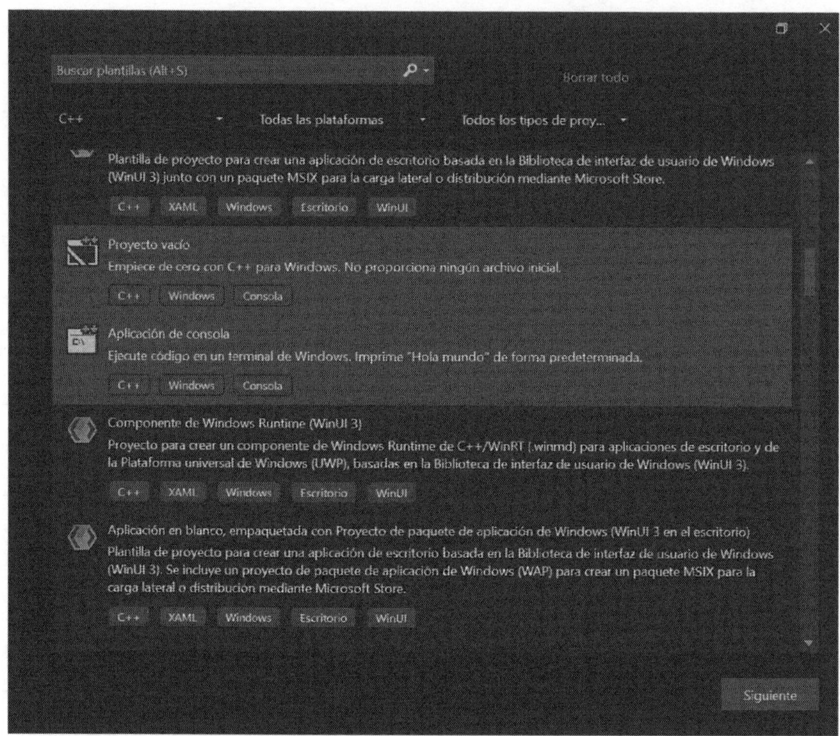

Desde el **Administrador de configuración**, el modo de compilación de 64 bits:

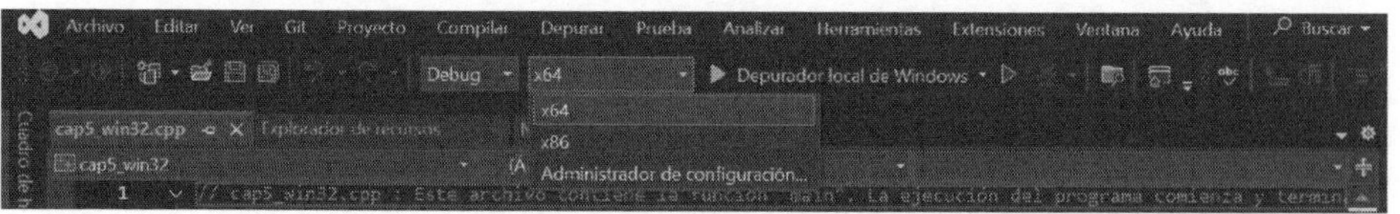

El siguiente programa es interesante; muestra que el tamaño de los tipos `int` y `long` es idéntico al de 32 bits.

```
printf("Programa compilado en modo 64 bits");
printf("tamaño int %d\n", sizeof(int));
printf("tamaño long %d\n", sizeof(long));
```

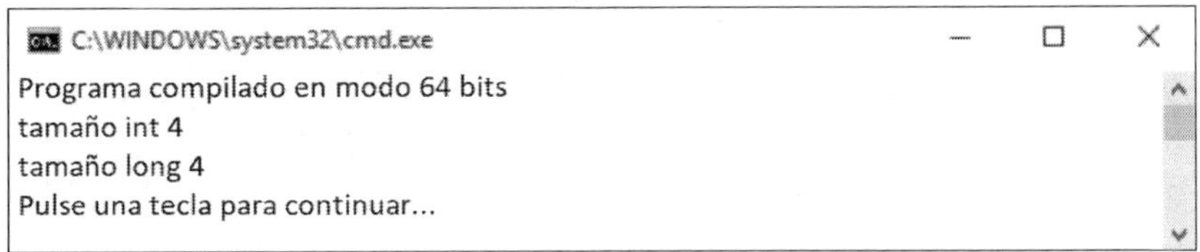

El modo de 64 bits recomienda que el compilador produzca instrucciones de microprocesador de 64 bits, pero esto no significa que los tipos se ajusten en consecuencia. En otras palabras, un cálculo sobre un tipo `__int64` puede tardar más en 32 bits que en 64 bits, pero `__int64` siempre sigue siendo de 64 bits e `int` sigue siendo de 4 bytes, sea cual sea el modo de compilación. Esta es una peculiaridad del compilador de Microsoft; otros compiladores se pueden comportar de forma diferente.

1.1.2 Cómo funcionan las aplicaciones en modo ventana en Win32

No hay ninguna diferencia estructural entre el ejecutable de consola y el de escritorio. Se trata de llamadas al sistema que activan el cambio al modo ventana.

Sin embargo, el funcionamiento de una aplicación con ventanas es bastante especial, ya que el programa debe reaccionar a las peticiones del usuario –clics del ratón, atajos de teclado, ventanas superpuestas, etc.–, así como a eventos externos como la reproducción de programas multimedia o diálogos en la red.

1.1.3 Creación de un proyecto de aplicación en modo ventana

Visual Studio ofrece una plantilla de proyecto de aplicación con modo ventana denominada **Asistente para escritorio de Windows**:

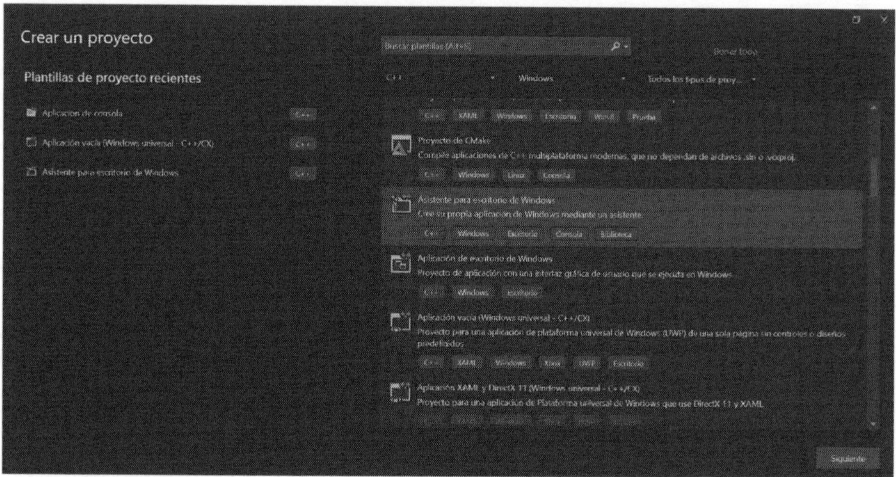

Después de dar un nombre al proyecto, `prog_win` en nuestro ejemplo, el asistente le pide que elija el tipo de aplicación:

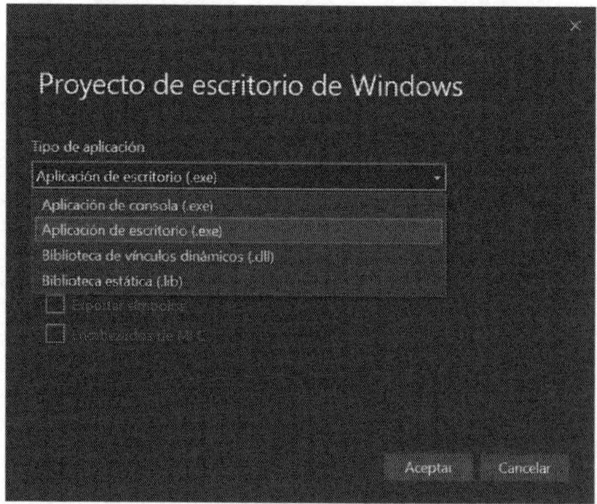

Para crear aplicaciones en modo ventana, los tipos **Aplicación de escritorio (.exe)** y **Biblioteca de vínculos dinámicos (.dll)** son los tipos más sencillos.

Dado el tamaño de los archivos de cabecera, es útil activar la compatibilidad con cabeceras precompiladas:

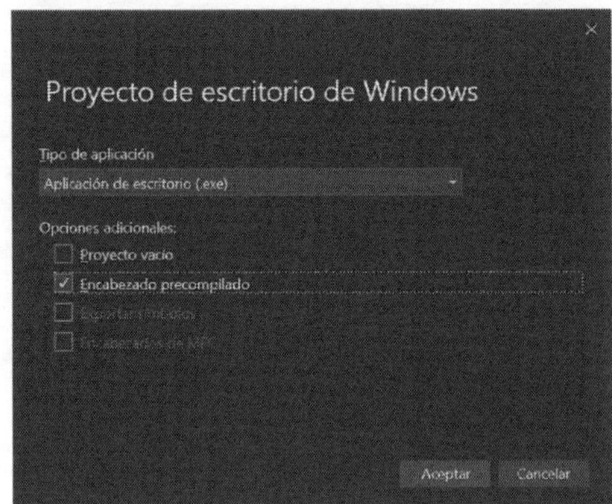

Visual Studio inicializa el proyecto C++ a partir de los archivos .h y .cpp, así como de los archivos de recursos .rc e .ico.

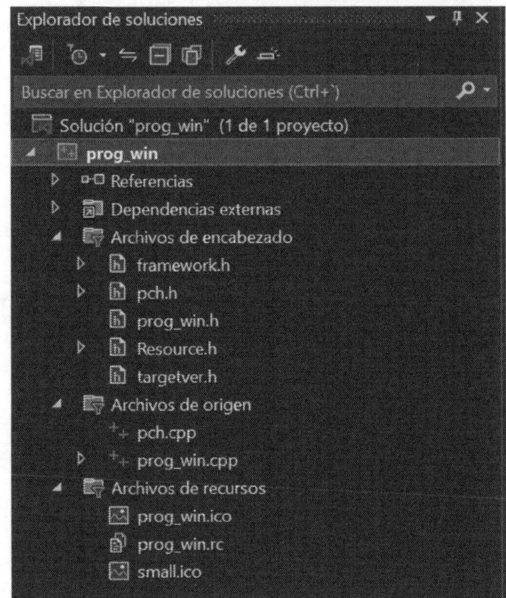

El programa ya está en marcha y se utiliza el comando [F5] para compilarlo y ejecutarlo:

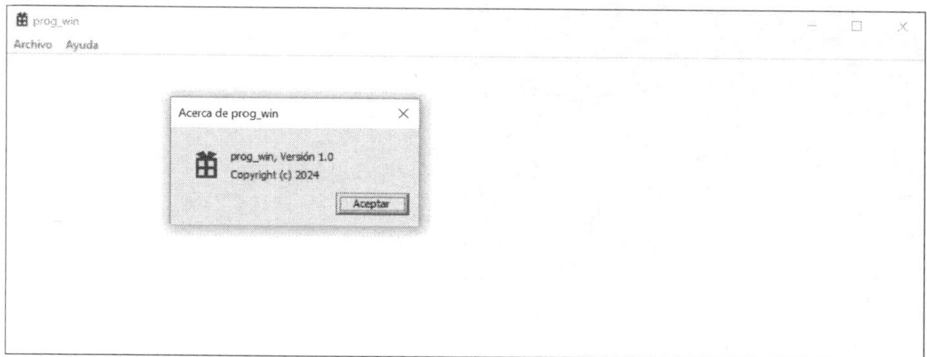

1.1.4 Los tipos de datos Win32

Recuerde que la interfaz de programación Win32 se diseñó de forma bastante cercana al hardware, es decir, es una mezcla de ensamblador y lenguaje C. Las primeras aplicaciones se escribieron en C y su huella aún se puede ver en la designación de los tipos de datos.

La compatibilidad con C++ se introdujo a posteriori para facilitar el desarrollo de aplicaciones complejas como MS Office, utilizando potentes frameworks publicados por Microsoft como MFC, ATL, COM y OWL, publicado por Borland.

En el mundo nativo de Windows, estos frameworks son menos populares y entornos gestionados como .NET, han tomado el relevo. Pero la programación en C++ bajo Win32 sigue siendo una referencia esencial para desarrollar aplicaciones de alto rendimiento.

Con cada versión sucesiva de Windows, desde las primeras versiones 1.0, 2.0, 3.0 y 3.11 con la red, pasando por el revolucionario NT 4, Windows 2000 y más recientemente Windows 7 hasta Windows 10, un elemento de hardware ha evolucionado considerablemente: la memoria que, mucho más que el procesador, ha visto aumentar su capacidad en un factor exponencial. Los PC han pasado de tener 640 KB de memoria direccionable a varias decenas de GB.

¿Qué impacto puede tener esto en el diseño del sistema operativo Windows y su interfaz de programación de aplicaciones Win32 API? En realidad, esto cambia constantemente, ya que las "direcciones" de las funciones del sistema evolucionan a medida que crece el código de base, mientras que los punteros a los datos que se pasan como argumentos a estas funciones son cada vez más largos.

También estaba claro que la riqueza de un sistema operativo en modo ventanas haría que, tarde o temprano, el lenguaje C resultara bastante limitado para las aplicaciones a gran escala y que otros lenguajes como C++, VB, Power Builder o C# completarían la oferta a los desarrolladores.

En última instancia, los diseñadores de Windows optaron por términos genéricos para encapsular las estructuras C en objetos de nivel superior, capaces de liberarse de las peculiaridades del direccionamiento de memoria y adaptarse a los distintos lenguajes de programación de destino.

He aquí algunos ejemplos de tipos Win32:

Tipo	Forma del puntero	Comentario
CHAR	LPCHAR	Un char, un puntero largo a un char.
WCHAR	LPWCHAR	Un carácter de doble byte (wide) Un puntero a un doble char.
CST	LPCST	Una cadena asciiz constante, un puntero largo a una cadena asciiz.
RECT	LPRECT	Un rectángulo, un puntero largo a un rectángulo.
INSTANCE	HINSTANCE	Una instancia de aplicación, un handle de instancia de aplicación.
PARAM, LPARAM		Parámetro (aparentemente de entero), argumento largo.
WPARAM, LWPARAM		Parámetro de palabra (aparentemente de int32), argumento de palabra doble.

Tipo	Forma del puntero	Comentario
RESULT, LRESULT		Resultado (entero relacionado), resultado long.

1.1.5 Los handles y los mensajes

Ya nos hemos encontrado con los **handles** en la sección Archivos <stdio.h>, del capítulo Estructuración de datos, al estudiar los archivos. Un handle es un tipo de referencia del sistema, un puntero que se interpreta como un índice o iterador en el sentido de la STL.

Los handles son los verdaderos punteros a estructuras importantes del sistema. Los punteros largos (LPxxx) están pensados más para el intercambio rápido de objetos pequeños dentro del espacio de memoria del proceso.

Una aplicación Windows tiene un handle de instancia y el sistema Windows envía mensajes a esta instancia para controlarla.

Existen varios tipos de mensajes para cada área del sistema **WM_PAINT** y **WM_INVALIDATE** para la interfaz gráfica, **WM_COMMAND** para los menús, **WM_INITDIALOG** y **WM_DESTROY** para la gestión de ventanas.

1.1.6 El bucle de mensajes

Una aplicación Win32 se construye en torno a su bucle de mensajes. Después de una fase de inicialización, Windows vuelve a llamra a una función (*callback*) **WndProc** (*Window Procedure*) para cada mensaje. Es responsable de enviar el procesamiento de acuerdo con los argumentos del mensaje:

```
LRESULT CALLBACK WndProc(HWND hWnd, UINT message, WPARAM wParam,
LPARAM lParam)
{
   switch (message)
   {
   case WM_COMMAND:
       {
           int wmId = LOWORD(wParam);
           // Analiza las selecciones de menú:
           switch (wmId)
           {
```

```
            case IDM_ABOUT:
                DialogBox(hInst, MAKEINTRESOURCE(IDD_ABOUTBOX),
hWnd, About);
                break;
            case IDM_EXIT:
                DestroyWindow(hWnd);
                break;
            default:
                return DefWindowProc(hWnd, message, wParam, lParam);
            }
        }

        break;

    case WM_PAINT:
        {
            PAINTSTRUCT ps;
            HDC hdc = BeginPaint(hWnd, &ps);
            // TODO: Agregue aquí el código de diseño que utilice hdc...
                switch (visualizacion)
                {
                case Visualizacion::Surface:
                      OnDrawG(hWnd, hdc, ps);
                      break;
                case Visualizacion::Fractale:
                      OnDrawF(hWnd, hdc, ps);
                      break;
                }

                EndPaint(hWnd, &ps);
        }
        break;
    case WM_DESTROY:
        PostQuitMessage(0);
        break;
    default:
        return DefWindowProc(hWnd, message, wParam, lParam);
    }

    return 0;
}
```

1.1.7 Los archivos de recurso

Los recursos son elementos auxiliares que no son procesados por el compilador de C++. Incluyen menús, iconos, tablas de cadenas, imágenes, tipos de archivo, atajos de teclado, cuadros de diálogo, etc. que sirven de apoyo al programa C++.

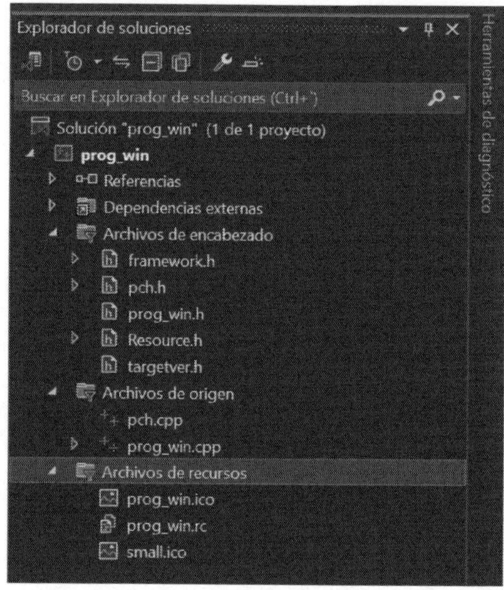

Los archivos de recursos tienen su propio compilador (**rc** por *resource compiler*) que es invocado por Visual Studio cuando se genera el proyecto.

Cada recurso tiene un identificador entero relacionado. Por convención, estos identificadores llevan el prefijo `ID_` y se definen tanto en el archivo de recursos como en el programa C++ responsable de recuperar el objeto recurso durante la ejecución del programa.

```
#define IDS_APP_TITLE                   103

#define IDR_MAINFRAME                   128
#define IDD_PROGWIN_DIALOG   102
#define IDD_ABOUTBOX                    103
#define IDM_ABOUT                       104
#define IDM_EXIT                        105
#define IDI_PROGWIN                     107
#define IDI_SMALL                       108
#define IDC_PROGWIN                     109
#define IDC_MYICON                              2
#ifndef IDC_STATIC
#define IDC_STATIC                              -1
#endif
//
#ifdef APSTUDIO_INVOKED
#ifndef APSTUDIO_READONLY_SYMBOLS

#define _APS_NO_MFC                                 130
#define _APS_NEXT_RESOURCE_VALUE        129
#define _APS_NEXT_COMMAND_VALUE         32771
#define _APS_NEXT_CONTROL_VALUE         1000
#define _APS_NEXT_SYMED_VALUE           110
#endif
#endif
```

Estos recursos permiten separar la lógica de programación C++ de la construcción de elementos gráficos de interfaz, como los cuadros de diálogo. Visual Studio ofrece herramientas listas para usar y una ventana de edición de propiedades muy práctica para modificar el contenido de los cuadros de diálogo.

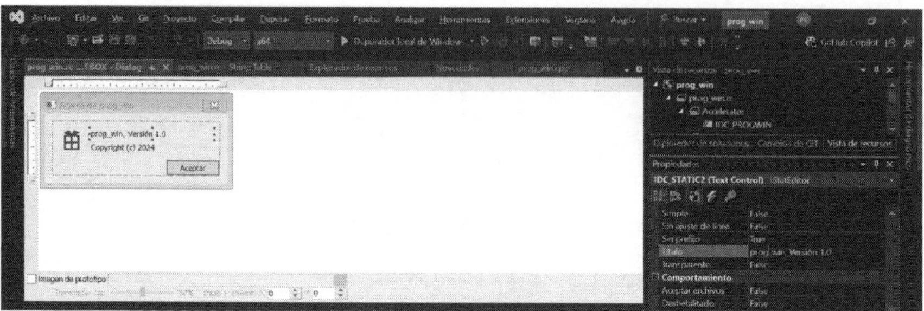

1.2 El entorno .NET

1.2.1 El código gestionado y la máquina virtual CLR

Al igual que Java, .NET pertenece a la familia de los entornos virtualizados. El compilador C++ gestionado no produce código ensamblador que ejecute directamente el microprocesador, sino código intermedio que ejecuta a su vez una máquina "virtual", el CLR (*Common Language Runtime*). Esta capa de software reproduce todos los componentes de un ordenador: memoria, procesador, E/S, etc.

Esta máquina se debe adaptar al sistema operativo que la aloja y, sobre todo, optimizar la ejecución del código.

Observación

Hay una diferencia importante entre .NET y Java. Mientras que Microsoft ha optado obviamente por concentrarse en la plataforma Windows, otros editores han portado Java a sus respectivos sistemas operativos: Unix, AIX, Mac OS, Linux, etc. Novell, sin embargo, ha portado con éxito .NET a Linux, a través del proyecto Mono.

Este entorno virtualizado tiene un gran impacto en los lenguajes soportados; los tipos de datos y los mecanismos de objetos son los del CLR. En el proceso de unificación de los entornos de Microsoft, varios lenguajes han podido integrarse en el CLR, aunque para ello hayan tenido que adaptar ligeramente su definición. El proyecto de Sun fue más bien una creación ex nihilo y, como resultado, sólo el lenguaje Java fue realmente promovido en la máquina virtual JVM.

1.2.2 Adaptaciones del lenguaje C++ CLI

CLI significa *Common Language Infrastructure* y es el conjunto de adaptaciones necesarias para que C++ funcione en la plataforma .NET / CLR.

1.2.3 La norma CTS

El primer cambio se refiere a los tipos de datos. Como sucesor de C, el C++ estándar basaba su tipología en la palabra máquina (`int`) y el carácter de 8 bits (`char`). Ante los problemas de normalización e interoperabilidad, Microsoft ha optado por unificar los tipos de datos entre sus distintos lenguajes.

Los tipos primitivos, destinados a ser utilizados como variables locales (bucles, algoritmos, etc.), son tipos "valor". Su área de almacenamiento natural es la pila (*stack*) y su definición pertenece al espacio de nombres System:

`wchar_t`	`System::Char`	Carácter Unicode
`signed char`	`System::SByte`	Byte con signo
`unsigned char`	`System::Byte`	Byte sin signo
`doble`	`System::Doble`	Decimal de doble precisión
`float`	`System::Float`	Precisión decimal simple
`int`	`System::Int32`	Entero de 32 bits
`long`	`System::Int64`	Entero de 64 bits
`unsigned int`	`System::UInt32`	Entero de 32 bits sin signo
`unsigned long`	`System::UInt64`	Entero de 64 bits sin signo
`short`	`System::Int16`	Entero corto de 16 bits
`bool`	`System::Booleano`	Booleano
`void`	`System::Void`	Procedimiento

He aquí un ejemplo que utiliza tanto la sintaxis habitual de C++ como la versión "larga", para definir enteros. Esta última sólo se utilizará en casos de ambigüedad, pero en realidad es lo mismo.

```
int entero = 4; // alias de System::Int32
System::Int32 numero = integer;
```

Las estructuras gestionadas (`ref struct`) están formadas por campos de los tipos anteriores. Se crean en la pila y no son heredables.

```
ref struct Punto
{
public:
    int x,y;
} ;

int main(array<System::String ^> ^args)
{
    Punto p; // inicialización automática en la pila: sin gcnew
    p.x = 2;
    p.y = 4;

    return 0;
}
```

Como todos los tipos de valores, las estructuras gestionadas no permiten efectos secundarios a menos que se haya pasado una referencia explícita (ver referencias sucesivas más abajo).

Por el contrario, las clases gestionadas (`ref class`) se crean sobre la marcha y se corresponden más con el funcionamiento de las clases (estructura) en C/C++ estándares. Por supuesto, son heredables, manipulables por referencia e instanciables mediante el operador gcnew.

```
ref class Persona
{
public:
    String^ nom;
    int edad;
} ;

int main(array<System::String ^> ^args)
{
    Persona^ pers = gcnew Persona();
    pers->nom = "Marc";
    pers->edad = 35;

    return 0;
}
```

Naturalmente, las estructuras y las clases gestionadas admiten la definición de métodos, por lo que C++ es realmente un lenguaje de objetos.

Los lenguajes .NET están fuertemente tipados, evitando en la medida de lo posible la genericidad "catch-all" del `void*` de C, o el `Variant` de VB. Por el contrario, el estándar CTS estipula que todos los tipos de datos (valores o referencias) heredan un comportamiento común `System::Object`. Más adelante veremos cómo se aprovecha esta característica en las clases de colección de objetos.

1.2.4 La clase Clase System::String

Entre los tipos intrínsecos a .NET se encuentra la clase `System::String` para representar cadenas. No está tan integrada en el lenguaje C++ CLI como en C#, pero ofrece exactamente los mismos servicios. Es más, Microsoft ha facilitado el manejo y la conversión con `char*`:

He aquí un primer ejemplo de construcción de cadenas. Observe el uso opcional del símbolo `L` delante de los literales de cadena, así como el símbolo ^, cuyo significado se explicará un poco más adelante.

```
char* c = "hola C++";
String ^ cadena1 = gcnew String(c); // construcción a partir de un char*
String ^ cadena2 = L"C++ CLI es formidable"; // literal de cadena .NET
String ^ cadena3 = "Un universo por descubrir"; // ídem

Console::WriteLine(cadena1);
Console::WriteLine(cadena2 + ". " + cadena3);
```

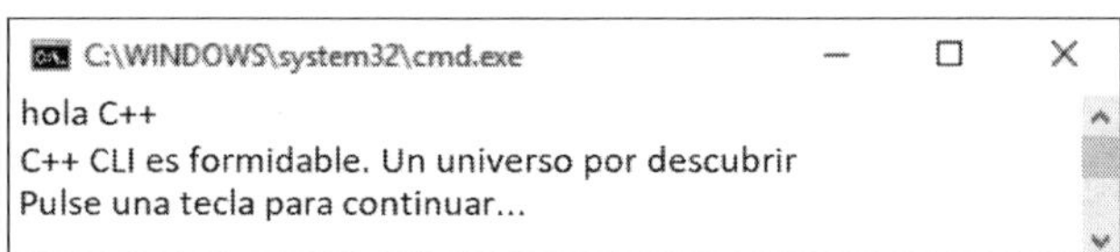

Continuamos con algunos ejemplos del uso de métodos y propiedades de la clase `System::String`. Este extracto de código utiliza una nueva sentencia, `for each`, que realiza una iteración sobre todos los elementos de una colección.

Al igual que en la librería STL, una cadena se trata como una colección de caracteres:

```
// manipular las cadenas
String ^ prefijo = "Ho";
if(adena1->StartsWith(prefijo))
Console::WriteLine("cadena1 empieza por {0}", prefijo);

// iterar sobre los caracteres con un bucle for each
for each(wchar_t c in cadena1)
{
    Console::Write(" " + c);
}
Console::WriteLine();

// iterar de manerea clásica con un for
for(int i=0; i<cadena2->Length; i++)
    Console::Write( cadena2[i] );

Console::WriteLine();
```

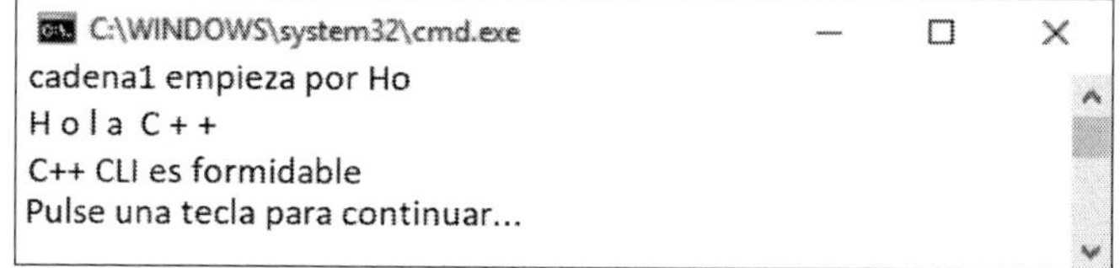

La clase `System::String` contiene numerosos métodos y propiedades que todo programador debería descubrir. Muchos de ellos también se encuentran en la clase `String` de la librería STL.

He aquí cómo obtener un `char*` a partir de un `String`. La operación se basa en el concepto de marshalling, es decir la ordenación de la información. ¿Por qué es tan difícil? Los char*s no son muy útiles en el mundo .NET, que ofrece mecanismos más avanzados. Pero estos mismos `char*` son esenciales en el mundo Win32, donde un gran número de elementos del API los utilizan. La transición de un mundo a otro, la transformación de los datos, se denomina marshalling.

Por tanto, es la clase System::Runtime::InteropServices::Marshall la encargada de "convertir" una String en un char*:

```
// convertir a char* (útil para accesos nativos Win32)
char* cetoile =
static_cast<char *>
(Marshal::StringToHGlobalAnsi(cadena1).ToPointer());

// utilización de la cadena
// ...

// liberar el buffer
Marshal::FreeHGlobal(safe_cast<IntPtr>(cestrella));
```

Podemos ver que el programador es responsable de asignar y liberar el buffer que contiene la cadena expresada como char*. La presentación del recolector de basura proporcionará más información sobre este tema.

1.2.5 El recolector de basura

Una característica de los entornos virtualizados como Java o .NET es el uso de un recolector de basura. Se trata de un dispositivo que recicla y compacta automáticamente la memoria. Mientras que el funcionamiento de la pila es bastante sencillo de sistematizar, los algoritmos de gestión del heap difieren de un programa a otro. Lenguajes como C y C++ utilizan el mecanismo de punteros, que implica una libertad total en el direccionamiento de la memoria.

¿Cuál es el principal beneficio de la función del recolector de basura? Al recoger las pequeñas pérdidas, evitamos la fragmentación de la memoria y, por tanto, optimizamos su uso y disponibilidad. Sin embargo, esto es difícil de conciliar con el uso de punteros y su aritmética, que no se puede predecir en tiempo de compilación. Por ello, los nuevos lenguajes creados para entornos virtualizados, como Java y C#, han "suprimido" la noción de punteros en favor únicamente de las referencias, ya que una referencia no es en principio "convertible" en una dirección de memoria.

Observación

Tanto C# como C++ CLI siguen teniendo punteros, pero su uso está estrictamente limitado para no interferir con el funcionamiento del recolector de basura.

El CLR activa periódicamente el recolector de basura por cuando se agota la memoria o se requiere una gran asignación. El programador también puede preverlo y solicitar que se active. El principio consiste en contar el número de referencias activas en las zonas de memoria asignadas y liberar las zonas que ya no tengan referencias. En segundo lugar, el recolector de basura (GC) puede decidir mover bloques de memoria para compactar los espacios asignados y disponer de bloques más grandes. Las referencias correspondientes se actualizan con las nuevas direcciones, inutilizando los punteros.

Memoria antes de pasar GC

Referencia	Dirección	Contenido
REF 4	0x5000	Objeto 2
REF 3	0x4000	Matriz 2
	0x3000	*Libre*
REF 2	0x2000	Matriz 1
REF 1	0x1000	Objeto 1

Conteo y seguimiento de referencias

Referencia	Variables	Conteo
REF 1	objeto_1	1
REF 2	tab_a, tab_b	2
REF 3	tab_c (fuera de ámbito)	0
REF 4	objeto_2	1

Activación de GC

Memoria después de pasar GC

Referencia	Dirección	Contenido
	0x5000	*Libre*
	0x4000	*Libre*
REF 4	0x3000	Objeto 2
REF 2	0x2000	Matriz 1
REF 1	0x1000	Objeto 1

Conteo y seguimiento de referencias

Referencia	Variables	Conteo
REF 1	objeto_1	1
REF 2	tab_a, tab_b	2
REF 4	objeto_2	1

1.2.6 Funcionamiento de la bandeja recogemigas

Construir y destruir objetos

El lenguaje C++ CLI tiene dos caras. La primera es la gestión clásica de memoria en un heap específico, con constructores y destructores invocados por los operadores `new` y `delete` (o automáticamente si el objeto se instancia en la pila). La segunda se basa en la gestión de memoria gestionada, utilizando referencias en el heap del CLR para permitir la recolección de basura.

La elección de uno u otro de estos modos se realiza al definir la clase. Si la clase se define utilizando la palabra clave `ref`, éste es el modo gestionado. En caso contrario, se aplica el esquema clásico.

Veamos la siguiente clase:

```
// la presencia de la palabra clave ref indica
// que se trata de una clase gestionada
ref class Persona
{
public:

String ^ nombre; // referencia a un objeto gestionado de tipo String
int edad;

    Persona()
    {
        nom = nullptr; // nullptr es una referencia gestionada y no
                       // una dirección
        edad = 0;
    }

    Persona(String ^ nombre,int edad)
    {
        // por lo tanto, this es una referencia gestionada
        // y no un puntero
        this->nombre = nombre;
        this->edad = edad;
    }
};
```

La palabra clave `nullptr` representa una referencia gestionada, no una dirección. En el mundo clásico, `NULL` (literalmente `(void*)0`) representa una dirección que no puede ser utilizada. En el caso de las clases gestionadas, es una constante cuyo valor el programador no necesita conocer, ya que no hay aritmética de punteros. Por comodidad, se convierte en la autorreferencia de la clase y no es un puntero. Sin embargo, Microsoft ha elegido el operador `->` para acceder a los miembros desde una referencia gestionada para no confundir a los programadores experimentados en C++ clásico.

También hemos observado el uso del símbolo ^ que designa la referencia a un objeto gestionado. Esto también se conoce como un handler de objeto. He aquí cómo instanciar una clase gestionada:

```
int main(array<System::String ^> ^args)
{
    // declaración de una referencia
    Persona ^ objeto1; // una referencia a un objeto gestionado

    // instanciación e invocación del constructor
    objeto1 = gcnew Persona("Alicia", 25);

    // uso del objeto
    Console::WriteLine("objeto1: nombre={0} edad={1}",
        objeto1->nombre, objeto1->edad);

    // eliminación explícita de la referencia
    objeto1 = nullptr;

    return 0;
}
```

De hecho, en nuestro caso, la línea `objecto1 = nullptr` es opcional, ya que la variable `objecto1` se destruye automáticamente al salir de la función `main()`. El recolector de basura es sistemáticamente informado de que la cuenta de referencias asociada a `objecto1` debe ser reducida en uno. Si esta cuenta llega a cero, entonces el recolector de basura sabe que puede destruir el objeto y liberar la memoria correspondiente.

Al utilizar el recolector de basura, el programador no libera él mismo sus objetos, ya que de ello se encarga el dispositivo automático. Por tanto, existe una diferencia fundamental en el enfoque de la liberación de los recursos solicitados por un objeto. Al igual que Java, los diseñadores de C++ CLI han optado por el término finalizador, una especie de destructor asíncrono.

El lenguaje C++ CLI ofrece ambas sintaxis, el destructor (designado con ~) y el finalizador (designado con !).

```
ref class Persona
{
public:

    String ^ nombre;
    int edad;

    ...

    ~Persona()
    {
        Console::WriteLine("Destructor");
    }

    !Persona()
    {
        Console::WriteLine("Finalizador");
    }
} ;
```

El destructor sólo se invocará si el programador destruye explícitamente el objeto utilizando la instrucción `delete`.

```
int main(array<System::String ^> ^args)
{
    // declaración de una referencia
    Persona ^ objeto1; // une referencia a un objeto gestionado

    // instanciación e invocación del constructor
    objeto1 = gcnew Persona("Alicia", 25);

    // uso del objeto
    Console::WriteLine("objeto1: nombre={0} edad={1}",
        objeto1->nombre, objeto1->edad);

    // destrucción explícita del objeto
    -> solo se llama al destructor
    delete objet1;

    // eliminación explícita de la referencia
    objeto1 = nullptr;

    return 0;
}
```

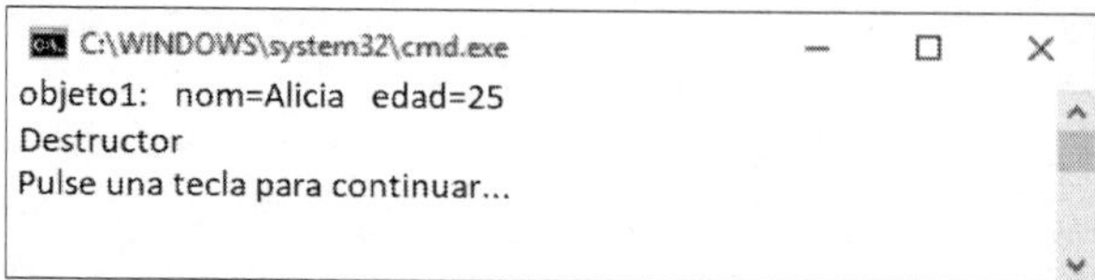

El finalizador será invocado si el objeto es destruido por el recolector de basura (lo que en nuestro caso ocurre cuando la variable `objeto1` desaparece del ámbito de la función) y siempre que el destructor no haya sido invocado.

```
int main(array<System::String ^> ^args)
{
    // declaración de una referencia
    Persona ^ objeto1; // una referencia a un objeto gestionado

    // instanciación e invocación del constructor
    objeto1 = gcnew Persona("Alicia", 25);

    // uso del objeto
    Console::WriteLine("objeto1: nombre={0} edad={1}",
        objet1->nombre, objeto1->edad);

    // sin destrucción explícita del objeto
    // delete objeto1;

    // eliminación explícita de la referencia
    objeto1 = nullptr;

    return 0;
}
```

```
C:\WINDOWS\system32\cmd.exe
objeto1: nom=Alicia edad=25
Finalizador
Pulse una tecla para continuar...
```

La referencia de seguimiento % y el handle ^

Ahora vamos a centrarnos en referencia de seguimiento % (*tracking referencia*) y en el handle ^, que vamos a ampliar.

Empezaremos con algunas funciones que utilizan estas notaciones:

```
// el símbolo % significa la referencia (alias)
void efecto_secundario_referencia(int %numero, int delta)
{
    numero += delta;
}

// los handles son como los "punteros" para los valores
int calculo_por_referencia(int ^r1, int ^r2)
{
    int v1 = *r1; // eliminación de la referencia
    int v2 = *r2; // eliminación de la referencia

    return v1 + v2;
}
```

La referencia de seguimiento % actúa como el símbolo & en C++ clásico. Crea un alias en una variable de tipo valor u objeto. El manejador ^ se comporta más como un puntero en el sentido de que introduce una indirección que necesita ser evaluada (eliminación de la referencia).

Veamos cómo se utilizan estas funciones:

```
// a es la referencia de un entero (y no el entero en sí)
int ^a = 10;

// la eliminación de la referencia * da acceso al valor
a = *a + 2;
efecto_secundario_referencia(*a, 1); // hay que eliminar la
referencia a par la llamada
Console::WriteLine("a = {0}", a);
```

Este primer ejemplo incrementa el valor "apuntado" por a a 13. Nótese la analogía con la notación * de "valor apuntado" en C++ estándar. La línea más difícil, es sin duda, la declaración: `int ^a`, que da la referencia de un entero que se puede utilizar con `*a`. En C++ estándar, la declaración `int& r=3` no es correcta, al igual que `int* p` no asigna ningún entero.

El segundo ejemplo es mucho más cercano al C++ clásico:

```
// un entero creado en la pila
int b = 20;

// una referencia (alias) del valor b
int %c = b; // b y c designan el mismo valor

// modificación "directa" de b
efecto_secundario_referencia(b, 2);

// modificación "directa" de c alias b
efecto_secundario_referencia(c, 3);

Console::WriteLine("b = {0} / c = {1}", b, c);
```

En este ejemplo, `b` y `c` representan el mismo valor, es decir, 20 + 2 + 3 = 25.

Cuando se llama a una función que requiere un manejador, el compilador lo proporciona por sí mismo. En el siguiente ejemplo, `a` se declara `int ^` mientras que `b` se declara `int`.

```
int suma = calculo_por_referencia(a, b);
Console::WriteLine("suma = {0} ", suma);
```

Al implementar esta función, se debe tener en cuenta que cada argumento handle debe ser desreferenciado para acceder al valor.

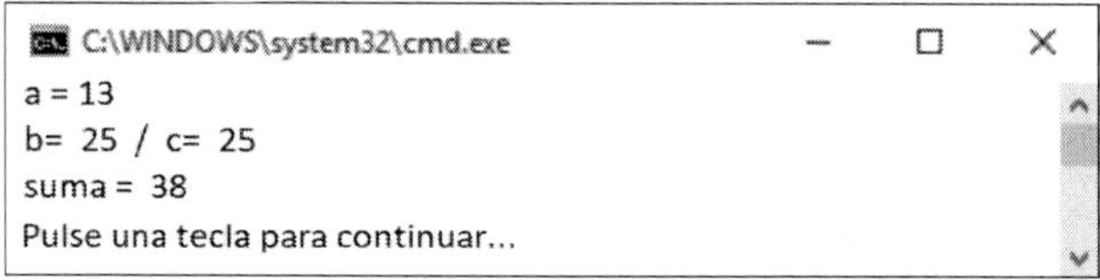

Consideremos ahora la clase `Complejo` y dos funciones:

```
ref class Complejo
{
public:
    double re,im;

    Complejo()
    {
        re = im = 0;
    }
} ;

// el handle a un objeto da el acceso a los campos
void efecto_secundario_objeto(Complejo ^ comp)
{
    comp->re = 5; // -> es como una eliminación de la referencia
    comp->im = 2;
}

// la referencia sur un handle es como un puntero de punteros
void efecto_secundario_objeto_ref(Complejo ^% comp)
{
    comp = gcnew Complejo();
    comp->re=10;
    comp->im=20;
}
```

La primera función recibe como argumento un handle sobre un `Complejo`; esto es suficiente para acceder directamente a los campos del objeto. En este caso, -> se puede considerar un operador de eliminación de referencia. A la salida de la función, los campos `re` e `im` son 5 y 2 respectivamente.

```
// modificación por la función de los campos del objeto
efecto_secundario_objeto(comp);
Console::WriteLine("re = {0} im ={1}",comp->re,comp->im);
```

El argumento de la segunda función es una referencia handle, una especie de puntero a un puntero. Se utiliza para sustituir el objeto designado como argumento por otro:

```
// sustitución por la función del objeto referenciado
efecto_secundario_objeto_ref(comp);
Console::WriteLine("re = {0} im ={1}",comp->re,comp->im);
```

Aunque es imposible determinar el valor de la referencia `comp` (la dirección del objeto), se podría suponer que ha sido modificado por la función, ya que otro objeto está asociado a esta referencia.

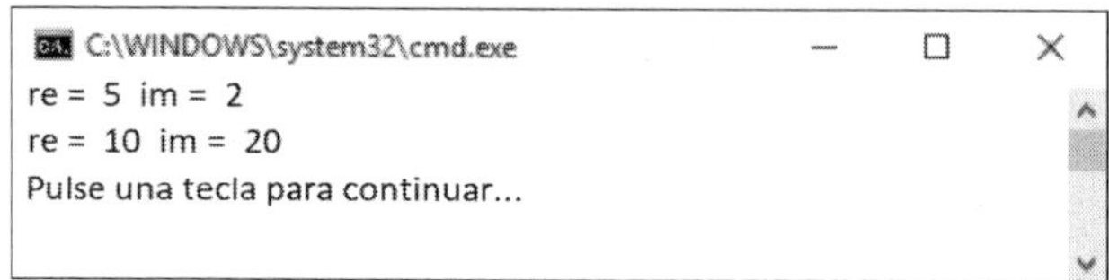

El puntero interno y las áreas fijadas

Para limitar las modificaciones de los algoritmos que utilizan punteros, Microsoft ha integrado este mecanismo en el funcionamiento del CLR. Un puntero interno es el equivalente estricto de un puntero C++, pero en una zona gestionada. Hay que recordar, sin embargo, que el GC tiene la capacidad de mover bloques de memoria, lo que hace que el uso del puntero interno sea un poco más lento que el de los punteros nativos, ya que el CLR se encarga de actualizar estos punteros.

El área anclada o fijada es un área de memoria inamovible a los ojos de la GC. Esto mejora la velocidad, porque el puntero anclado no se tiene que actualizar, a expensas de la fragmentación de la memoria.

He aquí un primer ejemplo para ilustrar cómo funciona el puntero interno. Inicializamos un puntero interno a partir de la dirección de una matriz de double. A modo de comparación, la sintaxis para instanciar un array nativo no cambia (declaración `int* pi`). Sin embargo, la instanciación de matrices gestionadas es bastante diferente, ya que utiliza el operador gcnew y utiliza la clase `System::Array`.

El puntero interno se inicializa solicitando la dirección del primer elemento de la matriz `&pd[0]`.

Las operaciones de acceso a punteros siguen las mismas reglas que en C++ clásico, salvo que en segundo plano la CG puede mover memoria sin afectar a la ejecución del programa, incluso con aritmética de punteros.

```
// una matriz de 50 enteros
// esto es un puntero clásico no gestionado
int*  pi = new int[50];

// una matriz de 10 double
// es una referencia (handle) gestionada
array<double> ^ pd = gcnew array<double>(10);
pd[0] = 1;

// un puntero interno sobre la matriz de double
interior_ptr<double> pid = &pd[0];
while(++pid < &pd[0] + pd->Length)
{
    *pid = *(pid-1) + 1;
}

// verificación 1,2,3...10
for(int i=0; i< pd->Length; i++)
    Console::Write("{0} ", pd[i] );

Console::WriteLine();
```

```
C:\WINDOWS\system32\cmd.exe
1 2 3 4 5 6 7 8 9 10
Pulse una tecla para continuar...
```

En el caso del puntero fijado, hay que seguir varios pasos. En primer lugar, se fija la memoria inicializando un puntero fijado a partir de una dirección. En el caso de un campo, se fija todo el objeto en memoria. En segundo lugar, se instancia un puntero nativo a partir del puntero fijado y se realizan las operaciones de puntero. En tercer lugar, la zona se devuelve de nuevo al control total de la CG asignando el puntero fijado a otra referencia o a `nullptr`.

```
// declarar un puntero pin fijo a la memoria correspondiente
pin_ptr<double> pin = &pd[0];

// obtención de un puntero "nativo" durante la duración de
la manipulación
double * manip = pin;
```

```
while(++manip < &pd[0] + pd->Length)
{
    *manip = *(manip-1) * 2;
}

// verificación 1,2,4,8...
for(int i=0; i< pd->Length; i++)
   Console::Write("{0} ", pd[i] );

// liberación de la zona: de nuevo puede operar
pin = nullptr;
```

```
C:\WINDOWS\system32\cmd.exe
1 2 4 8 16 32 64 128 256 512
Pulse una tecla para continuar...
```

1.2.7 Matrices y funciones con un número variable de argumentos

Las matrices gestionadas se declaran e instancian utilizando una sintaxis especial. Una de las limitaciones de las matrices tradicionales de C++ es que son muy similares a los punteros, lo que a veces hace que su uso sea arriesgado. La plataforma .NET las dota de propiedades muy útiles, como la longitud (`length`) y la enumeración. Ahora, independientes de los punteros, son también objetos 'como los demás' que la GC puede mover a medida que se compacta la memoria.

He aquí un primer ejemplo en el que una cadena se divide alrededor de separadores –espacio o punto y coma– y las palabras se muestran una tras otra utilizando un bucle `for each`.

```
// una matriz de caracteres
array<wchar_t> ^ sep  = { ' ', ';' };

// una matriz de cadenas
String^ frase = "Bienvenido a C++ CLI";
array<String^> ^ tabs = frase->Split(sep);

// recorrer la matriz
for each(String^ palabra in tabs)
    Console::WriteLine(palabra);
```

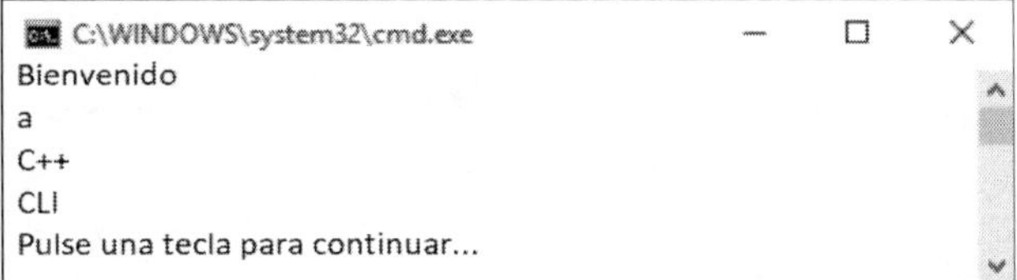

La instanciación mediante `gcnew` permite especificar el tamaño de la matriz, así como sus dimensiones. En este caso, una matriz de 3 x 3, en dos dimensiones:

```
// una matriz con dimensión double
array<float,2> ^ matriz = gcnew array<float,2>(3,3);
matriz[0,0] = 1;
matriz[0,1] = 2;
matriz[0,2] = 3;

matriz[1,0] = 4;
matriz[1,1] = 5;
matriz[1,2] = 6;

matriz[2,0] = 7;
matriz[2,1] = 8;
matriz[2,2] = 9;

// visualización de las dimensiones
Console::WriteLine("Longitud de la matriz = {0} ", matriz->Length);
Console::WriteLine("Longitud de 1ª dim = {0} ", matriz->GetLength(0));
Console::WriteLine("Longitud de 2ª dim = {0} ", matriz->GetLength(1));
```

PROBLEMAS SALIDA CONSOLA DE DEPURACIÓN ···

Longitud de la matriz = 9
Longitud de 1ª dim = 3
Longitud de 2ª dim = 3

Como resultado, las funciones C/C++ con un número variable de argumentos, se pueden hacer más seguras utilizando matrices de objetos prefijadas con ... que siguen al último argumento formal de la función:

```
/// <resumen>
/// traza un evento (mensaje parametrizado {0}...)
/// </summary>
void log(String^ mensaje, ... array<System::Object^> ^ p );
```

1.2.8 Las propiedades

No hay plataforma Microsoft sin propiedades y eventos: son elementos esenciales de la programación gráfica. Una propiedad es un tipo especial de miembro, similar a un campo, para el que se definen accesores que especifican su comportamiento:

- sólo lectura;
- sólo escritura;
- valores de formato para lectura o escritura;
- control de coherencia de lectura o escritura;
- cálculo de un valor de lectura o escritura, etc.

Existen innumerables aplicaciones para las propiedades, y casi todo el API de .NET se basa en su uso en lugar de en los campos públicos.

```
 ref class Usuario
{
protected:
    String^ login, ^ password;
   bool isLogged;

public:
    Usuaroi()
    {
        isLogged = false;
    }

    // una propiedad en modo lectura/escritura
    property String^ Login
    {
        String^ get()
        {
            return login;
        }

         void set(String^ value)
        {
            login = value;
        }
    }

    // una propiedad en modo solo escritura
```

```
    property String^ Password
    {
        void set(String^ value)
        {
            password = value;
        }
    }

    void Autenticacion()
    {
        isLogged = (login=="..." && password=="xxx");
    }

    // una propiedad en modo solo lectura
    property bool IsLogged
    {
        bool get()
        {
            return isLogged;
        }
    }

} ;

int main(array<System::String ^> ^args)
{
    Usuario^ user1 = gcnew Usuario();
    user1->Login = "abc";
    user1->Password = "098";
    user1->Autenticacion();

    Console::WriteLine("Usuario {0}, autenticado {1}",
        user1->Login, user1->IsLogged);

    return 0;
}
```

```
C:\WINDOWS\system32\cmd.exe
Usuario abc, autenticado False
Pulse una tecla para continuar...
```

1.2.9 Los delegados y eventos

Los delegados CLI de C++ han sustituido a los inseguros punteros de función del lenguaje C. Como puede ver, todos los elementos débilmente tipados –y, por tanto, potencialmente peligrosos– del mundo clásico, se han revisitado en .NET. Los delegados de C++ t CLI ienen las mismas funciones que los punteros a funciones: se utilizan para definir funciones genéricas, funciones auxiliares, etc.

El siguiente ejemplo muestra cómo utilizar un delegado para definir una función genérica para comparar dos números:

```
// un delegado es un tipo de función
delegate int del_compara(int a,int b);

// esta es una función que respeta la firma del delegado
int comparar_entero(int n1,int n2)
{
    return n1-n2;
}

// Esta función utiliza un delegado
int calcula_max(int a,int b,del_compara ^ f_comp)
{
    if(f_comp(a,b)>0)
    // llamada de la función a través del delegado
        return a;
    else
        return b;
}

int main(array<System::String ^> ^args)
{
    // declaración e instanciación del delegado
    del_compara ^ pcomp;
    pcomp = gcnew del_compara(&comparar_entero);

    // uso del delegado
    int max = calcula_max(34,22,pcomp);
    Console::WriteLine("Max = {0}",max);
    return 0;
}
```

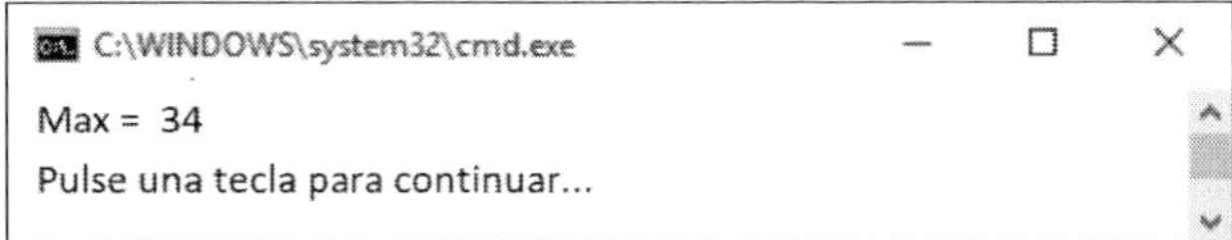

El papel de los delegados no se limita a los algoritmos, ya que también se utilizan para iniciar el procesamiento en hilos independientes y para implementar eventos.

Un evento es una señal desencadenada por un objeto (o una clase) que puede ser capturada (o "gestionada") por uno o varios métodos. El ejemplo habitual es el evento `Click` en un objeto `Button`:

```
this->button1->Click += gcnew System::EventHandler(this,
&Form1::button1_Click);
```

El método `button1_Click` se encarga de mostrar un mensaje en la pantalla:

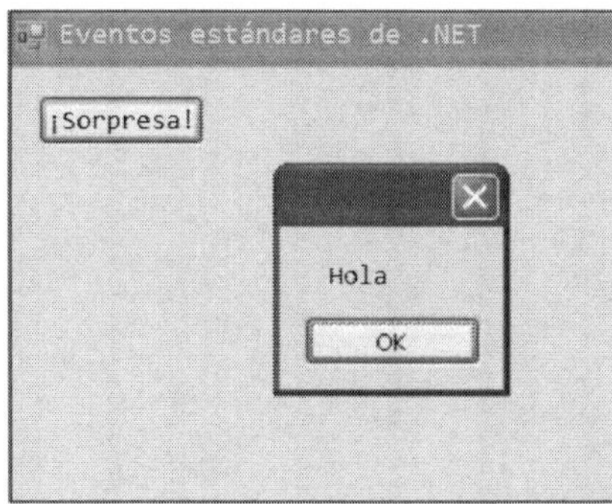

En este ejemplo, el delegado .NET estándar es `System::EventHandler`. Pero veremos en el ejemplo de la hoja de cálculo, en la sección Aplicaciones - Una aplicación C++ para .NET: la hoja de cálculo InCell, cómo declarar tus propias firmas de eventos usando delegados específicos.

1.2.10 Los métodos virtuales

C++, un lenguaje fuertemente tipado con una fase de edición de enlaces, suele trabajar con métodos no virtuales cuando se heredan clases. Sin embargo, el principio contrario se ha impuesto con el paso de los años y el aumento de potencia de las aplicaciones gráficas. Por lo tanto, el programador de C++ CLI debe ser muy preciso a la hora de implementar el polimorfismo. Declarar un método como `virtual` requerirá sobrecargas en las subclases, independientemente de que especifiquen `override` o `new`. En el primer caso, el método sigue siendo virtual y el polimorfismo se aplica determinando dinámicamente el tipo del objeto. En el segundo caso, el polimorfismo se rompe y la declaración del objeto tiene preferencia.

He aquí un primer ejemplo utilizando `override`:

```
 ref class Cuenta
{
protected:
    double saldo;
    int num_cuenta;
public:
    Cuenta(int num_cuenta)
    {
        this->num_cuenta = num_cuenta;
        saldo = 0;
    }

    virtual void Credito(double cantidad)
    {
        if(cantidad>0)
            saldo += cantidad;
        else
            throw gcnew Exception("Error");
    }

    void Visualizar()
    {
        Console::WriteLine("Cuenta n°{0} Saldo = {1}",num_cuenta,saldo);
    }

};

ref class Libreta : public Cuenta
{
protected:
```

```
    double interes;
public:
    Libreta(int num_cuenta) : Cuenta(num_cuenta)
    {
        interes = 0.0225;
    }

    virtual void Credito(double cantidad) override
    {
        if(cantidad>0)
            saldo += cantidad*(1+ interes);
        else
            throw gcnew Exception("Error");
    }
};

int main(array<System::String ^> ^args)
{
    Cuenta^ c1 = gcnew Cuenta(1);
    c1->Credito(100);
    c1->Visualizar();

    Libreta^ l2 = gcnew Libreta(2);
    Cuenta ^ c2 = l2;
    c2->Credito(100);
    c2->Visualizar();

    return 0;
}
```

En este ejemplo, el objeto `c2` es de hecho una `Libreta`, por lo que la cuenta se abona con intereses:

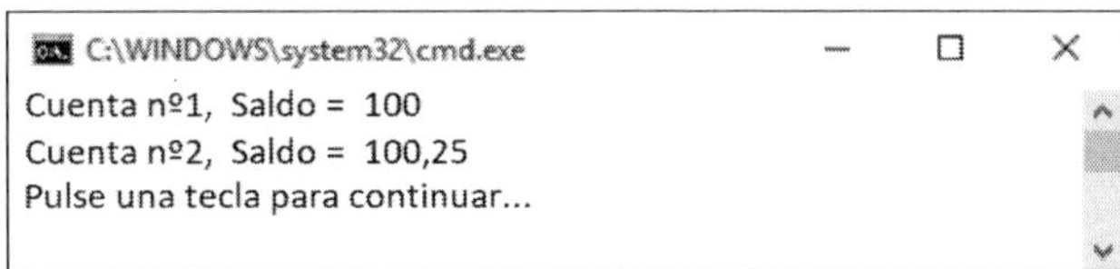

Al sustituir `override` por `new`, el CLR habría seguido la declaración de `c2`, es decir, `Cuenta` y no `Libreta` y la cuenta no habría recibido ningún interés.

1.2.11 Las clases abstractas e las interfaces

Por analogía con los métodos virtuales puros del C++ clásico, el lenguaje C++ CLI ofrece métodos abstractos. Estos son métodos cuya definición no se ha dado y que deben ser implementados en subclases concretas antes de que puedan ser instanciados:

```
ref class Vehiculo abstract
{
public:
    virtual void Avanzar() abstract;
};

ref class Coche : public Vehiculo
{
public:
    virtual void Avanzar() override
    {
        Console::WriteLine("Vroum");
    }
};
```

Podemos ver que está muy cerca de los métodos virtuales puros de C++, pero también respeta los mecanismos de objetos de .NET. La palabra clave `abstract` es más apropiada que el puntero NULL de C++, mientras que la palabra clave `override` enfatiza el uso del polimorfismo.

El lenguaje C++ CLI también tiene interfaces, que son similares a clases totalmente abstractas, pero sobre todo son una forma de que .NET sortee la herencia múltiple dentro del framework.

Las interfaces de clase se definen sin recurrir a superclases, ya que son totalmente abstractas; por tanto, es la forma `new` la que prevalece en las clases de implementación:

```
interface class Icuenta
{
    void Credito();
    void Visualizar();
};


ref class Cuenta : Icuenta
{
```

```
public:
    virtual void Credito() new
    {
        //...
    }

    virtual void Visualizar() new
    {
        //...
    }
};
```

1.2.12 El framework .NET

Microsoft ofrece un framework completo para soportar el desarrollo de todas sus aplicaciones. .NET Framework es la implementación del CLR para Windows, acompañada de una enorme red de clases organizadas en espacios de nombres y ensamblados. Cubre todos los temas de programación: redes, gráficos, E/S, Internet, seguridad, XML, programación de sistemas, etc. Sólo daremos una visión general para ayudar a los programadores a iniciarse en este entorno.

Un ensamblado es una DLL o EXE que contiene tipos –clases, enumeraciones, delegados, estructuras, etc.– listados en espacios de nombres.

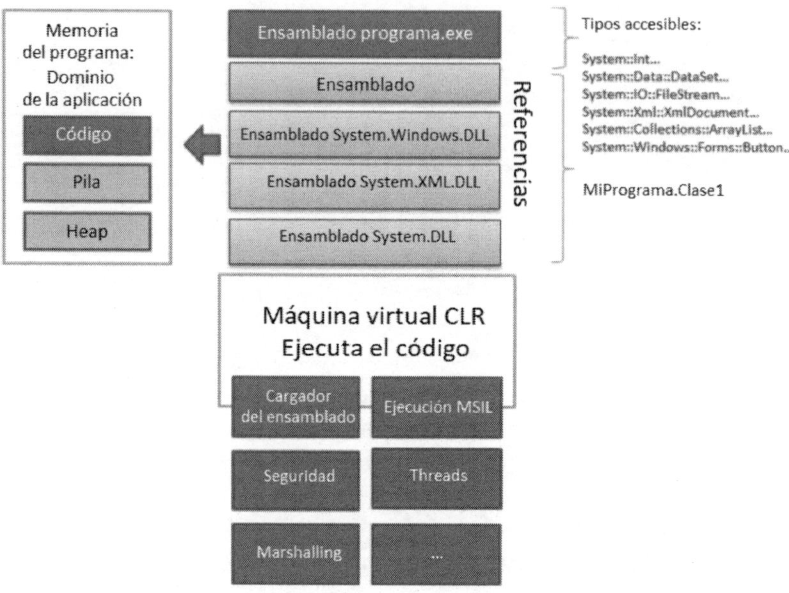

1.2.13 La referencias de ensamblado

Para acceder a las clases del framework, el programa primero debe hacer referencia a los ensamblados que las exponen y, a continuación, incluir opcionalmente los espacios de nombres usando la instrucción `using namespace`.

La lista de referencias de ensamblado se modifica desde el **Explorador de soluciones**.

En nuestro siguiente ejemplo, ya hay tres ensamblados referenciados, además de **mscorlib** que está seleccionado por defecto:

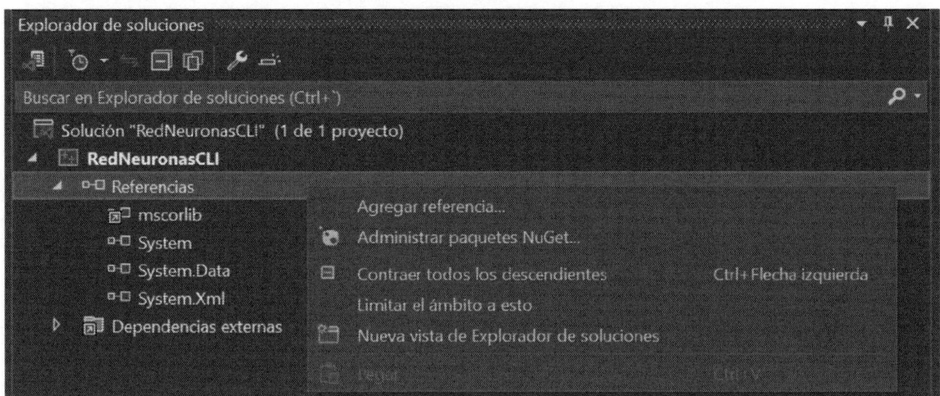

1.2.14 El espacio de nombres System::E/S

Este espacio de nombres revisa por completo la antigua forma de acceder a los archivos, heredada del lenguaje C. Ahora existen varios tipos de clases especializadas:

`FileInfo`, `DirectoryInfo`	Operaciones generales con archivos y directorios: listar, mover, etc.
`FileStream`	Archivo de flujo para lectura y escritura.
`Stream`	Clase abstracta para leer o escribir (también funciona con la red).
`StreamReader`	Clase especializada en la lectura de caracteres y cadenas de un flujo (*stream*).
`StreamWriter`	Clase especializada en la escritura de caracteres y cadenas en un flujo (*stream*).
`XmlTextReader`	Lectura continua de un flujo XML (también conocida como API SAX).
`XmlTextWriter`	Escritura en formato XML.
`StringReader`	Flujo capaz de leer una cadena.

`StringWriter`	Flujo capaz de escribir en una cadena.
`MemoryStream`	Flujo de memoria.

He aquí un ejemplo de escritura a un:

```
// utiliza el control de selección del archivo
if(saveFileDialog1->ShowDialog() ==
    System::Windows::Forms::DialogResult::Cancel)
return;

// nombre del archivo seleccionado
String^ filename = saveFileDialog1->FileName;

// apertura de un flujo de archivos en modo escritura
FileStream ^ fs = gcnew FileStream(filename, FileMode
    :: Create, FileAccess::Write);

// adaptación de un flujo de texto sobre el flujo de archivo
StreamWriter ^ sw = gcnew StreamWriter(fs);

// escritura de una cadena en el flujo
sw->Write("Escritura en un archivo");
sw->Flush(); // purga del flujo de texto con buffer

// cierre de los flujos
sw->Close();
fs->Close();
```

1.2.15 El espacio de nombres System::Xml

Este espacio de nombres ofrece un gran número de clases para manipular datos XML utilizando el lenguaje de programación SAX, DOM, XSL, XPath, esquemas XML, etc. Por tanto, el soporte XML es muy completo y un referente. El siguiente ejemplo muestra cómo cargar un extracto XML y analizarlo:

```
// un extracto XML
String ^ s ="<ciudades><ciudad>París</ciudad><ciudad>Nantes
            </ciudad><ciudad>Lyon</ciudad></ciudades>";

// instanciación de un objeto DOM
XmlDocument ^ doc = gcnew XmlDocument();
```

```
// inicialización del árbol DOM con el extracto XML
doc->LoadXml(s);

// recorrido del árbol
XmlNode ^ n = doc->DocumentElement->FirstChild;
while( n != nullptr)
{
    String ^ v = n->InnerText;
    listBox1->Items->Add(v);

    // siguiente nodo colateral
    n = n->NextSibling;
}
```

1.2.16 El espacio de nombres System::Data

Este espacio de nombres está formado por elementos para el acceso desconectado a datos relacionales: DataSet, DataTable, DataView, DataRelation, DataRow, DataColumn, etc. El siguiente ejemplo instancia un DataTable y lo asocia a la fuente de datos de un componente DataGridView:

```
// crear una tabla y definir 2 columnas
DataTable ^ dt = gcnew DataTable();
dt->Columns->Add("Usuario");
dt->Columns->Add("Login");

// una línea de datos
DataRow ^ dr;

// la línea se instancia en función al modelo de la tabla
dr = dt->NewRow();
dr["Usuario"] = "Jean Valjean"; // 1er valor
dr["Login"] = "jval"; // 2° valor
dt->Rows->Add(dr); // añadir a la tabla

// otra manera de indexar las columnas
dr = dt->NewRow();
dr[0] = "Ángel";
dr[1] = "ang";
dt->Rows->Add(dr);

// una línea más
```

```
dr = dt->NewRow();
dr[0] = "José";
dr[1] = "js";
dt->Rows->Add(dr);

// "visualizar"
dataGridView1->DataSource = dt;
```

1.2.17 El espacio de nombres System::Collections

Las estructuras de datos del espacio de nombres `System::Collections` formaban parte de la primera versión de .NET Framework. Se trata de colecciones débilmente tipadas, muchas de las cuales explotan la herencia de la clase `System::Object` por parte de todos los tipos gestionados.

Este espacio de nombres incluye pilas, colas y listas (matrices dinámicas, etc.). He aquí un ejemplo de utilización de la clase `ArrayList`. Aquí descubrimos las ventajas y limitaciones del enfoque débilmente tipado. Es muy fácil adjuntar todo tipo de objetos a una lista, pero a veces es más complicado encontrar su tipo:

```
// una lista array contiene objetos - valores o referencias
ArrayList ^ tab = gcnew ArrayList();

tab->Add("Madrid");          // añade un objeto por referencia
tab->Add((wchar_t)'P');      // añade un objeto por valor
tab->Add(123);               // añade un objeto por valor

// crea 2 objetos por valor para facilitar la determinación del tipo
wchar_t c = 0;
Object ^ ochar = c;

int i=0;
Object ^ oint = i;

// enumeración de la colección
for each(Object ^ o in tab)
{
 String ^ v;
 v = o->ToString(); // versión de texto del objeto

 // prueba el tipo del objeto
 if(dynamic_cast<String ^>(o) != nullptr)
      v = v + " es un String";
```

```
    // para los tipos por valor, dynamic_cast no se aplica
    if(o->GetType()->Equals(ochar->GetType()))
        v = v + " es un char";

    if(o->GetType()->Equals(oint->GetType()))
        v = v + " es un entero";

    // visualización
    listBox1->Items->Add(v);
}
```

Evidentemente, si el tipo de la colección es homogéneo, es más sencillo utilizar sistemáticamente el operador `dynamic_cast` o incluso el operador operador de transtipado coercitivo.

1.2.18 El espacio de nombres System::Collections::Generic

Introducidos con la segunda versión de .NET Framework, los contenedores genéricos han simplificado enormemente la escritura de programas, ya que se parametrizan –como ocurre con la librería STL– con un tipo específico de objeto.

`Comparer<T>`	Clase base para implementar algoritmos genéricos de ordenación.
`Dictionnary<T>`	Tabla hash genérica.
`LinkedList<T>`	Lista genérica doblemente encadenada.
`List<T>`	Lista genérica.
`Queue<T>`	Cola genérica (también llamada pila FIFO).
`SortedList<T>`	Lista genérica cuyos elementos se pueden ordenar.
`Stack<T>`	Pila genérica (también conocida como pila LIFO).

He aquí un ejemplo:

```
// esta lista contiene sólo Strings
   List<String^> ^ lista = gcnew List<String^>();

   // añade objetos del tipo indicado
   liste->Add("Madrid");
   liste->Add("Sevilla");
   liste->Add("Santander");
```

```
    // recorre y enumera los String
    for each(String^ s in lista)
        listBox1->Items->Add(s);
    }
```

1.3 Relaciones con otros lenguajes: el ejemplo de C#

Nuestro objetivo aquí no es comparar C++ CLI y C#, sino ilustrar las posibilidades de intercambio y puesta en común entre lenguajes CLS (*Common Language Specification*).

Todos estos lenguajes –C++ CLI, C#, VB.NET, F#, etc.– comparten una base común, el CLR, que ejecuta código intermedio MSIL independiente. Esto significa que cada programador puede elegir su lenguaje sin tener que preocuparse por los problemas de interoperabilidad que han asolado el desarrollo de aplicaciones durante tantos años. Entonces, la elección es más una cuestión de aptitud, preferencia y cantidad de código existente, lo cual es mucho más positivo que proceder por eliminación.

Proponemos aquí el ejemplo de una DLL escrita en C++ y una aplicación gráfica programada en C#. Empecemos por la DLL, que consta únicamente de un archivo:

```
public ref class Utilidad
{
public:
    static property DateTime Hora
    {
        DateTime get()
        {
            return DateTime::Now;
        }
    }

    static double coseno(double a)
    {
        return 1 - a*a / 2;
    }
};
```

Después de crear un proyecto de aplicación de consola C#, añadimos una referencia a la DLL, que es la condición para que el programa C# pueda alcanzar los tipos públicos definidos anteriormente.

El sistema de ayuda de entrada IntelliSense de Visual Studio encuentra tipos y métodos públicos:

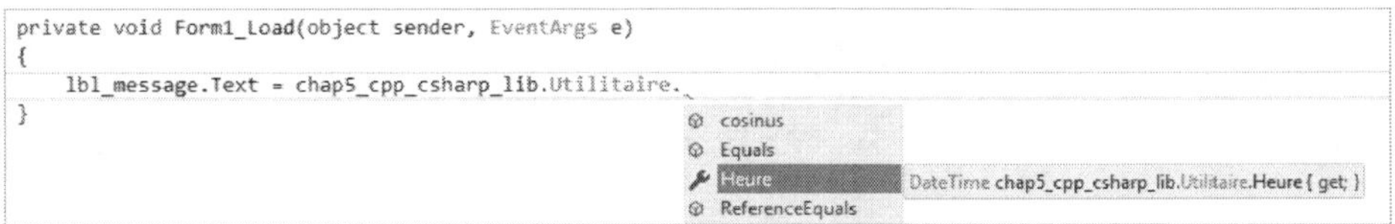

2. Aplicaciones

2.1 Crear una aplicación de dibujo Win32

Estamos utilizando el formato de aplicación Win32, que estudiamos en la sección Entorno Windows - Programas Win32 de este capítulo, para crear un programa capaz de mostrar dos tipos de dibujo generados por cálculo C++.

Nuestro proyecto se llama **C++ WinUI**.

El primer paso es añadir nuevas entradas **Ver - Superficie** y **Ver - Fractal** al menú de la aplicación. Para ello, abra el archivo de recursos y edite el menú `IDC_CWINUI`:

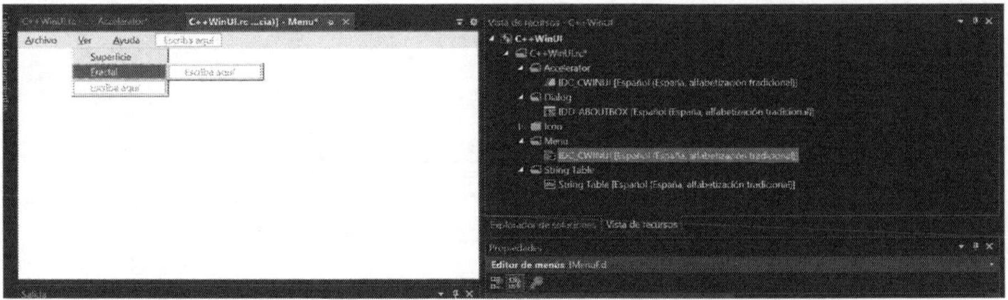

El carácter subrayado en las etiquetas de los menús se utiliza como atajo de teclado (también conocido como acelerador). Se obtiene precediendo la letra **V**, para el menú **Ver** (luego S y F respectivamente), de un signo **&**.

Para designar cada tipo de dibujo, se define una enumeración en el archivo C++ `WinUI.cpp`:

```
enum Visualizar { Superficie, Fractal } visualizar;
```

La función `wWinMain()` sustituye a la función `main()` tradicional. Es un posible lugar para inicializar la variable `visualizar`:

```
int APIENTRY wWinMain(_In_ HINSTANCE hInstance,
                     _In_opt_ HINSTANCE hPrevInstance,
                     _In_ LPWSTR    lpCmdLine,
                     _In_ int       nCmdShow)
{
   UNREFERENCED_PARAMETER(hPrevInstance);
   UNREFERENCED_PARAMETER(lpCmdLine);

   // TODO: Situar aquí el código.
   visualizar = Visualizar::Superficie;
```

La función `WndProc()` procesa los mensajes de la aplicación. Cada entrada del menú corresponde a una acción `WM_COMMAND`:

```
LRESULT CALLBACK WndProc(HWND hWnd, UINT message, WPARAM wParam,
LPARAM lParam)
{
   switch (message)
   {
        case WM_COMMAND:
        {
             int wmId = LOWORD(wParam);
             // Analiza las selecciones de menú:
             switch (wmId)
                 {
                     case ID_VISUALIZAR_SUPERFICIE:
                            visualizar = Visualizar::Superficie;
                            InvalidateRect(hWnd, nullptr, true);
                            break;
                     case ID_ VISUALIZAR_FRACTAL:
                            visualizar = Visualizar::Fractal;
                            InvalidateRect(hWnd, nullptr, true);
                            break;
```

```
            case IDM_ABOUT:
                DialogBox(hInst, MAKEINTRESOURCE(IDD_ABOUTBOX),
hWnd, About);
                break;
            case IDM_EXIT:
                DestroyWindow(hWnd);
                break;
            default:
                return DefWindowProc(hWnd, message, wParam, lParam);
            }
        }
        break;
```

Llamar a `InvalidateRect()` provoca que la zona cliente (el contenido de la ventana principal) se actualice. Esto provoca el envío de un mensaje `WM_PAINT`, que es interceptado y procesado por la función `WndProc`. Nótese que es Windows quien llama a la función, pasando los argumentos necesarios para procesar el refresco de los gráficos.

```
    case WM_PAINT:
    {
            PAINTSTRUCT ps;
            HDC hdc = BeginPaint(hWnd, &ps);
            // TODO: Añadir aquí el código de diseño que utilice hdc...
                  switch (visualizar)
                   {
                   case Visualizar::Surperficie:
                         OnDrawG(hWnd, hdc, ps);
                         break;
                   case Visualizar::Fractal:
                         OnDrawF(hWnd, hdc, ps);
                         break;
                   }

                   EndPaint(hWnd, &ps);
        }
        break;
    case WM_DESTROY:
        PostQuitMessage(0);
        break;
    default:
        return DefWindowProc(hWnd, message, wParam, lParam);
    }
    return 0;
}
```

La función `OnDrawG()` utiliza una serie de primitivas **GDI** (*Graphics Device Interface*, el módulo gráfico de Windows) para dibujar una figura 3D punto por punto, representada en perspectiva de jinete:

```
#pragma region OnDrawG
void OnDrawG(HWND hWnd, HDC hdc, PAINTSTRUCT ps)
{
   // MX y MY determinan la calidad de la imagen
   int MX, MY;
   MX = 350;
   MY = 350;

   // dimensionar la pantalla
   RECT rc;
   GetClientRect(hWnd, &rc);

   SIZE lp;
   lp.cx = rc.right;
   lp.cy = -rc.bottom;
   SetViewportExtEx(hdc, lp.cx, lp.cy, &lp);
   POINT p;
   p.x = rc.right / 2;
   p.y = rc.bottom / 2;
   SetViewportOrgEx(hdc, p.x, p.y, &p);

   lp.cx = 2 * MX;
   lp.cy = 2 * MY;
   SetWindowExtEx(hdc, lp.cx, lp.cy, &lp);

   RECT zona_invalida;          // zona a fijar
   POINT test;                  // un punto
   GetClipBox(hdc, &zona_invalida);

   // -----------------------------------------------------
   // vista en 3D
   double a1, a2, a3, b1, b2, b3;         // coeficientes de
proyección 3D
   double l, L;                           // latitud y longitud

   // punto de vista
   l = 1.1;
   L = 1.20;

   // los coeficientes se calculan mediante una proyección ortogonal
   a1 = -sin(L);
```

```
    a2 = cos(L);
    a3 = 0;
    b1 = -sin(l) * cos(L);
    b2 = -sin(l) * cos(L);
    b3 = cos(l);

    // ----------------------------------------------------
    int i, j;           // coordenadas en el espacio lógico
    int X, Y;           // coordenadas proyectadas (X,Y)=proj(x,y,z)

    int color;                    // color de los puntos
    double lado;
    double x, y;

    for (i = -MX; i < MX; i++)
        for (j = -MY; j < MY; j++)
        {
            x = (double)i / MX * 2;
            y = (double)j / MY * 2;

            lado = 60 * y * sin(x);
            if (i > 0)
            {
                if (j > 0)
                    color = 90;
                else
                    color = 40;
            }
            else
            {
                if (j > 0)
                    color = 180;
                else
                    color = 220;
            }

            // proyección sobre el plano
            test.x = a1 * i + a2 * j + a3 * lado;
            test.y = b1 * i + b2 * j + b3 * lado;

            if (PtInRect(&zona_invalida, test)) //
¿el punto es válido?
            {
                  SetPixel(hdc, test.x, test.y,
RGB(color,127+color/2,192+color/4));
```

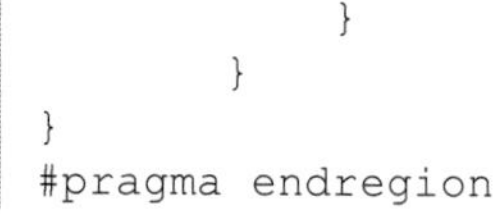

```
            }
        }
}
#pragma endregion
```

El código de función `OnDrawF()` es similar para representar en 3D una versión estilizada del conjunto fractal de Mandelbrot:

```
#pragma region OnDrawF
void OnDrawF(HWND hWnd, HDC hdc, PAINTSTRUCT ps)
{
   // MX y MY determinan la calidad de la imagen
   int MX, MY;
   MX = 1500;
   MY = 1500;

   // dimensionar la pantalla
   RECT rc;
   GetClientRect(hWnd, &rc);

   SIZE lp;
   lp.cx = rc.right;
   lp.cy = -rc.bottom;
   SetViewportExtEx(hdc, lp.cx, lp.cy, &lp);
   POINT p;
   p.x = rc.right / 2;
   p.y = rc.bottom / 2;
   SetViewportOrgEx(hdc, p.x, p.y, &p);
```

```
    lp.cx = 2 * MX;
    lp.cy = 2 * MY;
    SetWindowExtEx(hdc, lp.cx, lp.cy, &lp);

    RECT zona_invalida;          // zona a fijar
    POINT test;                  // un punto
    GetClipBox(hdc, &zona_invalida);

    // ------------------------------------------------------
    // vista en 3D
    double a1, a2, a3, b1, b2, b3;          // coeficiente de
proyección 3D
    double l, L;                            // latitud y longitud

    // punto de vista
    l = 1.1;
    L = 1.20;

    // los coeficientes se calculan para una proyección ortogonal
    a1 = -sin(L);
    a2 = cos(L);
    a3 = 0;
    b1 = -sin(l) * cos(L);
    b2 = -sin(l) * cos(L);
    b3 = cos(l);

    // ------------------------------------------------------
    // traza  el conjunto de Mandelbrot en 3D
    Complejo z1, z2, c, t;
    int i, j;          // coordenadas en el espacio lógico
    int n;             // número de iteración
    int X, Y;          // coordenadas proyectadas (X,Y)=proj(x,y,z)

    double umbral = 3; // detección de divergencias
    int color;          // lado y color de los puntos
    double lado;

    int max = 20;

    for (i = -MX; i < MX; i++)
        for (j = -MY; j < MY; j++)
        {
            c.re = (2.0 * i) / MX;
            c.im = (2.0 * j) / MY;

            z1.re = 0;
```

```
            z1.im = 0;
            for (n = 0; n < max; n++)
            {
                // z2=z1*z1+c
                z2.re = z1.re * z1.re - z1.im * z1.im + c.re;
                z2.im = 2 * z1.re * z1.im + c.im;

                t.re = z2.re - z1.re;
                t.im = z2.im - z1.im;

                // ¿el punto c es inestable?
                if (t.re * t.re + t.im * t.im > umbral)
                {
                    double z = umbral / (t.re * t.re + t.im * t.im);
                    lado = n * 1.5 * (-4) * (z);
                    if (lado > 2)
                        lado = 2;
                    if (lado < -2)
                        lado = -2;
                    color = (int)lado;
                    // proyección en un plano
                    X = a1 * i + a2 * j + a3 * color;
                    Y = b1 * i + b2 * j + b3 * color;

                    test.x = X;
                    test.y = Y;
                    if (PtInRect(&zona_invalida, test))
// ¿el punto es válido?
                    {
                        int zm = (int)sqrt((t.re * c.re + t.im * c.im));
                        if (zm != 0)
                            zm = 127+127 / zm;
                        int elcolor = RGB(127,(int)zm,(int)zm);
                        SetPixel(hdc, X, Y, elcolor);
                    }
                    break;
                }

                z1.re = z2.re;
                z1.im = z2.im;
            }

            if (n >= max)
            {
                // el punto es estable, forma parte de la imagen
                test.x = a1 * i + a2 * j + a3 * n * 20;
                test.y = b1 * i + b2 * j + b3 * n * 20;
```

```
                if (PtInRect(&zona_invalida, test))
// ¿el punto es válido?
                {
                    SetPixel(hdc, X, Y, RGB(255, 0, 0));

                }
            }
        }
}
#pragma endregion
```

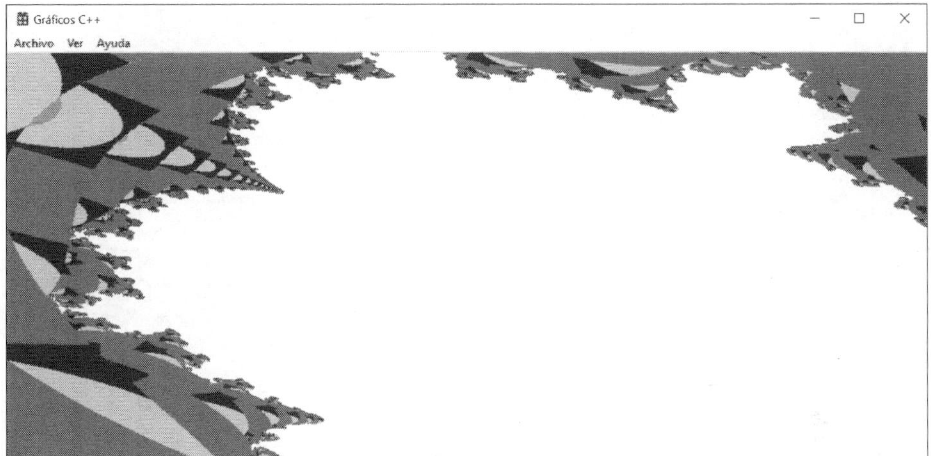

2.2 Una aplicación C++ para .NET: la hoja de cálculo InCell

Ahora proponemos estudiar la creación de una hoja de cálculo gráfica en C++ CLI. El objetivo aquí es explicar la implementación de los mecanismos de C++ CLI a través de una aplicación sustancial, sin entrar en el análisis funcional. Para aquellos que deseen ir más allá, todo el código fuente está documentado y se proporciona para su descarga como uno de los archivos suplementarios de este libro.

2.2.1 Arquitectura de hojas de cálculo

La arquitectura se basa en dos conjuntos distintos: la interfaz gráfica InCell y la unidad de cálculo CLIHojaCalculo. El primer ensamblaje es un ejecutable WinForm, mientras que el segundo es una librería de clases .DLL.

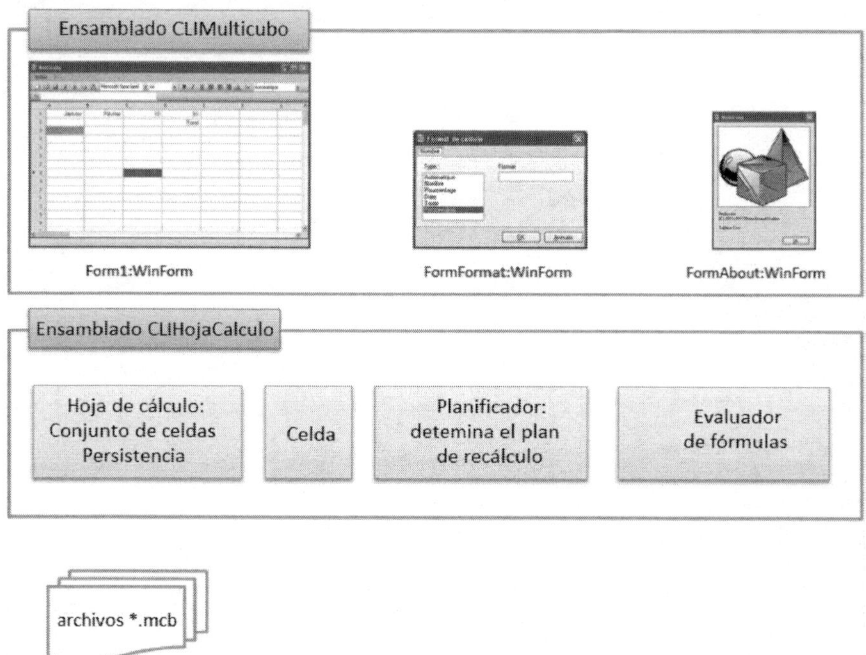

El ejecutable se compone principalmente de formularios `WinForm` (pantallas) que definen la apariencia y el comportamiento de la aplicación gráfica. Entre ellos se encuentran el formulario principal `Form1`, el cuadro de diálogo de formato de celda `FormFormat` y el cuadro de diálogo `FormAbout`, que proporciona al usuario información sobre el programa. La función principal `main()` instancia y muestra Form1, que controla la ejecución de la aplicación hasta que se cierra. La programación está dirigida por eventos y la mayoría de las operaciones se activan a través de menús y barras de herramientas. Como veremos un poco más adelante, también se gestionan eventos específicos a nivel de la rejilla de datos para recalcular la hoja cuando sea necesario.

El segundo montaje es independiente de la interfaz gráfica. Para evitar interdependencias, hemos utilizado eventos para evitar caer en la trampa de que la interfaz gráfica ordene un cálculo, que luego se debe mostrar en la interfaz gráfica. La clase `Hoja` es una matriz de `Celda`, esta clase representa un valor, una fórmula, un tipo, un formato de visualización, un estilo, etc.

En una hoja de cálculo, las fórmulas no siempre se pueden evaluar de izquierda a derecha y de arriba abajo, por lo que se incorpora un planificador a la hoja de cálculo para determinar el orden correcto en que se realizarán las operaciones de actualización. Aún falta el evaluador de fórmulas, que calcula expresiones basadas en constantes, funciones intrínsecas (coseno, suma, media, etc.) o referencias de celdas.

2.2.2 La hoja de cálculo

Antes de explicar la clase `Hoja`, empecemos por la clase `Celda`. Una celda es una fórmula cuya evaluación da un valor. Este valor se formatea y se muestra en la rejilla de datos con un estilo determinado. El siguiente extracto ofrece una visión general de esta clase, en la que se utilizan varios mecanismos propios de C++ CLI: propiedades, enumeraciones, así como comentarios /// destinados a producir la documentación del proyecto en formato XML.

```
/// <summary>
/// Celda que representa un valor o una fórmula formateada
/// </summary>
public ref class Celda
{

private:
    /// <summary>
    /// Valor "calculado" de una celda (miembro privado)
    ///    </summary>
    String^ value;

    /// <summary>
    /// Fórmula (miembro privado)
    ///    </summary>
    String^ formula;

    /// <summary>
    /// Estilo negrita (miembro privado)
```

```
///    </summary>
bool isBold;

/// <summary>
/// Estilo itálica (miembro privado)
///    </summary>
bool isItalic;

/// <summary>
/// Estilo subrayado (miembro privado)
///    </summary>
bool isUnderlined;

/// <summary>
/// Estilo color de fondo (miembro privado)
///    </summary>
Color backgroundColor;

/// <summary>
/// Estilo color primer plano (miembro privado)
///    </summary>
Color foreColor;

/// <summary>
/// Estilo tipo de letra (miembro privado)
//    </summary>
String^ fontName;

/// <summary>
/// Estilo tamaño de la letra (miembro privado)
///    </summary>
float fontSize;

/// <summary>
/// Estilo alineación (miembro privado)
///    </summary>
DataGridViewContentAlignment alignment;

public:
/// <summary>
/// Formateos posibles del valor
///    </summary>
enum class FormatType
{
```

```
    AUTOMATICO, NUMERO, PORCENTAJE, FECHA, TEXTO, PERSONALIZADO
    };


    private:
    /// <summary>
    /// Formateo del valor (miembro privado)
    ///     </summary>
    FormatType format;

    /// <summary>
    /// Cadena de formateo (miembro privado)
    ///     </summary>
    String^ formatString;

     public:

    /// <summary>
    /// Indique si el valor puede ser reconocido como número
    ///     </summary>
    bool IsNumber();


    /// <summary>
    /// Constructor
    ///     </summary>
    Celda();

    /// <summary>
    /// Serializa la celda al format XML
    ///     </summary>
    XmlNode^ ToXml(XmlDocument^ doc, int col, int row);

    /// <summary>
    /// Deserializa la celda a partir de un nodo XML
    ///     </summary>
    void FromXml(XmlNode^ n);
} ;
```

La clase HOJA contiene una matriz bidimensional que representa la matriz Celda. Aquí también se utilizan mecanismos de la de C++ CLI, como delegados y eventos. Veremos más adelante cómo se conecta la interfaz gráfica con ella. También encontramos propiedades que facilitan las traducciones de un dominio a otro, por ejemplo, para encontrar el nombre corto de un archivo.

```
/// <summary>
/// Hoja de cálculo
/// </summary>
public ref class Hoja
{
public:
    /// <summary>
    /// Función llamada cuando une celda se actualiza
    ///    </summary>
    delegate void del_cellUpdated(int col, int row, String^ value);

    /// <summary>
    /// Desencadenado cuando una celda se actualiza (calculada)
    ///    </summary>
    event del_cellUpdated^ OnCellUpdated;

    /// <summary>
    /// Función llamada cuando el estilo cambia
    ///    </summary>
    delegate void del_cellStyleUpdated(int col, int row);

    /// <summary>
    /// Desencadenado cuando el estilo cambia
    ///    </summary>
    event del_cellStyleUpdated^ OnCellStyleUpdated;

    // tamaño de la hoja

    /// <summary>
    /// Número de líneas max
    ///    </summary>
    const static int ROWS = 100;

    /// <summary>
    /// Numero de columnas max
    ///    </summary>
    const static int COLS = 52;

private:
```

```
    int rows;
    int cols;

    /// <summary>
    /// Celdas que componen la hoja de cálculo
    ///    </summary>
    array<Celda^,2>^ celdas;

public:
    /// <summary>
    /// Acceso indexado a las celdas
    ///    </summary>
    Celda^ Cells(int col,int row);

    /// <summary>
    /// Constructor
    ///    </summary>
    Hoja();

private:
    /// <summary>
    /// Evalúa el contenido de una celda
    ///    </summary>
    String^ evalue(Celda^ cell, int col, int row);

    /// <summary>
    /// Se llama para capturar el valor de una celda
    ///    </summary>
    void ev_OnGetCellValue(String^ name, double & value);

    /// <summary>
    /// Identifixa las referencias de las celdas contenidas
en una franja
    ///    </summary>
    array<Celda^>^ GetRange(String^ range);

    /// <summary>
    /// Instancia de evaluador
    ///    </summary>
    Evaluator^ ev;

    /// <summary>
    /// Errores
    ///    </summary>
    StringBuilder^ errors;
```

```
public:
    /// <summary>
    /// Recalcula la hoja después de determinar el plan
    ///    </summary>
    void recalc();

private:
    /// <summary>
    /// Ruta y nombre de archivo (miembro privado)
    ///    </summary>
    String^ filename;

    /// <summary>
    /// Nombre del documento (miembro privado)
    ///    </summary>
    String^ fileshortname;

    /// <summary>
    /// Indica si se ha producido una modificación
    /// desde la última copia de seguridad (miembro privado)
    ///    </summary>
    bool isModified;

    /// <summary>
    /// Guarda el documento en el archivo filename
    ///    </summary>
    void SaveToFilename();

    /// <summary>
    /// Produce un flujo XSLX
    ///    </summary>
    String^ GetExcelStream();

public:
    /// <summary>
    /// Constructor de aplicación
    ///    </summary>
    void Init();

    /// <summary>
    /// Indica si el documento se ha modificado
    /// desde la última copia de seguridad
    ///    </summary>
    property bool IsModified
    {
        bool get()
```

```
        {
            return isModified;
        }
    }

    /// <summary>
    /// Obtiene o define el nombre/ruta del documento
    ///    </summary>
    property String^ Filename
    {
        String^ get()
        {
            return filename;
        }

        void set(String^ value)
        {
            this->filename = value;

            FileInfo^ f = gcnew FileInfo(filename);
            this->fileshortname = f->Name;
        }
    }

    /// <summary>
    /// Obtiene el nombre del documento
    ///    </summary>
    property String^ Fileshortname
    {
        String^ get()
        {
            return fileshortname;
        }
    }

    /// <summary>
    /// Guarda el documento
    ///    </summary>
    void Save();

    /// <summary>
    /// Guarda con otro nombre
    ///    </summary>
    void Save(String^ filename);
```

```
    /// <summary>
    /// Carga el documento
    ///    </summary>
    void Load(String^ filename);


    /// <summary>
    /// Guarda una copia en formato XLSX
    ///    </summary>
    void SaveCopyExcel(String^ filename);
   };
```

Como detalle de implementación para la clase `Hoja`, hemos elegido el método `GetRange`, que utiliza listas genéricas:

```
/// <summary>
/// Identifica las referencias de las celdas contenidas en una franja
///    </summary>
array<Celda^>^ Hoja::GetRange(String^ range)
{
    array<String^>^ names = range->Split(gcnew array<wchar_t> { ':' });
    System::Collections::Generic::List<Celda^>^ res =
        gcnew System::Collections::Generic::List<Celda^>();

    Evaluator^ ev = gcnew Evaluator();
    int col1 = 0, col2 = 0;
    int row1 = 0, row2 = 0;

    ev->CellNameToColRow(names[0], col1, row1);
    ev->CellNameToColRow(names[1], col2, row2);

    for (int i = col1; i <= col2; i++)
        for (int j = row1; j <= row2; j++)
        {
            res->Add(celdas[i, j]);
        }

        return res->ToArray();
}
```

El método `SaveToFilename` utiliza el API XML de .NET que vimos anteriormente:

```
/// <summary>
/// Guarda el documento en el archivo filename
///    </summary>
void Hoja::SaveToFilename()
{
    XmlDocument^ doc = gcnew XmlDocument();
    XmlNode^ root = doc->CreateElement("document");
    doc->AppendChild(root);
    for(int col=0; col<cols; col++)
        for (int row = 0; row < rows; row++)
        {
            if (celdas[col, row]->Value != "" ||
                celdas[col, row]->Formula != "")
            {
                XmlNode^ n = cells[col, row]->ToXml(doc,col,row);
                root->AppendChild(n);
            }
        }

        StringBuilder^ sb = gcnew StringBuilder();
        XmlTextWriter^ writer =
gcnew XmlTextWriter(gcnew StringWriter(sb));
        writer->Formatting = Formatting::Indented;

        doc->WriteTo(writer);
        writer->Flush();

        FileStream^ fs =
gcnew FileStream(filename,FileMode::Create,FileAccess::Write);
        StreamWriter^ sw = gcnew StreamWriter(fs);
        sw->Write(sb->ToString());
        sw->Flush();
        fs->Close();

        isModified = false;
}
```

2.2.3 El programador de cálculos

El planificador, que determina el orden en que se deben evaluar las fórmulas de las celdas, se basa en la implementación de un grafo. Como esta estructura de datos no existe de forma nativa, la hemos creado en C++. Aquí no hay mecanismos específicos de C++ CLI, aparte del uso de estructuras de datos `System::Collection::Generic (List, Stack)`, así como estructuras no tipadas como Hashtable.

```
/// <summary>
/// Representa un vértice dentro del grafo
///    </summary>
public ref class Vertice
{
public:
    /// <summary>
    /// Nombre del vértice
    ///    </summary>
    String^ name;

    /// <summary>
    /// Vértices del grafo adyacentes
    ///    </summary>
    List<Vertice^>^ adyacentes;

    public:
    Vertice()
    {
        adyacentes = gcnew List<Vertice^>();
        name = "";
    }
};

/// <summary>
/// Representa un grafo dirigido
///    </summary>
public ref class Grafo
{
private:
    /// <summary>
    /// Conjunto de vértices del grafo (miembro privado)
    ///    </summary>
    List<Vertice^>^ g;

public:
```

```
    /// <summary>
    /// Constructor
    ///    </summary>
    Grafo()
    {
        g = gcnew List<Vertice^>();
    }

public:
    /// <summary>
    /// Añade un vértice al grafo, con sus dependencias
    /// (vertices adyacentes)
    ///    </summary>
    void AgregarVertice(String^ name, array<String^>^ dependencias)
    {
        Vertice^ adj;
        Vertice^ s;
        if ((s = GetVerticeByName(name)) == nullptr)
        {
            // el vértice ya no existe
            s = gcnew Vertice();
            s->name = name->ToUpper();
            g->Add(s);
        }

        // agrega sus dependencias
        for (int i = 0; i < dependencias->Length; i++)
            if ((adj = GetVerticeByName(dependencias[i])) != nullptr)
            {
                    s->adyacentes->Add(adj);
            }
            else
            {
                // crea un nuevo vértice adyacente
                adj = gcnew Vertice();
                adj->name = dependencias[i]->ToUpper();
                g->Add(adj);
                s->adyacentes->Add(adj);
            }
        }

public:
    /// <summary>
    /// Identifica el vértice llamado name
    ///    </summary>
    Vertice^ GetVerticeByName(String^ name)
```

```
    {
        for (int i=0;i<g->Count;i++)
        {
            Vertice^s = g[i];
            if (s->name == name)
                return s;
        }
        return nullptr;
    }


    /*
     * Orden topológico
     */
private:
    Hashtable^ visitados;
    void init_visitados()
    {
        visitados = gcnew Hashtable();
    }

    System::Collections::Generic::Stack<Vertice^>^ pila;
    Vertice^ inicio;

public:
    /// <summary>
    /// Ordena topológicamente a partir de las adyacencias
    /// entre vértices (dependencias inversas)
    ///    </summary>
    array<String^>^ OrdenTopologico()
    {
        pila = gcnew
System::Collections::Generic::Stack<Vertice^>();
        List<String^>^ plan = gcnew List<String^>();
        hasError = false;
        errors = gcnew StringBuilder();

        for (int i=0;i<g->Count;i++)
        {
            Vertice^s = g[i];

            init_visitados();
            inicio = s;

            // la ordenación se basa en un recorrido en profundidad
            recorrido_profundidad(s);
```

```
        }

        while (pila->Count != 0)
            plan->Add(pila->Pop()->name);

        return plan->ToArray();
    }

private:
    void recorrido_profundidad(Vertice^ s)
    {
        if (s == nullptr)
            return;

        if (visitados[s->name] != nullptr /*&& visitados[s->name]
is bool*/)
            return;
        else
            visitados[s->name] = true;

        pila->Push(s);
        for(int i=0;i<s->adyacentes->Count;i++)
        {
            Vertice^ adj=s->adyacentes[i];
            if (adj == inicio)
            {
                // ya visitado: error, grafo cíclico
                hasError = true;
                errors->Append("Referencia circular en
" + inicio->name + " : " + s->name + "\n");
                return;
            }

            recorrido_profundidad(adj);
        }
    }

};
```

2.2.4 Zoom sobre el evaluador

Como el evaluador es una clase bastante larga, utilizamos regiones para delimitar ciertas partes del código:

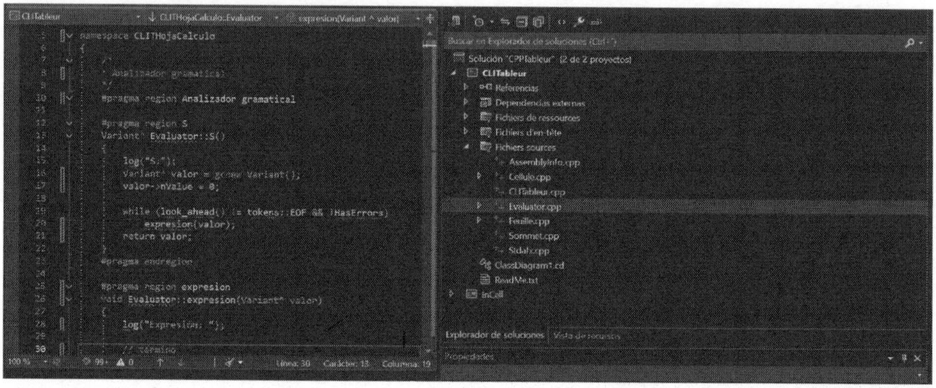

El siguiente método es bastante importante: utiliza un evento para llamar a un valor de una clase de nivel superior.

```
void Evaluator::celda(String^ name, Variant^ f)
{
    double value = 0;

    // un evento busca el valor de la celda
    // sin añadir una referencia a Cells
    OnGetCellValue(name, value);
    f->nValue = value;
}
```

Sin un evento, habría sido necesario pasar una referencia `Celdas` al objeto `Evaluator`, lo que habría creado una referencia circular. Estas anomalías perturban el funcionamiento de la GC y provocan fugas de memoria (la memoria se asigna y no se puede liberar).

2.2.5 La interfaz gráfica

La presencia de un diseñador visual es prácticamente indispensable si se desea crear interfaces de alto nivel. Lamentablemente, Microsoft ya no ofrece un diseñador WinForm en C++, por lo que la interfaz gráfica se implementa en C#.

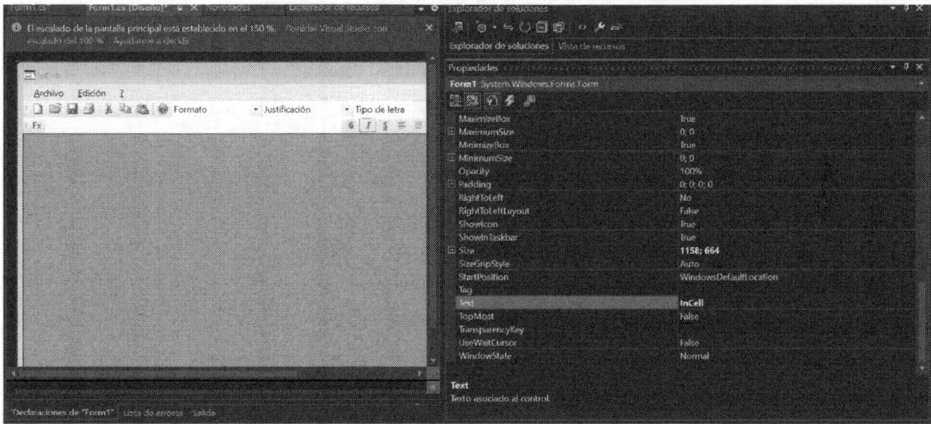

Este diseñador ofrece al programador total libertad para colocar los controles en una pantalla, modificar las propiedades de aspecto y comportamiento y, por último, crear el código de eventos.

Con unos pocos clics, puede crear interfaces gráficas muy sofisticadas, como se muestra en el siguiente ejemplo:

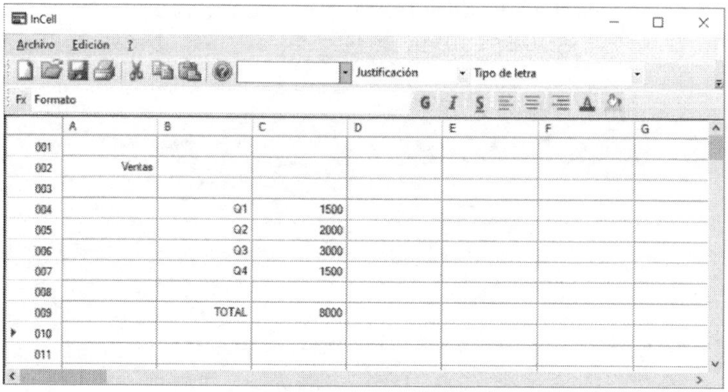

2.3 Un módulo de gestión de datos para tiny-lisp

He aquí un ejemplo que se ejecuta en un entorno Win32.

En el capítulo Programación orientada a objetos, vimos la naturaleza modular del intérprete tiny-lisp. Esta modularidad se ilustra en este ejemplo de base de datos, que es muy económico en términos de código.

El módulo DB crea listas persistentes, es decir, guardadas en disco de una sesión de intérprete a la siguiente. Se activa en la clase `Configuration`:

```
Configuration* Configuration::instance=0;

void Configuration::define_modules()
{
   Configuration::getInstance()->add_module(new MathModule());
   Configuration::getInstance()->add_module(new DBModule());
}
```

El método virtual `register_globals()` define los puntos de entrada del módulo, es decir, los símbolos y procedimientos que lo componen. Nótese que el entorno global se conserva en sí mismo, ya que el módulo DB instanciará nuevos símbolos cuando se creen listas persistentes.

```
#pragma region register_globals
void DBModule::register_globals(Environment& env)
{
   env[TOKEN_USE] = Variant(&DBModule::db_use);
   env[TOKEN_CREATE] = Variant(&DBModule::db_create);
   env[TOKEN_INSERT] = Variant(&DBModule::db_insert);
   env[TOKEN_SELECT] = Variant(&DBModule::db_select);
   env[TOKEN_SAVE] = Variant(&DBModule::db_save);

   DBModule::global_env = &env;
}
#pragma endregion
```

2.3.1 Creación de listas persistentes db_create

La implementación de `db_create()` es sencilla. Una lista se instancia vacía, luego se materializa en formato JSON en un archivo que lleva su nombre:

```
#pragma region db_create
Variant DBModule::db_create(const variants& c)
{
   if (c.size() > 1)
       throw ParseError(ERROR_CODE_WRONG_ARGC,
std::string("wrong argument list for db_create"));

   Variant db(List);
   string filename = (*(c.begin())).val;
   db.val = filename;
   (*global_env)[filename.c_str()] = db;

   ofstream db_file;

   db_file.open(DATA_PATH + filename);
   db_file << db.to_json_string();
   db_file.close();

   return db;
}
#pragma endregion
```

Para probar la creación de una lista persistente, llame a `db_create` y encierre su nombre entre comillas:

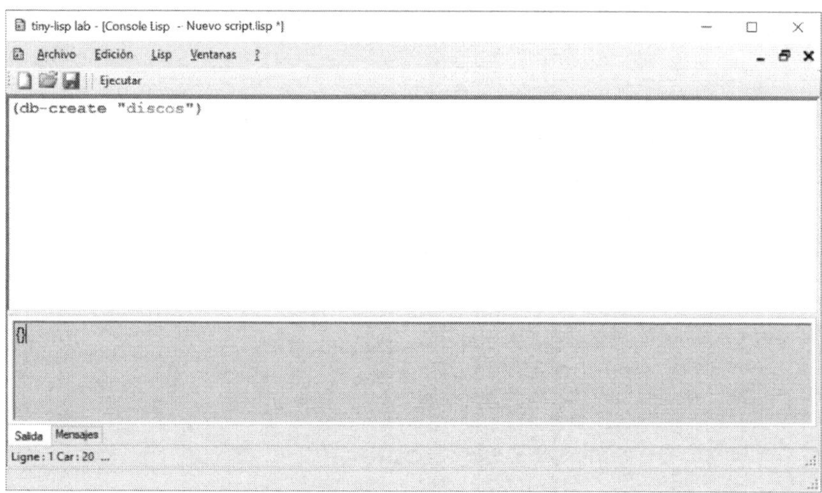

El intérprete devuelve una lista `vacia ()`.

2.3.2 Acceso a las listas persistentes db_use

El procedimiento `db_use()` es el simétrico de `db_create()`; recarga una lista serializada en formato JSON y la inserta en el entorno global:

```
#pragma region db_use
Variant DBModule::db_use(const variants& c)
{
   if (c.size() > 1)
        throw ParseError(ERROR_CODE_WRONG_ARGC,
std::string("wrong argument list for db_use"));

   Variant db;
   ifstream db_file;
   string table;

   string filename = (*(c.begin())).val;
   db_file.open(DATA_PATH + filename);
   getline(db_file, table);
   db_file.close();
```

```
    db = Variant::from_json_string(table);
    db.val = filename;

    (*global_env)[filename] = db;

    return db;
}
#pragma endregion
```

La prueba es similar a `db_create`. Por el momento, la lista está vacía:

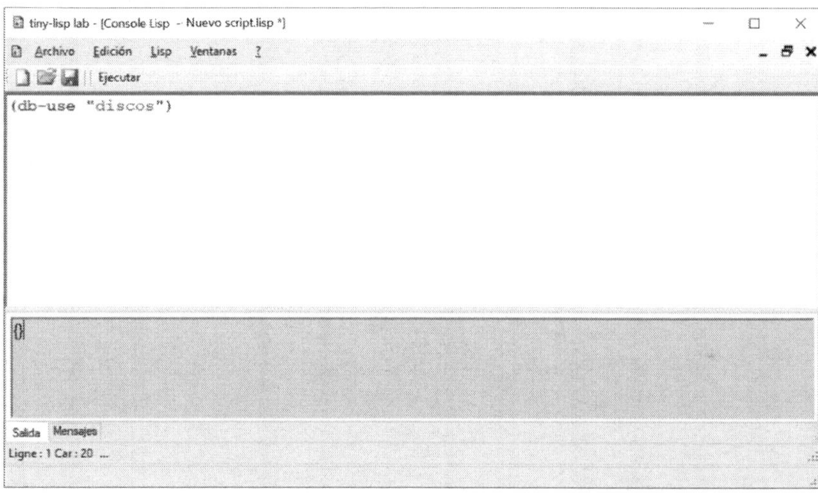

2.3.3 Inserción de elementos db_insert

El procedimiento `db_insert()` recorre la colección para insertar elementos en la lista persistente:

```
#pragma region db_insert
Variant DBModule::db_insert(const variants& c)
{
   if (c.size() < 2)
       throw ParseError(ERROR_CODE_WRONG_ARGC,
std::string("wrong argument list for db_insert"));

   Variant db = (*global_env)[(*c.begin()).val];

   for (auto ic = c.begin()+1; ic != c.end(); ic++)
   {
       Variant nc = *ic;
       db.list.push_back(nc);
   }
   (*global_env)[db.val] = db;
   return db;
}
#pragma endregion
```

En tiempo de ejecución, una vez modificada la lista añadiendo elementos (cuatro elementos en este ejemplo), se utiliza como cualquier otra lista:

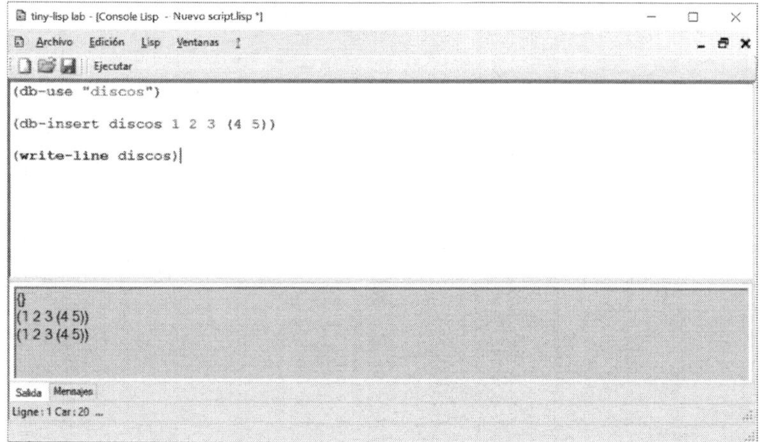

2.3.4 Guardar listas persistentes db_save

A diferencia de `db_create()`, `db_save()` no instancia la lista, ya que la toma del entorno global:

```
#pragma region db_save
Variant DBModule::db_save(const variants& c)
{
   if (c.size() > 1)
       throw ParseError(ERROR_CODE_WRONG_ARGC,
std::string("wrong argument list for db_save"));

   Variant db = (*global_env)[(*c.begin()).val];
   string filename = (*(c.begin())).val;
   db.val = filename;
   (*global_env)[filename.c_str()] = db;

   ofstream db_file;

   db_file.open(DATA_PATH + filename);
   db_file << db.to_json_string();
   db_file.close();

   return db;
}
#pragma endregion
```

Para el siguiente ejemplo, tendrá que comentar la línea `db_insert`, de lo contrario duplicará los elementos.

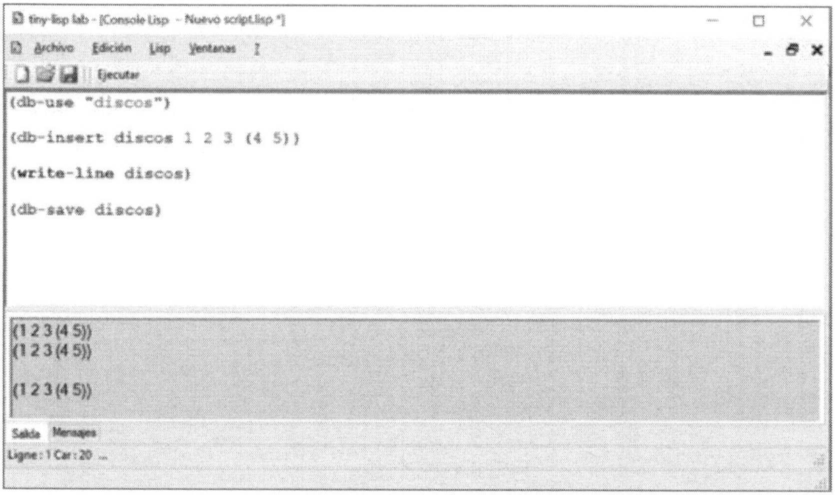

2.3.5 Selección de elementos en listas persistentes db_select

La instrucción `db_select` es un poco más elaborada. Recibe como argumento una expresión lambda tiny-lisp aplicada a cada elemento de la lista y que devuelve un booleano; si el resultado es #t (true), el elemento se selecciona; en caso contrario, se descarta de la selección.

```
#pragma region db_select
Variant DBModule::db_select(const variants& c)
{
   if (c.size() < 2)
        throw ParseError(ERROR_CODE_WRONG_ARGC,
std::string("wrong argument list for db_select"));

   Variant db;
   string filename = (*(c.begin())).val;
   db = (*global_env)[filename];

   // (proc exp*)
   Variant proc(c[1]);
   Parser p(global_env);
```

```
    Variant select;
    select.type = List;
    for (auto& e : db.list)
    {
        // evaluar los argumentos
        variants exps;
        exps.push_back(e);

        // utilizar los smarts pointers
        Environment* newenv = new Environment(/*parms*/
proc.list[1].list,
            /*args*/    exps,
            /*outer env*/ proc.env);

        Variant ret = p.eval(/*body*/proc.list[2], newenv);

        // verificar si hay impacto en la variable global
        delete newenv;

        if (ret.val == "#t")
            select.list.push_back(e);
    }

    return select;
}
#pragma endregion
```

En la aplicación de ejemplo, definimos una lista de libros de distintos géneros (novelas, turismo, etc.). Para la selección de novelas, se define una lambda-expresión tiny-lisp antes de llamar a `db_select`. Para seleccionar libros de turismo, la expresión lambda tiny-lisp se define directamente en el cuerpo de `db_select`:

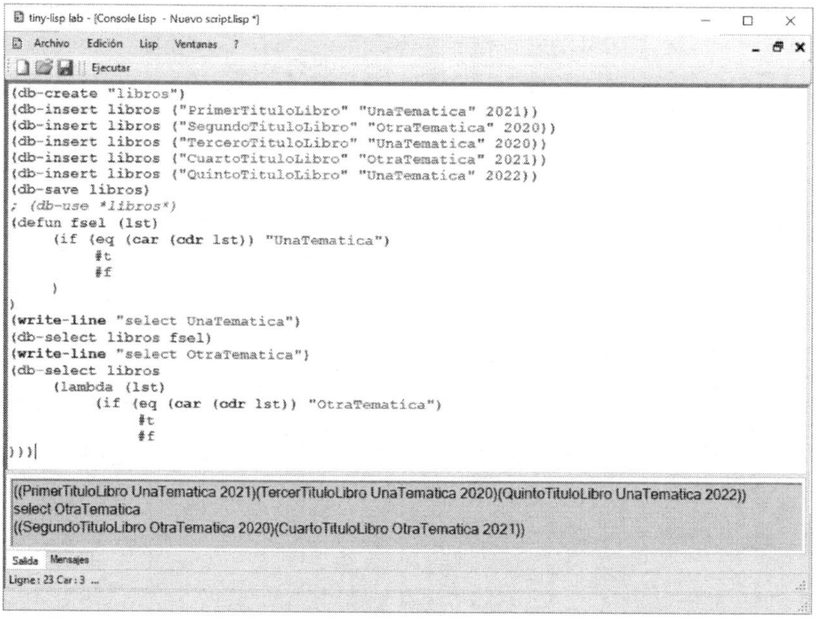

tiny-lisp lab - [Console Lisp - Nuevo script.lisp *]

Archivo Edición Lisp Ventanas ?

Ejecutar

```
(db-create "libros")
(db-insert libros ("PrimerTituloLibro" "UnaTematica" 2021))
(db-insert libros ("SegundoTituloLibro" "OtraTematica" 2020))
(db-insert libros ("TerceroTituloLibro" "UnaTematica" 2020))
(db-insert libros ("CuartoTituloLibro" "OtraTematica" 2021))
(db-insert libros ("QuintoTituloLibro" "UnaTematica" 2022))
(db-save libros)
; (db-use "libros")
(defun fsel (lst)
     (if (eq (car (cdr lst)) "UnaTematica")
          #t
          #f
     )
)
(write-line "select UnaTematica")
(db-select libros fsel)
(write-line "select OtraTematica")
(db-select libros
     (lambda (lst)
          (if (eq (car (cdr lst)) "OtraTematica")
               #t
               #f
)))
```

```
((PrimerTituloLibro UnaTematica 2021)(TercerTituloLibro UnaTematica 2020)(QuintoTituloLibro UnaTematica 2022))
select OtraTematica
((SegundoTituloLibro OtraTematica 2020)(CuartoTituloLibro OtraTematica 2021))
```

Salida Mensajes

Ligne : 23 Car : 3 ...

Capítulo 7
Programación de algoritmos en C++

1. Introducción

Este capítulo presenta algoritmos aplicados en C++ que abordan problemas actuales en tres áreas: reconocimiento de patrones, búsqueda del camino más corto y compresión de datos.

2. Reconocimiento de patrones de texto

Para un problema determinado, no existe un algoritmo universal. Algunos algoritmos sólo son eficaces en una situación concreta.

Aquí nos interesa la búsqueda de patrones textuales, es decir, la búsqueda de una subcadena en una cadena y presentaremos varias formas de algoritmo.

La librería STL, al igual que boost, ofrece naturalmente funciones para conseguirlo, pero la lógica utilizada para la implementación no se indica en el archivo de cabecera. Es útil conocer algunos algoritmos de referencia para poder aplicarlos sabiamente.

2.1 Enfoque directo

El enfoque ingenuo consiste en comparar el patrón de búsqueda carácter por carácter con el texto de entrada. Si todas las comparaciones tienen éxito, desde el primer hasta el último carácter del patrón, se dice que el patrón se ha agotado y la búsqueda ha terminado.

Si la comparación difiere antes de llegar al final del patrón, no tiene sentido continuar las comparaciones para los caracteres siguientes. Se desplaza el patrón un carácter y comience de nuevo la comparación.

Texto a analizar

Patrón a buscar

La implementación en C++ de este algoritmo no presenta ninguna dificultad. Tenemos que comprobar los caracteres uno a uno sin sobrepasar el tamaño del patrón o del texto a analizar:

```
int busqueda_patron_simple(string s, string m)
{
   int pos = 0;
   int p = 0;
   while (pos < s.length())
   {
       if (s.at(pos) == m.at(0))
       {
           // primer carácter idéntico
           p = 1;

           // comparar uno por uno los siguientes caracteres del patrón
           while (
                   p + pos < s.length() &&
                   p < m.length() &&
                   s.at(pos + p) == m.at(p)
               )
               p++;
          if (p == m.length())
               return pos;
       }
```

```
        // desplazamos el patrón una posición
        pos++;
    }
    return -1;
}

int main()
{
    string texto = "el murmuro del viento en los árboles";
    string patron = "muro";

    cout << "buscando de manera simple:\n";
    int p = busqueda_patron_simple(texto, patron);
    cout << "p = " << p << endl;
}
```

Consola de depuración de Microsoft Visual Studio

```
buscando de manera simple:
p = 15
```

Este algoritmo plantea problemas de rendimiento ya que, en el mejor de los casos, la complejidad es O(n+m), si el primer carácter de m es raro en el texto y en el peor O(n.m).

He aquí algunas ideas para mejorar:

- Si un carácter leído no está en el patrón, puede saltarse todo el patrón. Si está más abajo en el patrón, puede saltarse parte de él (algoritmo Boyer Moore).
- Podríamos empezar de nuevo directamente después del último carácter comparado en el texto (algoritmo Knuth-Morris-Pratt), puesto que ya hemos leído el texto que le precede.
- Al asociar un código hash a los últimos m caracteres leídos, se puede utilizar una comparación con el código hash del patrón para determinar si hay una coincidencia (algoritmo de Rabin-Karp).

2.2 Lectura con desplazamiento: el algoritmo Boyer-Moore

Boyer-Moore es adecuado para patrones no repetitivos. Utiliza la siguiente idea: si un carácter o una porción de texto no se encuentra en ninguna parte del patrón, se puede saltar toda la longitud del patrón. Si el carácter que se está leyendo está en el patrón, se puede saltar al carácter más cercano.

El algoritmo funciona al revés para la comparación:

- Los caracteres se comparan uno a uno.
- Si hay alguna diferencia, saltamos al siguiente lugar del patrón que contenga ese carácter.

Tomemos el ejemplo de un patrón CACGGACCT formado por los caracteres A, C, G, T y de 9 caracteres de longitud.

Se construye una tabla de saltos a partir de la primera posición de cada carácter, empezando por el final:

A	C	G	T	Otro carácter
3	1	4	9	9

Tenga en cuenta que el valor de la última letra del patrón es el tamaño del patrón. Como es el último carácter del patrón, si la comparación es negativa, tenemos que empezar de nuevo con una ventana completa.

Para el patrón CTCGGACCT, obtendremos:

A	C	G	T	Otro carácter
3	1	4	7	9

La aplicación consta de dos fases: la construcción de la tabla de saltos y la búsqueda propiamente dicha.

```
int busqueda_boyer_moore(string s, string m)
{
   unico_ptr<int> salto (new int[256]);
   int i, j;

   // calcular la tabla de saltos
```

```
    for (j = 0; j < 256; j++)
        salto.get()[j] = m.length();

    for (j = 0; j < m.length() - 1; j++)
        salto.get()[m.at(j)] = m.length() - 1 - j;

    // busqueda
    int x = 0;
    while (x <= s.length() - m.length())
    {
        j = m.length() - 1;
        while ((j >= 0) && m.at(j) == s.at(x + j))
            j--;

        if (j == -1)
            return x;

        x = x + salto.get()[s.at(x + m.length() - 1)];
    }
    return -1;
}
```

Naturalmente, el resultado es el mismo que el de la búsqueda simple, pero con muchas menos comparaciones:

```
Consola de depuración de Microsoft Visual Studio
buscando de manera simple:
p = 15
buscando usando Booyer Moore:
p = 15
```

2.3 Método para los patrones autorrepetitivos: el algoritmo KMP

El método Knuth-Morris-Pratt se basa en una porción de texto que ha sido rechazada debido a una diferencia; ésta aún puede contener una porción menor de la cadena, que se completará con los siguientes caracteres.

Esto sólo es válido si el patrón buscado es autorrepetitivo (su comienzo se encuentra más adelante en el patrón). Aunque éste no es el caso en la mayoría de las situaciones, el tiempo de búsqueda mejora considerablemente en comparación con los enfoques convencionales. Además, este método evita tener que volver atrás una y otra vez.

Sabiendo dónde estamos antes de detectar una diferencia, determinamos qué parte del principio del patrón podría, no obstante, estar cubierta por los caracteres ya leídos. Obtenemos entonces una tabla llamada **secuencia**, que indica hasta qué punto el patrón está cubierto por lo que ya se ha leído; en caso contrario, nos olvidamos de los caracteres leídos y volvemos a empezar la comparación por el principio con el carácter que causó la diferencia.

Veamos algunos ejemplos del mundo de la genética. Un alfabeto limitado a 4 caracteres (A, C, G, T) favorece la repetición de secuencias dentro del patrón.

Primer ejemplo:

Texto	`AGCCTATCACATT`
Patrón	`AGCGG`
	`1234`
Secuencia	`   AGCGC`

Error en la posición n° 4, cambiamos tres posiciones.

Segundo ejemplo:

Texto	`AGCCTAGCACATT`
Patrón	`AGCCTAT`
	`1234567`
Secuencia	`      AGCCTAT`

Error en la posición n°7, observamos que T6 = M1, desplazamos M1 a T6.

Tercer ejemplo:

Texto	AGCCGAGGTCATTAGTAAAAA
Patrón	AGCCGAGCAGGC
	12345678
Secuencia	AGCCGAGCAGGC

Error en la posición n° 8, observe que T6,7 = M1,2, desplace M1 a T6.

Como en el caso de Boyer-Moore, el código funciona en dos etapas con la determinación del cuadro **secuencia**:

```
int busqueda_kmp(string s, string m)
{
   int i, j;
   unico_ptr<int> secuencia(new int[m.length() + 1]);

   // preparar la tabla
   int k = 0;

   for (int q = 1; q < m.length(); q++)
   {
       while ((k > 0) && m.at(k) != m.at(q))
           k = secuencia.get()[k - 1];

       if (m.at(k) == m.at(q))
           k++;
       secuencia.get()[q] = k;
   }

   // búsqueda propiamente dicha
   int q = 0;
   for (i = 0; i < s.length(); i++)
   {
       while ((q > 0) && (m.at(q) != s.at(i)))
           q = secuencia.get()[q - 1];
       if (m.at(q) == s.at(i))
           q++;
       if (q == m.length())
       {
           q = secuencia.get()[q - 1];
           return (i - m.length() + 1);
       }
   }
   return -1;
}
```

El valor de `secuencia[k]` es el menor valor s>0 para el que `m[0,k-s]` es igual a `m[s,k]`.

He aquí el resultado de la ejecución con los argumentos:

```
string text = "un jardín, un muro, el murmuro del viento
en los árboles";
string pattern = "murmuro";
```

Consola de depuración de Microsoft Visual Studio

```
buscando de manera simple:
p = 25
buscando usando Booyer Moore:
p = 25
buscando usando KMP:
p = 25
```

Método para patrones variables

En el caso de patrones variables, los tres algoritmos anteriores son ineficaces. Hay que recurrir a autómatas de estado finito para gestionar estas búsquedas. Si bien la implementación de estos autómatas es moderadamente compleja, su parametrización es otra cuestión.

Afortunadamente, la librería STL ofrece un modelo de expresiones regulares. He aquí un ejemplo de cómo buscar en una cadena todas las palabras formadas por `'mur'` o una repetición de `'mur'`, es decir, `mur`, `murmur`, `murmurmur`, etc.

```
#include <iostream>
#include <ostream>
#include <string>
#include <regex>

using namespace std;
int main()
{
   string texto = "un jardín, un muro, el murmuro del viento
en los árboles";
   string patron = "murmuro";
   int p;

   // búsqueda de una correspondencia
```

```
    const std::regex txt_regex("(mur)+");
    cout << "match : " << regex_search(texto, txt_regex) << '\n';

    // búsqueda de todas las correspondencias
    smatch pieces_match;
    string::const_iterator searchStart(texto.cbegin());

    while (regex_search(searchStart, texto.cend(), pieces_match,
txt_regex)) {

        // detalle de la correspondencia
        for (size_t i = 0; i < pieces_match.size(); i++) {
            ssub_match sub_match = pieces_match[i];
            string piece = sub_match.str();
            auto p = sub_match.first-texto.begin();
            cout << "\tcorrespondencia #" << i << " " << p << " :
" << fragmento  << '\n';
        }
        cout << "\n";

        // seguimos después de esta correspondencia
        searchStart = pieces_match.suffix().first;
    }
}
```

```
Consola de depuración de Microsoft Visual Studio
match: 1
        correspondencia #0 4: mur
        correspondencia #1 4: mur

        correspondencia #0 9: murmur
        correspondencia #1 12: mur
```

3. Encontrar el camino más corto

Hay muchas situaciones en las que es necesario encontrar el camino más corto: en logística, en conducción asistida por ordenador, en planificación y programación, en motores de escenarios de videojuegos, etc.

Antes de presentar tres algoritmos esenciales, he aquí una breve introducción a los grafos.

3.1 Presentación de los grafos

En el capítulo de la librería estándar STL, vimos una estructura dinámica llamada **lista**. Una lista está formada por un elemento **cabeza** (un valor) unido a una lista llamada **continuación**. Para recorrer la lista, nos gusta utilizar una función recursiva que recuerde hasta llegar a la lista vacía.

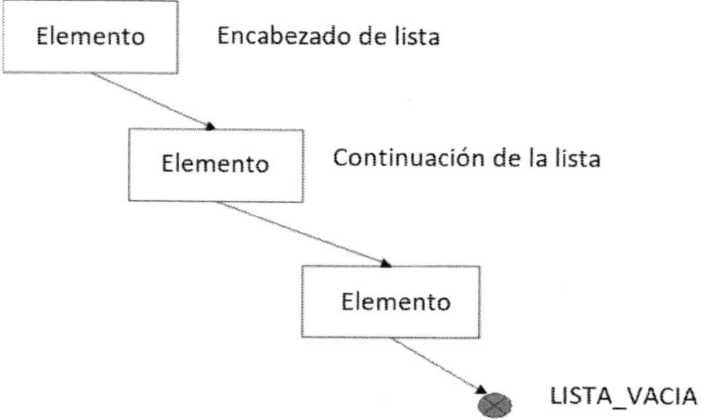

Dado que un elemento puede tener varios sucesores, obtenemos un **árbol** formado por **nodos**. Los nodos tienen un único antepasado, llamado padre y un número múltiple de descendientes, llamados hijos. Los nodos terminales que no tienen hijos se llaman **hojas**, mientras que el elemento situado en la parte superior del árbol se denomina **raíz**. Hay casos especiales de árboles, como los que tienen como máximo dos hijos, llamados árboles B o árboles B, donde B significa binario 2.

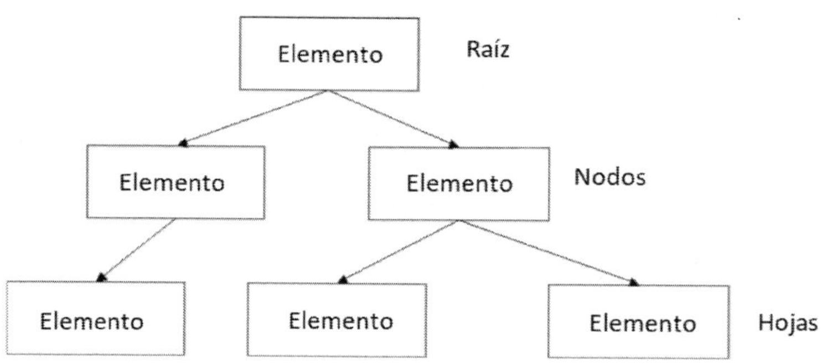

Un **grafo** generaliza la construcción del árbol admitiendo que un nodo (llamado vértice) tenga varios antepasados.

Los grafos están formados por dos tipos de elementos: los **vértices** y los **arcos**. Los vértices representan objetos y los arcos establecen relaciones entre ellos. Los arcos pueden llevar valores (o pesos), pero esto no es determinante en el estudio de un grafo como tal.

Los grafos pueden ser dirigidos o no dirigidos. En el primer caso, los arcos son dirigidos y se representan mediante flechas. Si es necesario, un arco puede ser bidireccional dividiéndose para representar cada dirección. La numeración o identificación de los vértices tampoco es una característica determinante, aunque sea habitual, al menos en las fases de estudio de un algoritmo.

Matemáticamente, un grafo está formado por un conjunto S y una relación A sobre S. Tomamos nota `G=(S,A)`. En el caso de un arco dirigido, si un arco va del vértice a al vértice b, tenemos:

```
a A b
```

(a en relación con `b`). Esta relación no es simétrica y no hay ninguna indicación de que `b` A `a`.

Podemos describir un grafo dirigido G formado por el conjunto `S = { 1 ; 2 ; 3 ; 4 }` y la relación `A = { ( 1 ; 2 ) ( 2 ; 3 ) ( 2 ; 4) ( 1 ; 3) ( 3 ; 2) ( 3 ; 4 ) ( 1 ; 4 ) }`.

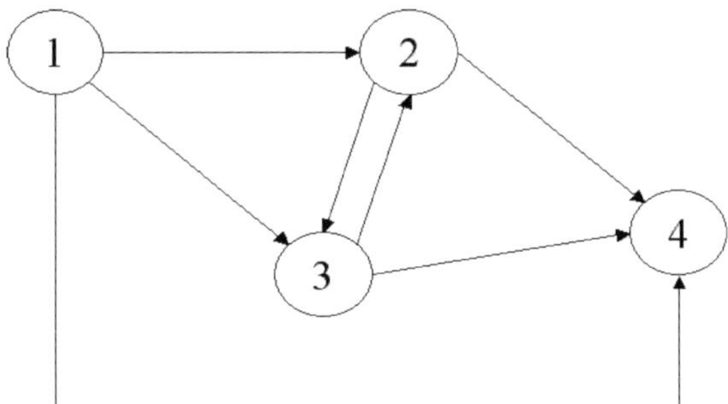

3.1.1 Incidencia y adyacencia

La adyacencia es una relación entre dos vértices. Si un grafo contiene el arco (a ; b), se dice que el vértice b es adyacente al vértice a. En el caso de un grafo no dirigido, esta relación de adyacencia es simétrica.

Un grafo cuyos vértices son adyacentes se dice que es completo.

La incidencia es una relación entre un vértice y un arco. En un grafo dirigido, el arco (a ; b) es incidente desde el vértice a (sale) y es incidente en el vértice b (llega).

3.1.2 Camino de un grafo

El camino de un grafo es una secuencia de vértices que se recorren siguiendo los arcos que los conectan. Formalmente, un camino de un vértice a' es una secuencia de vértices (v_0, v_2 ... v_k) en la que a= v0 y a'= vk, y donde todos (v_{i-1} , vi) están en A para i = 1, 2, ...k. Este camino contiene los arcos (v_0 , v_1) (v_1 , v_2) ... (v_{k-1} , v_k) y tiene longitud k. Si existe un camino de a hasta a', siendo a' accesible desde a.

Implementación de grafos dirigidos y no dirigidos

Una forma muy cómoda de representar un grafo es utilizar listas de adyacencia. Estas listas se forman utilizando dos campos: un vértice y una lista de vértices adyacentes.

También podemos utilizar una matriz de adyacencia, lo que resulta ventajoso si el grafo es completo, es decir, si el grado de adyacencia es alto.

Aquí tiene el código C++ para un grafo basado en listas de adyacencia. Esta implementación es similar a la estudiada en el capítulo Los entornos de C++ para hojas de cálculo, pero aquí está adaptada a C++ estándar.

```
#include <string>
#include <vector>

using namespace std;

/// <summary>
/// Representa un vértice dentro de un grafo
```

```
///        </summary>
class Vertice
{
public:
   /// <summary>
   /// Nombre del vértice
   /// </summary>
   string name;

   /// <summary>
   /// Vértices adyacentes del grafo
   /// </summary>
   vector<Vertice*> adyacentes;

public:
   Vertice()
   {
       name = "";
   }
};


/// <summary>
/// Representa un grafo orientado
///    </summary>
class Grafo
{
private:
   /// <summary>
   /// Conjunto de vértices del grafo (miembro privado)
   ///    </summary>
   vector<Vertice*> g;

public:
   /// <summary>
   /// Constructor
   ///    </summary>
   Grafo()
   {

   }

public:
   /// <summary>
```

```
    /// Agrega un vértice al grafo, con sus dependencias (vértices
    /// adyacentes)
    ///    </summary>
    void AgregarVertice(string name, vector<string> dependencias)
    {
        Vertice* adj;
        Vertice*s = nullptr;
        if ((s = GetVerticeByName(name)) == nullptr)
        {
            // el vértice ya no existe
            s = new Vertice();
            s->name = name;
            g.push_back(s);
        }

        // agrega sus dependencias
        for (auto i = dependencias.begin(); i < dependencias.end();
i++)
            if ((adj = GetVerticeByName(*i)) != nullptr)
            {
                s->adyacentes.push_back(adj);
            }
            else
            {
                // crea un nuevo vértice adyacente
                adj = new Vertice();
                adj->name = *i;
                g.push_back(adj);
                s->adyacentes.push_back(adj);
            }
    }

public:
    /// <summary>
    /// Identifica el vértice llamado name
    ///    </summary>
    Vertice* GetVerticeByName(string name)
    {
        for (auto i = g.begin(); i < g.end(); i++)
        {
            Vertice* s = *i;
            if (s->name == name)
                return s;
        }
```

```
        return nullptr;
    }

private:
    bool hasError;

public:
    bool HasError()
    {
        return hasError;
    }
    void setError(bool value)
    {
        hasError = value;
    }


private:
    string errors;

public:
    string getErrors()
    {
        return errors;
    }
    void setErrors(string value)
    {
        errors = value;
    }
};
int main()
{
    Grafo g;

    // vértice 1
    vector<string> adj_s1;
    adj_s1.push_back("2");
    adj_s1.push_back("3");
    adj_s1.push_back("4");

    g.AgregarVertice("1", adj_s1);

    // vértice 2
    vector<string> adj_s2;
```

```
    adj_s2.push_back("3");
    adj_s2.push_back("4");

    g.AgregarVertice("2", adj_s2);

    // vértice 3
    vector<string> adj_s3;
    adj_s3.push_back("2");
    adj_s3.push_back("4");

    g.AgregarVertice("3", adj_s3);

    // vértice 4
    vector<string> adj_s4;
    g.AgregarVertice("4", adj_s4);
}
```

3.1.3 El recorrido del grafo en anchura primer lugar

Un grafo se recorre, primero en anchura, visitando todos los vértices adyacentes a un vértice dado, antes de continuar la exploración. Una aplicación es determinar los caminos más cortos.

Empezamos eligiendo un vértice inicial y marcándolo en gris: todos los demás vértices del grafo se marcan inicialmente en blanco. Este vértice inicial se coloca en una cola.

El algoritmo procede como sigue: el vértice inicial se coloca en la cola. Para cada vértice situado en la cabeza de la cola, se exploran todos los vértices adyacentes.

A medida que se visita cada vértice adyacente, se comprueba su marca: si la marca del vértice es blanca, aún no ha sido visitado. En este caso, lo marcamos en gris para indicar que ha sido visitado y lo colocamos al final de la cola. Si la marca del vértice no es blanca, ya ha sido recorrido y la búsqueda pasa al siguiente vértice adyacente.

Cuando se han explorado todos los vértices adyacentes, se marca en negro para indicar que hemos terminado con él. Este proceso continúa hasta que la cola está vacía. Todos los vértices accesibles desde el vértice inicial se marcan entonces en negro.

■ Observación

En la práctica, dos estados, blanco y gris, bastan para ejecutar el algoritmo. El objetivo es evitar llegar varias veces a un vértice en el caso de un grafo cíclico.

Este tipo de búsqueda también funciona con grafos no dirigidos.

La siguiente implementación traduce este algoritmo a C++ utilizando componentes de la librería STL:

```
void Grafo::recorrer_anchura(string vertice)
{
   queue<string> visitas;
   map<string, Color> colores;
   map<string, int> num_salto;

   recorrer(vertice, visitas, colores, num_salto);
}

void Grafo::recorrer(string vertice, queue<string>& visitas,
map<string, Color>& colores, map<string, int>& num_salto)
{
   colores[vertice] = Color::Gris;
   visitas.push(vertice);

   while (!visitas.empty())
       visitar(visitas, colores, num_salto);

   // camino más corto
   cout << "Camino más corto desde " << vertice << " :\n";
   for (auto m : num_salto)
   {
       cout << m.first << " = " << m.second << endl;
   }
}

void Grafo::visitar(queue<string>& visitas, map<string, Color>&
colores, map<string, int>& num_salto)
{
   string s = visitas.front();
   visitas.pop();

   cout << "visita del nodo " << s << endl;
```

```
    Vertice* vertice = GetVerticeByName(s);

    for (auto ia = vertice->adyacentes.begin(); ia
< vertice->adyacentes.end(); ia++)
    {
        Vertice* adj = *ia;

        if (colores.count(adj->name) == 0)
        {
            colores.insert(make_pair(adj->name, Color::Blanco));
        }

        if (colores[adj->name] == Color::Blanco)
        {
            colores[adj->name] = Color::Gris;
            visitas.push(adj->name);

            // camino más corto
            if (num_salto.count(s) == 0)
                num_salto[s] = 0;

            if (num_salto.count(adj->name) == 0)
                num_salto[adj->name] = 0;

            num_salto[adj->name] = num_salto[s] + 1;
        }
    }

    colores[s] = Color::Negro;
}
```

Consola de depuración de Microsoft Visual Studio

```
Visita del nodo 2
Visita del nodo 3
Visita del nodo 4
Camino más corto desde 1 :
1 = 0
2 = 1
3 = 1
4 = 1
```

3.2 El algoritmo de Dijkstra

El algoritmo de Dijkstra generaliza el camino "breadth-first" introduciendo la noción de coste o peso a nivel de arco. En lugar de contar el número de saltos para "llegar" de un vértice a otro, sumamos los pesos de los arcos.

Sea `G=(V,A)`. Cada arco tiene un valor positivo, y `S` es un vértice cualquiera.

`S = 1` (vértice 1).

`C[NxN]` es la matriz de costes.

Tras la ejecución, `D` contendrá la distancia más corta de `V` a los demás nodos.

```
S = {1}
para i = 2 hasta n
   d[i] = c[1,i]
fin para

para i=1 hasta n-1
   elegir w en V-{S} / D[w] sea minima
   S = S + {w}
   para cada nodo v en V\S
       D[v] = Min(D[v], D[w] +C[w,v])
   fin para
fin para
```

Aquí damos una implementación bastante básica de una clase que implementa un grafo usando una matriz de adyacencia. Para ser consistentes entre las notaciones de vértices 1 a N y los índices de las matrices de C++, los índices se ajustan por -1 en los métodos `get_ady()` y `set_ady()`. La implementación del método `dijkstra()` se da directamente en la definición de la matriz:

```
class GrafoMatriz
{
public:
   int* matriz;
   int num_vertice;
   int* distancia;

   int get_ady(int vertice, int ady) {
       return matriz[(vertice-1) * num_vertice + (ady-1)];
   }
```

```
    void set_ady(int vertice, int ady, int valor) {
        matriz[(vertice - 1) * num_vertice + (ady - 1)] = valor;
    }

    GrafoMatriz(int num_vertice) {
        this->num_vertice = num_vertice;
        matriz = new int[num_vertice * num_vertice];
        distancia = nullptr;
    }

    void dijkstra() {
        cout << "Camino más corto" << endl;
        distancia = new int[num_vertice+1];
        const int s1 = 1;
        distancia[0] = 0;

        map<int, bool> S;

        for (int i = s1; i <= num_vertice; i++)
            distancia[i] = get_ady(s1,i);

        for (int i = s1; i <= num_vertice; i++)
        {
            int min = 0;
            int w = 0;

            // elegir w en V-{S} / D[w] es mínino
            for (int w = s1; w <= num_vertice; w++)
            {
                if (S.count(w) == 0 || S[w] == false)
                {
                    min = distancia[w];
                    break;
                }
            }
            for (int r = s1; r <= num_vertice; r++)
            {
                if ((S.count(r) == 0 || S[r] == false) &&
distancia[r] < min)
                {
                    w = r;
                    min = distancia[r];
                }
            }

            cout << "w= " << w << "\n";
            S[w] = true;
```

```
            cout << "S = { ";
            for (int r = s1; r <= num_vertice; r++)
                if (S.count(r) > 0 && S[r] == true)
                    cout << r << ",";
            cout << "}\n";

            for (int v = s1; v <= num_vertice; v++)
            {
                if (S.count(v)==0 || S[v] == false)
                {
                    if ((get_ady(w,v) != 1000) &&
                           (distancia[v] > distancia[w] + get_ady(w,v)))
                            distancia[v] = distancia[w] + get_ady(w,v);
                }
                cout << "distancia[" << v << "]=" << distancia[v] << "\n";
            }
        }
    }
};
```

Decidimos aplicar el programa al siguiente gráfico:

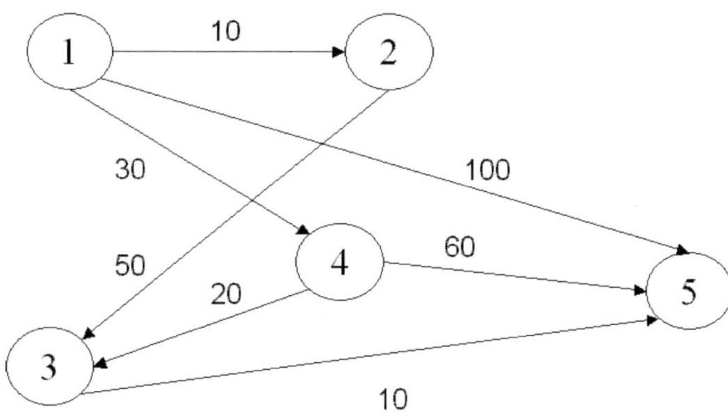

La ejecución del programa proporciona la siguiente información del vértice 1:

w	S	D[2]	D[3]	D[4]	D[5]
w=2	S = {1,2}	10	60	30	100
w=4	S = {1,2,4}	10	50	30	90
w=3	S = {1,2,3,4}	10	50	30	60
w=5	S = {1,2,3,4,5}	10	50	30	60

Es fácil comprobar que para ir de 1 a 5, podemos pasar por 4, 3 y 5, lo que cuesta 60. Sin embargo, el algoritmo no proporciona el camino.

Podemos ver que el algoritmo va refinando sus resultados, pero que sólo puede tomar una decisión una vez que ha estudiado todos los escenarios posibles.

3.3 Utilización de un método con heurística: el algoritmo A*

El algoritmo A* es un algoritmo de búsqueda de un conjunto de caminos que forman un árbol dentro de un grafo, partiendo de un nodo y buscando otro nodo. Funciona con una heurística que clasifica cada vértice estimando la mejor ruta a través de ese vértice.

El algoritmo comienza en el vértice seleccionado; determina un coste para este vértice a partir del coste del vértice (es decir, 0 para el nodo inicial). A* calcula la distancia al vértice objetivo desde el vértice actual.

La heurística, formada por la combinación de esta estimación y el coste, se asigna al camino desde el vértice. Este nodo se coloca en una cola de prioridad, normalmente llamada `open`.

A continuación, el algoritmo elimina de la pila el siguiente nodo de la cola `open`. El nodo desapilado es el de menor prioridad y, por tanto, el de menor heurística. Si la cola está vacía, no hay ruta disponible. Si el nodo es el vértice objetivo, A* construye y muestra los diferentes caminos y luego se detiene.

Si el vértice no es el vértice objetivo, se crean nuevos nodos para cada vértice adyacente. Para cada nodo, A* calcula el coste y lo registra. Los costes se acumulan de un nodo al siguiente.

El algoritmo también mantiene una lista closed de nodos adyacentes que ya han sido visitados. Si los nuevos vértices generados ya están en la lista con un coste igual o inferior, estos nodos ya no se visitarán. Si un nodo de la lista cerrada coincide con el nuevo nodo, pero se registró con un coste mayor, también se elimina de la lista cerrada y el procesamiento continúa.

A continuación, se añade al coste una estimación de la distancia al nuevo nodo para formar la heurística del nuevo nodo. El nuevo nodo se añade a la lista de nodos abiertos, a menos que ya figure en ella.

Cuando se han completado todos estos pasos para los nodos adyacentes, el nodo original se añade a la lista cerrada. Se repite todo el proceso eliminando de la pila el siguiente nodo.

La función heurística h(n) debe predominar sobre c(n) –el coste real– para que el algoritmo se distinga claramente del algoritmo de Dijkstra.

Sin embargo, la construcción de esta función depende de la forma del grafo. Si el grafo tiene forma de cuadrícula –el algoritmo se utiliza en este caso para encontrar un buen camino a pesar de los obstáculos–, la distancia euclídea o la distancia Manhattan dan buenos resultados. Si el grafo tiene cualquier forma, es posible definir una distancia como la diferencia entre el identificador del nodo para el que se estima la distancia y el identificador del nodo objetivo. Esto da al grafo una topología.

Implementación en C++

Comenzamos la implementación con una clase AEstrellaVertice. Ésta es abstracta para facilitar su implementación junto con la clase AGrafo.

```
/*
* AEstrellaVertice clase abstracta que representa un vértice para A*
*/
class AEstrellaVertice
{
public:
   // identificador del vértice
   int ID;

   AEstrellaVertice* path_parent;
   float cost_from_start;
   float estimated_cost_to_goal;
```

```
    // coste del vértice (en parte estimada)
    float get_cost()
    {
        return cost_from_start + estimated_cost_to_goal;
    }

    // compara el coste del vértice con el coste de otro vértice
    int compareTo(AEstrellaVertice* other)
    {
        float this_value = get_cost();
        float other_value = other->get_cost();
        float v = this_value - other_value;
        return (v > 0) ? 1 : (v < 0) ? -1 : 0;
    }

    // Obtiene el coste entre este vértice y el vértice adyacente
    // especificado
    virtual float get_cost(AEstrellaVertice* node) = 0;

    // Obtiene el coste estimado entre este vértice y el vértice
    // especificado
    // El coste estimado debe ser inferior al verdadero coste.
    // Cuando más cercano esté, mejor es la estimación.
    virtual float get_estimated_cost(AEstrellaVertice* node) = 0;

    // Obtiene la lista de los vértices adyacentes
    virtual vector<AEstrellaVertice*> get_vertices_adyacentes() = 0;
};
```

A continuación, se declara la clase `AGrafo`, que tiene una doble función: transporta la matriz de adyacencia en forma de punteros a `AEstrellaVertice`, así como la matriz de costes.

```
/*
* AGrafo implementa un grafo por matriz de adyacencia ponderada
* Los vértices se declaran como AEstrellaVertice*, clase abstracta
*/
class AGrafo
{
public:
    float** grafo; // matriz de costes
    int N; // número de vértices
    AEstrellaVertice** vertices; // matriz de adyacencia
```

```
    AGrafo(int n)
    {
        N = n;
        grafo = new float* [N];
        vertices = new AEstrellaVertice*[N];
    }
};
```

Ahora, aquí está la clase `AVertice`, que implementa la clase abstracta `AEstrellaVertice`. El método `get_estimated_cost()` contiene un coeficiente de 1, al que volveremos más adelante. En el método `get_vertices_adyacentes()`, la visualización de los vértices está comentada. Puede ser útil habilitar este código, de forma permanente o mediante un flag `is_debug`, para seguir paso a paso la ejecución del programa.

```
class AVertice :
    public AEstrellaVertice
{
public:
    AGrafo* grafo;

    AVertice(int id, AGrafo* g)
    {
        ID = id;
        grafo = g;
    }

    // Obtiene el coste entre este vértice y el vértice adyacente
    // especificado
    float get_cost(AEstrellaVertice* node)
    {
        return grafo->grafo[ID][((AVertice*)node)->ID];
    }

    // Obtiene el coste estimado entre este vértice y el vértice
    // especificado
    float get_estimated_cost(AEstrellaVertice* node)
    {
        return 1 * abs(ID - ((AVertice*)node)->ID);
    }

    //  Obtiene los vértices adyacentes
```

```
    vector<AEstrellaVertice*> get_vertices_adyacentes()
    {
        vector<AEstrellaVertice*> v;
        //cout << "Ady de " << ID+1 << " : ";
        for (int i = 0; i < grafo->N; i++)
            if (grafo->grafo[ID][i] < 1000)
            {
                //cout << grafo->vertices[i]->ID+1 << " ";
                v.push_back(grafo->vertices[i]);
            }
        //cout << "\n";
        return v;
    }
};
```

El algoritmo de búsqueda necesita una lista de prioridades. Aunque varias estructuras de la librería STL pueden ser adecuadas, proponemos aquí la creación de una clase `p_queue` basada simplemente en `vector`:

```
/*
* p_queue cola de prioridad
* se basa en vector
*/
class p_queue :
   public vector<AEstrellaVertice*>
{
public:
   // cola de los elementos
   void show(string name)
   {
       cout << name << " { ";
       for (auto it = begin(); it < end(); it++)
           cout << (*it)->ID << ((it < end() - 1) ? "," : "") << " ";
       cout << " } " << endl;
   }

   // elimina el elemento más débil
   AEstrellaVertice* remove_first()
   {
       auto t = *(end()-1);
       erase(end()-1);
       return t;
   }

   // elimina un elemento
```

```
    void remove(AEstrellaVertice* object)
    {
        for (auto it = begin(); it < end(); it++)
        {
            if ((*it) == object)
            {
                this->erase(it);
                break;
            }
        }
    }

    // verifica la pertenencia de un elemento
    bool contains(AEstrellaVertice* object)
    {
        for (auto it = begin(); it < end(); it++)
        {
            if ((*it) == object)
                return true;
        }
        return false;
    }

    // añade un elemento en función de su peso
    void add(AEstrellaVertice* object)
    {
        if (contains(object))
            return;

        for (int i = 0; i < size(); i++)
        {
            if (object->compareTo(at(i)) >= 0) // <=
            {
                this->insert(begin() + i, object);
                return;
            }
        }
        push_back(object);
    }
};
```

La clase `AEstrellaBusqueda` implementa el algoritmo en sí:

```
class AEstrellaBusqueda
{
public:
   // Construye la ruta, sin incluir el vértice de inicio
   vector<AEstrellaVertice*> construir_ruta(AEstrellaVertice* node)
   {
       vector<AEstrellaVertice*> path;
       while (node->path_parent != nullptr)
       {
           path.push_back(node);
           node = node->path_parent;
       }
       return path;
   }

   // Encuentra la ruta del vértice de inicio al vértice
de destino.
   // Se devuelve una lista con los vértices o vacía si la ruta
   // no se encuentra.
   vector<AEstrellaVertice*> buscar_ruta (AEstrellaVertice*
startNode, AEstrellaVertice* goalNode)
   {
       p_queue open_list;
       p_queue closed_list;

       startNode->cost_from_start = 0;
       startNode->estimated_cost_to_goal =
startNode->get_estimated_cost(goalNode);
       startNode->path_parent = nullptr;

       open_list.add(startNode);

       while (!open_list.empty())
       {
           cout << "tamaño de apertura " << open_list.size()
<< " tamaño de cierre " << closed_list.size() << endl;
           //openList.show("open");
           //closedList.show("closed");
           cout << "\n";

           AEstrellaVertice* node = open_list.remove_first();

           if (node == goalNode)
           {
```

```
                // construye la ruta desde el inicio hasta el destino
                return construir_ruta(goalNode);
            }

            vector<AEstrellaVertice*> neighbors =
node->get_vertices_adyacentes();
            for (int i = 0; i < neighbors.size(); i++)
            {
                AEstrellaVertice* neighborNode = neighbors.at(i);

                bool isOpen = open_list.contains(neighborNode);
                bool isClosed = closed_list.contains(neighborNode);

                float costFromStart = node->cost_from_start +
node->get_cost(neighborNode);

                // verifica si el vecino se ha atravesado o si
                // una ruta más corta hasta este vértice se encuentra.
                if ((!isOpen && !isClosed) ||
                    costFromStart < neighborNode->cost_from_start)
                {
                    neighborNode->path_parent = node;
                    neighborNode->cost_from_start = costFromStart;
                    neighborNode->estimated_cost_to_goal =
neighborNode->get_estimated_cost(goalNode);

                    if (isClosed)
                        closed_list.remove(neighborNode);

                    if (!isOpen)
                        open_list.add(neighborNode);
                }
            }
            closed_list.add(node);
        }

        // no se ha encontrado camino
        return vector<AEstrellaVertice*>();
    }
};
```

Ejecución

Probaremos A* utilizando un gráfico con varias ramas:

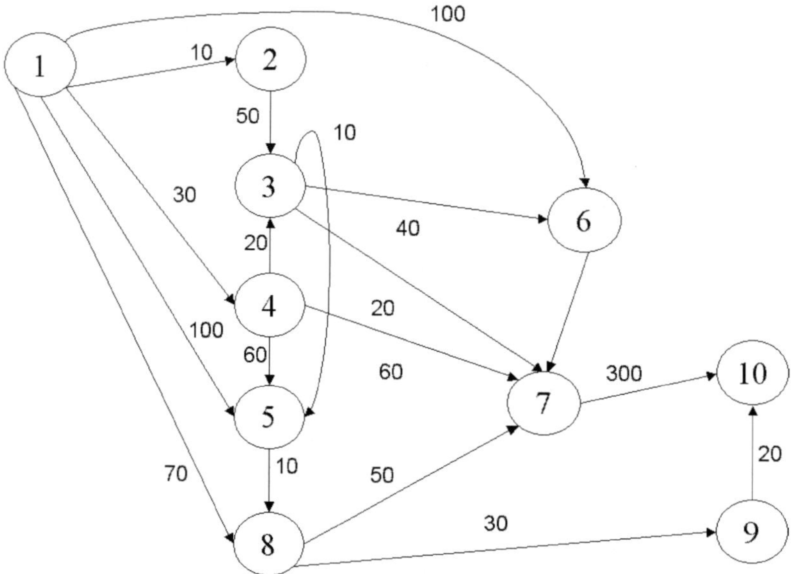

Hay varios caminos del vértice 1 al vértice 10, con costes en los primeros arcos que podrían inducir a error al algoritmo y, por tanto, ralentizarlo. Por ejemplo, el camino (1; 2) representa un coste de 10, que es prometedor comparado con los arcos (1; 8) o (1; 6), pero al final el coste total resultará elevado.

Está es la función C++ que parametriza este gráfico y lanza la ejecución del algoritmo A* para ir de 1 a 10:

```
void AEstrella()
{
   AGrafo g(10);
        //    1     2     3     4     5     6     7    8     9    10
   g.grafo[0] = new float[] {1000, 10, 1000, 30, 100, 100,
1000, 70, 1000, 1000};                    // 1
   g.grafo[1] = new float[] {1000, 1000, 50, 1000, 1000, 1000,
1000, 1000, 1000, 1000};        // 2
   g.grafo[2] = new float[] {1000, 1000, 1000, 1000, 10, 40,
1000, 1000, 1000, 1000};              // 3
   g.grafo[3] = new float[] {1000, 1000, 20, 1000, 60, 1000,
```

```
20, 1000, 1000, 1000};          // 4
   g.grafo[4] = new float[] {1000, 1000, 1000, 1000, 1000,
1000, 1000, 10, 1000, 1000};    // 5
   g.grafo[5] = new float[] {1000, 1000, 1000, 1000, 1000,
1000, 10, 1000, 1000, 1000};    // 6
   g.grafo[6] = new float[] {1000, 1000, 1000, 1000, 1000,
1000, 1000, 1000, 1000, 300};    // 7
   g.grafo[7] = new float[] {1000, 1000, 1000, 1000, 1000,
1000, 50, 1000, 30, 1000};        // 8
   g.grafo[8] = new float[] {1000, 1000, 1000, 1000, 1000,
1000, 1000, 1000, 1000, 20};    // 9
   g.grafo[9] = new float[] {1000, 1000, 1000, 1000, 1000,
1000, 1000, 1000, 1000, 1000}; // 10


   for (int i = 0; i < g.N; i++)
       g.vertices[i] = new AVertice(i, &g);

   AEstrellaBusqueda a;

   int inicio = 1;
   int fin = 10;

   cout << "ruta para ir de " << debut << " a " << fin
<< endl;

   auto l = a.buscar_ruta (g.vertices[debut - 1],
g.vertices[fin - 1]);
   for (int i = l.size()-1; i >= 0; i--)
   {
       auto s = l.at(i);
       cout << (s->ID + 1) << " [" << s->cost_from_start
<< "]" << endl;;
   }
}
```

La clase `AVertice` utiliza la siguiente función como heurística:

```
1*Math.abs(ID-((Vertice)nodo).ID);
```

Dados los pesos de los arcos en el grafo (los valores varían entre 10 y 200), la función h(n) es despreciable comparada con c(n) y el algoritmo se comporta más bien como Dijkstra. Estudia hasta cinco caminos sobre diez vértices para determinar el mejor.

Consola de depuración de Microsoft Visual Studio

```
ruta para ir de 1 a 10
tamaño de apertura 1 tamaño de cierre 0

tamaño de apertura 5 tamaño de cierre 1

tamaño de apertura 5 tamaño de cierre 2

tamaño de apertura 5 tamaño de cierre 3

tamaño de apertura 5 tamaño de cierre 4

tamaño de apertura 4 tamaño de cierre 5

tamaño de apertura 4 tamaño de cierre 6

tamaño de apertura 3 tamaño de cierre 7

tamaño de apertura 2 tamaño de cierre 8

tamaño de apertura 1 tamaño de cierre 9

8 [70]
9 [100]
10 [120]
```

Cuando la función `get_estimated_cost()` incluye un factor de 100, el efecto heurístico es mucho más evidente: la ejecución da una puntuación idéntica con un tiempo de búsqueda más corto, ya que se anima al algoritmo a explorar primero los vértices con índices (identificadores) cercanos al vértice de llegada, 10:

```
// Obtiene el coste estimado entre este vértice y el vértice especificado
float get_estimated_cost(AEstrellaVertice* node)
{
   return 100 * abs(ID - ((AVertice*)node)->ID);
}
```

Consola de depuración de Microsoft Visual Studio

```
ruta para ir de 1 a 10
tamaño de apertura 1 tamaño de cierre 0

tamaño de apertura 5 tamaño de cierre 1

tamaño de apertura 6 tamaño de cierre 2

tamaño de apertura 6 tamaño de cierre 3

8 [70]
9 [100]
10 [120]
```

Estos resultados demuestran que la heurística guía el algoritmo, a pesar de unos costes que parecen prohibitivos desde el principio: el arco que une el vértice 1 con el vértice 8 cuesta 70, mientras que otros arcos que parten del vértice 1 cuestan menos de 30.

En el caso de un grafo "clásico", la función heurística no es fácil de dosificar y no es seguro que el algoritmo A* dé mejores resultados que Dijkstra, sobre todo porque una heurística mal evaluada puede conducir a un camino cuyo coste sea superior al del "camino más corto".

En el caso de un grafo matricial, las heurísticas basadas en la noción de distancia suelen dar muy buenos resultados, en el peor de los casos son idénticas a Dijkstra en términos de calidad y rendimiento.

4. Comprimir archivos

La cuestión de ahorrar espacio para representar la información surgió muy pronto. Aunque la tecnología ha hecho fantásticos progresos, la necesidad de comunicación y almacenamiento también ha aumentado en las mismas proporciones. En consecuencia, buscamos constantemente reducir el tamaño de los archivos y el ancho de banda consumido.

Presentamos dos algoritmos bien conocidos y aún ampliamente utilizados, en particular en los programas de archivado del mercado o en los módulos de compresión utilizados para Internet y la nube.

4.1 Enfoque estadístico: algoritmo Huffman

También se conoce como codificación Huffman, en honor a su inventor. El principio de este algoritmo es reducir el número de bits utilizados para codificar caracteres frecuentes (bytes) en el archivo a comprimir y alargar los demás.

En español, la letra E es muy frecuente, mientras que las letras K y Z lo son mucho menos. Como regla general, codificar la E en 7 bits en lugar de 8 ahorrará 1 bit por cada aparición.

Como siempre se necesitan 256 códigos diferentes para representar cada carácter ASCII (1 byte), aceptaremos que las letras menos frecuentes tengan códigos más largos, por ejemplo de 9 bits.

El algoritmo de Huffman construye una codificación binaria (un B tree) a partir de las estadísticas de caracteres. Dependiendo de la implementación, las estadísticas se predefinen en función del tipo de archivo o se calculan dinámicamente a partir del archivo que se va a comprimir. Las implementaciones más sofisticadas modifican la codificación actualizando las estadísticas a medida que se procesa el archivo.

4.1.1 Aplicación de la codificación

La codificación comienza contando las apariciones de cada carácter (representado en un byte) en el archivo fuente. Para ello, utilizamos una matriz de clase Nodo, que se utilizará para construir el árbol para la codificación:

```
class Nodo
{
public:
   int code, lcode;
   int frec, guarda;

   int fils1, fils2;

   Nodo()
   {
       code = lcode = frec = guarda = 0;
       fils1 = fils2 = -1;
   }
};
```

La clase Huffman contiene toda la lógica del algoritmo de compresión y descompresión:

```
#define MAX 512

class Huffman : public ICompresor
{
private:
   Nodo**estado;
   int leidos, escritos;
   int vertice;

   void contador(FILE*src);
   void mostrar_estado();
   int buscar_min();
```

```
   void genera_codigo(Nodo*n, int code, int lcode, int m);
   int escribir_estadisticas(FILE*dest);
   void leer_estadisticas(FILE*src);
   void codificar_archivo(FILE*src, BitFile*dest);
   void decodificar_archivo(BitFile*src, FILE*dest,
int tamanio_original);

public:
   Huffman(void);
   ~Huffman(void);
   virtual int comprimir(char*nombre, FILE*source, FILE*dest);
   virtual void expandir(char*nombre, int tamanio_original, int
tamanio_archivo, FILE*source);
};
```

El método count() lee primero el archivo fuente (a comprimir) para determinar las estadísticas de cada carácter:

```
#pragma region contador
void Huffman::contador(FILE*src)
{
   int c;
   leidos = 0;
   while ((c = fgetc(src)) != -1)
   {
       estado[c]->frec++;
       leidos++;
   }
}
#pragma endregion
```

La construcción del árbol es un proceso iterativo que busca los dos índices de menor frecuencia y los agrupa para formar un nuevo nodo. El mismo árbol se construirá durante la descompresión.

```
// construcción del árbol
vertice = 256;
int min1, min2;
min1 = min2 = -1;
int pesos = 0;

while (pesos <= leidos && vertice < MAX)
{
   // busca el menor no nulo
   min1 = buscar_min();
```

```
    if (min1 < 0)
        break;

    estado[min1]->guarda = estado[min1]->frec;
    estado[min1]->frec = 0;

    // busca el segundo menor no nulo
    min2 = buscar_min();
    if (min2 < 0)
        break;

    estado[vertice]->fils1 = min1;
    estado[vertice]->frec = estado[min1]->guarda;

    estado[min2]->guarda = estado[min2]->frec;
    estado[min2]->frec = 0;

    estado[vertice]->fils2 = min2;
    estado[vertice]->frec += estado[min2]->guarda;

    pesos = estado[vertice]->frec;
    vertice++;
}
```

Por ejemplo, consideremos un archivo que contiene tres caracteres a, b y c con las siguientes estadísticas:

a	3 ocurrencias
b	2 ocurrencias
c	1 ocurrencia

Por tanto, el archivo que hay que comprimir contiene seis caracteres. Deducimos un árbol agrupando los nodos con las frecuencias más bajas, de dos en dos, con la suma de todas las frecuencias en la parte superior, es decir, el tamaño del archivo que hay que comprimir.

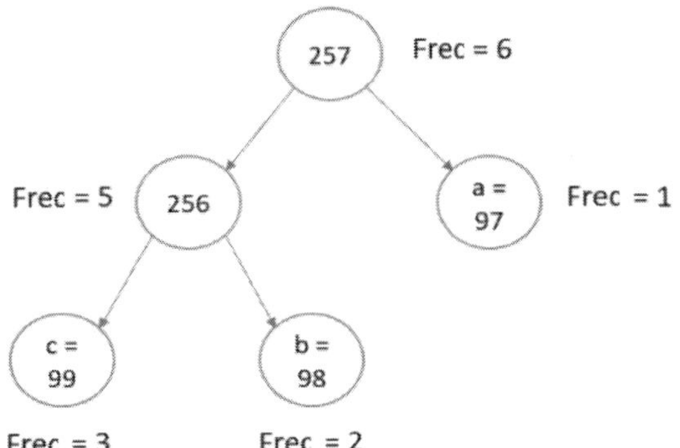

La generación de códigos es un proceso recursivo: partiendo de la raíz del árbol, codificamos 0 al primer hijo (convencionalmente a la izquierda), 1 al segundo hijo (a la derecha):

```
// generación de la codificación
vertice--;
genera_codigo(estado[vertice], 0, 0, 0);
```

Con cada recursión, la longitud del código aumenta en uno:

```
#pragma region genera_codigo
void Huffman::genera_codigo(Nodo*n, int code, int lcode, int m)
{
   n->code = (code << 1) | m;
   n->lcode = lcode;

   if (n->fils1 >= 0)
       genera_codigo(estado[n->fils1], n->code, lcode + 1, 0);

   if (n->fils2 >= 0)
       genera_codigo(estado[n->fils2], n->code, lcode + 1, 1);
}
#pragma endregion
```

Para el ejemplo anterior, esto produce un código más corto para el carácter a (código ascii 97) y un código más largo para los caracteres b (código ascii 98) y c (código ascii 99):

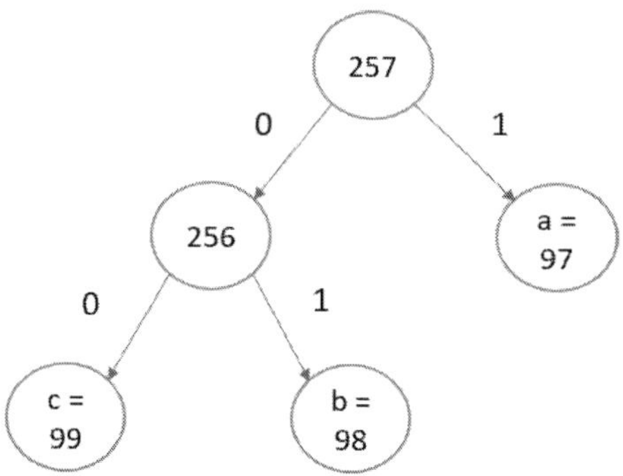

4.1.2 Compresión de archivos

La compresión real del archivo consiste en volver a leer el archivo y sustituir su codificación Huffman por cada carácter leído:

```
#pragma region codificar_archivo
void Huffman::codificar_archivo(FILE*src, BitFile*dest)
{
   int c;
   leidos = 0;
   while ((c = fgetc(src)) != -1)
   {
       dest->outputBits(estado[c]->code, estado[c]->lcode);
       leidos++;
   }
}
#pragma endregion
```

Sin embargo, está la cuestión de qué árbol utilizar para la descompresión. Si las estadísticas no están predeterminadas (en función del tipo de archivo, por ejemplo), también hay que registrarlas en el flujo de salida, limitándolas a los caracteres con ocurrencias distintas de cero:

```
#pragma region escribir_estadisticas
int Huffman::escribir_estadisticas(FILE*dest)
{
```

```
    int cb = 0;

    // cuenta el número de caracteres presentes
    int num_present = 0;
    for (int i = 0; i < 256; i++)
        if (estado[i]->guarda != 0)
            num_present++;

    fwrite(&num_present, 1, sizeof(int), dest);
    cb += sizeof(int);

    // guarda los estados para cada carácter presente
    for (int i = 0; i < 256; i++)
    {
        if (estado[i]->guarda != 0)
            cb += estado[i]->write(i, dest);
    }
    return cb;
}
#pragma endregion
```

Esta captura de pantalla muestra que guardar estadísticas es caro para archivos muy pequeños (archivo1.txt tiene 6 caracteres y 21 bytes cuando se comprime):

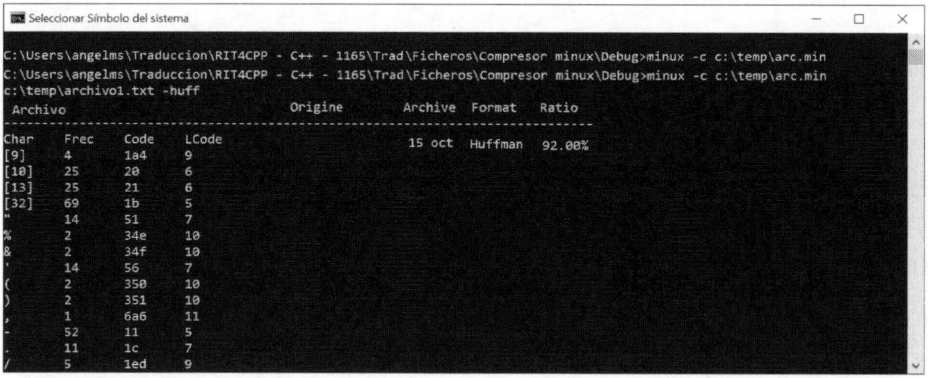

```
Seleccionar Símbolo del sistema

C:\Users\angelms\Traduccion\RIT4CPP - C++ - 1165\Trad\Ficheros\Compresor minux\Debug>minux -c c:\temp\arc.min
C:\Users\angelms\Traduccion\RIT4CPP - C++ - 1165\Trad\Ficheros\Compresor minux\Debug>minux -c c:\temp\arc.min
c:\temp\archivo1.txt -huff
 Archivo                               Origine        Archive  Format   Ratio
------------------------------------------------------------------------------
Char    Frec    Code    LCode                         15 oct   Huffman  92.00%
[9]     4       1a4     9
[10]    25      20      6
[13]    25      21      6
[32]    69      1b      5
"       14      51      7
%       2       34e     10
&       2       34f     10
'       14      56      7
(       2       350     10
)       2       351     10
,       1       6a6     11
-       52      11      5
.       11      1c      7
/       5       1ed     9
```

Sin embargo, con un archivo ligeramente mayor, el algoritmo da buenos resultados, comprimiendo un archivo de 1,77 KB en sólo 350 bytes, estadísticas incluidas:

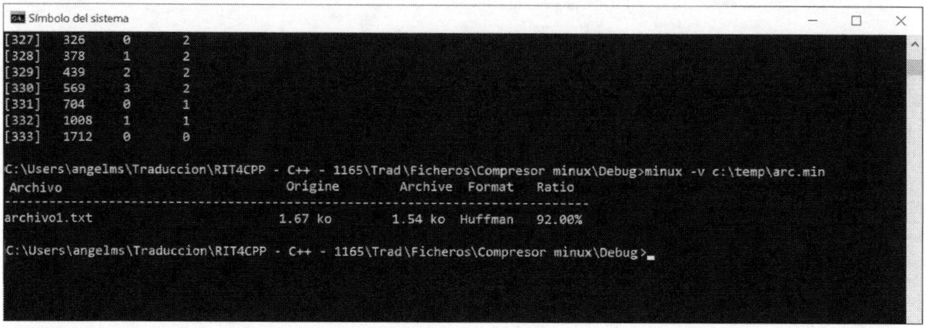

```
Símbolo del sistema
[327]   326     0       2
[328]   378     1       2
[329]   439     2       2
[330]   569     3       2
[331]   704     0       1
[332]   1008    1       1
[333]   1712    0       0

C:\Users\angelms\Traduccion\RIT4CPP - C++ - 1165\Trad\Ficheros\Compresor minux\Debug>minux -v c:\temp\arc.min
 Archivo                              Origine        Archive  Format   Ratio
------------------------------------------------------------------------------
archivo1.txt                         1.67 ko        1.54 ko  Huffman   92.00%

C:\Users\angelms\Traduccion\RIT4CPP - C++ - 1165\Trad\Ficheros\Compresor minux\Debug>_
```

4.1.3 Descompresión

El código C++ de descompresión sigue parte de la lógica de compresión: lectura de estadísticas, construcción del árbol, generación de la codificación.

A continuación, hay que leer el archivo de entrada bit a bit y seguir el árbol hasta llegar a las hojas correspondientes a caracteres ASCII con un valor comprendido entre 0 y 255:

```
void Huffman::decodificar_archivo(BitFile*src, FILE*dest,int
tamanio_original)
{
   escritos = 0;
   int s;
   while (escritos < tamanio_original)
   {
        s = vertice;
        while (estado[s]->fils1 >= 0 && estado[s]->fils2 >= 0 &&
s>255)
        {
             int b = src->inputBit();
             if (b == 0)
                  s = estado[s]->fils1;
             else
                  s = estado[s]->fils2;
        }
        // en principio 0 <= s <= 255
```

```
        char c = (char)s;
        fwrite(&c, 1, sizeof(char), dest);
        escritos++;
    }
}
```

4.2 Enfoque por diccionario: el algoritmo LZW

Este algoritmo se desarrolló en varias etapas. A finales de los años 70, dos investigadores, Abraham Lempel y Jacob Ziv, diseñaron varios algoritmos de compresión de datos basados en diccionarios, LZ77, LZ78 y LZSS. Unos años más tarde, su concepto fue mejorado por Terry Welch, dándoles el acrónimo LZW. Este algoritmo ha sido popularizado por muchos formatos de archivo, como .zip y .gif, y a veces se utiliza en combinación con la codificación Huffman (LZH, deflate, etc.).

4.2.1 Funcionamiento del algoritmo

El algoritmo sustituye secuencias de caracteres (podríamos decir palabras) por un índice en una tabla. Utilizando la analogía del diccionario, sustituiríamos cada palabra del flujo de salida por un índice formado por el número de página y el número de entrada en la página del diccionario.

El objetivo del algoritmo es construir el diccionario a medida que se lee el archivo de entrada y no tener que suministrar el diccionario tal cual para la descompresión.

Como resultado, los programas de compresión y descompresión funcionan de forma bastante simétrica.

Inicialmente, el diccionario contiene cada carácter individual (digamos, las letras del alfabeto A, B, C... Z). Cada vez que se lee un carácter, se busca si existe una cadena en el diccionario añadiendo ese carácter. Si la entrada existe, el índice de la cadena se proporciona en el flujo de salida, de lo contrario se crea una nueva entrada en el diccionario y el nuevo carácter se envía en el flujo de salida. El programa de descompresión puede entonces mantener su propio diccionario al mismo ritmo.

En la descompresión, leemos un código y buscamos en el diccionario si hay una entrada que coincida. Si la hay, la cadena del diccionario se devuelve al flujo de salida; si no, el código ayuda a crear una nueva entrada que, finalmente, se copia de nuevo en el flujo de salida.

Sin embargo, existe un caso particular: en la secuencia repetitiva cadena/carácter/cadena/carácter/cadena, el descompresor no encuentra la nueva entrada y no recibe ningún código que le permita crearla. Afortunadamente, éste es el único caso en el que el descompresor no encuentra el código. Por lo tanto, aplicamos la creación de facto de una nueva entrada como lo haría el compresor.

4.2.2 Implementación del diccionario

Una gran parte del proceso consiste en encontrar entradas en el diccionario. El enfoque iterativo ingenuo es desastroso desde el punto de vista del rendimiento.

Veamos la capacidad del diccionario (en términos de número de entradas, es decir, cadenas) en función de la anchura de la codificación y del número de operaciones necesarias para estar seguros de escanear todo el diccionario para encontrar una cadena. La longitud media de las cadenas se determina sobre la base de que un diccionario con 512 entradas, de las cuales las 256 primeras están reservadas a los códigos ASCII, no contendrá por término medio cadenas de más de 3 caracteres. Por supuesto, esta regla de cálculo arbitraria se puede cuestionar en función del archivo que se vaya a comprimir, pero es adecuada para nuestro razonamiento.

Ancho de codificación en bits	Número de entradas del diccionario	Longitud media de la cadena *	Número de comparaciones de caracteres para encontrar una cadena
9	512	3	1 536
10	1 024	4	4 096
11	2 048	5	10 240
12	4 096	6	24 576
13	8 192	7	57 344

Ancho de codificación en bits	Número de entradas del diccionario	Longitud media de la cadena *	Número de comparaciones de caracteres para encontrar una cadena
14	16 384	8	131 072
15	32 768	9	294 912

Cuanto mayor sea el diccionario, más se podrá enriquecer con nuevas combinaciones de caracteres. Por lo tanto, podemos esperar no saturarlo prematuramente con secuencias presentes sólo al principio del archivo a comprimir.

Dicho esto, para comprimir cada carácter del archivo, en función de la anchura de la codificación utilizada, una técnica de búsqueda demasiado simplista requerirá entre 1.536 y casi 300.000 comparaciones, lo que resulta demasiado costoso.

Una solución clásica a este problema es hacer un hash de las entradas del diccionario; ya hemos visto esta técnica, que consiste en asociar un código numérico a una cadena en estructuras de la librería STL, como `set` o `map`.

En otras palabras, si el diccionario es una matriz (en el sentido de C++), en lugar de almacenar entradas consecutivamente con índices 1, 2, 3, 4..., N, se calcula una clave utilizando un algoritmo que minimiza el número de comparaciones necesarias para llegar a una entrada y encontrar una coincidencia. Este tipo de cálculo se denomina hashing.

En la práctica, se utiliza una fórmula basada en una operación XOR y un desplazamiento de bits. Con este tipo de fórmula, el tamaño de la tabla se suele calibrar con un margen del 25% en relación con el tamaño útil. Para una tabla con 512 entradas, se necesita un contenedor con unas 750 posiciones. Un segundo factor determina el número de operaciones de comparación. Para evitar que varias cadenas compartan el mismo código hash (lo que se conoce como colisión o acumulación), el tamaño de la tabla debe ser un número primo lo suficientemente alejado de una potencia de 2. Siguiendo con nuestro ejemplo de un diccionario de 9 bits, 750 entradas no es adecuado, pero 751 es una buena elección, ya que es a la vez primo y está relativamente en medio de dos potencias de 2, es decir [2^9 = 512; 2^10 = 1.024].

Un diccionario se define como una estructura de árbol. Una cadena de caracteres es una lista de caracteres. Cada elemento de la lista se puede encontrar en cualquier lugar de la tabla.

Por ejemplo, para la cadena "abc" con índice 500, el nodo 'a' está en el índice 200, el nodo "ab" que añade 'b' a la cadena "a" está en el índice 708.

La clase `Diccionario` inicia la definición:

```
/*
 * El diccionario de cadenas es un árbol
 *
 */
struct Diccionario
{
   int valor_codigo;      // código LZW
   int codigo_padre;      // encadenamiento
   char car;                  // carácter
};
```

Hemos optado por una codificación que puede evolucionar de 9 a 15 bits; la tabla de direcciones abiertas debe contener más de 32768 entradas, eligiendo un número primo que no esté demasiado cerca de 32768, sin ser demasiado grande para no ocupar demasiada memoria en tiempo de ejecución.

```
/*
 * Constantes relativas a la implementación de LZW
 * La codificación varía de 9 a 15 bits
 */
#define BITS        15
#define CODIGO_MAX         ((1 << BITS ) -1)

/* primer número entre 2^15 y 2^16 */
#define TAMANIO_TABLA        35311

/* 137 páginas de 256 entradas */
#define TAMANIO_PAGINA_TABLA (( TAMANIO_TABLA >> 8) +1)

#define FIN_DE_FLUJO_LZ 256
#define CAMBIO_CODIFICACION 257
#define CODIGO_PURGADO 258
#define PRIMER_CODIGO 259
#define NO_UTILIZADO -1
```

En la clase `LZW`, el diccionario se implementa como un conjunto de páginas con 256 entradas:

```
class LZW : public ICompresor
{
private:
   Diccionario* dict[TAMANIO_PAGINA_TABLA];
   Diccionario& get_dict(int i)
   {
       return dict[i >> 8][i & 0xff];
   }
```

Se utilizan dos métodos para asignar memoria al diccionario y para restablecerlo:

```
#pragma region inicializa_diccionario
void LZW::inicializa_diccionario()
{
   int i;
   for (i = 0;i < TAMANIO_TABLA;i++)
       get_dict(i).valor_codigo= NO_UTILIZADO;

   codigo_siguiente = PRIMER_CODIGO;
   anchura_codificacion = 9;
   proximo_codigo_salto = 511;
}
#pragma endregion

#pragma region inicializa_almacenamiento
void LZW::inicializa_almacenamiento()
{
   int i;
   for (i = 0;i < TAMANIO_PAGINA_TABLA;i++) {
       dict[i] = (struct Diccionario*) calloc(256,
sizeof(struct Diccionario));
   }
}
#pragma endregion
```

Por último, está el método hash `encuentra_cadena()`, basado en un cálculo XOR (operación lógica o exclusiva) bastante clásico. En caso de colisión, el algoritmo determina si la búsqueda siguiente está justo al lado o diametralmente opuesta a la tabla. Puede proponer otros métodos hash e incluso, como prueba, construir su propio diccionario utilizando una estructura de la librería STL.

Sin embargo, hay que tener cuidado de elegir los argumentos adecuados, como el factor de carga, para garantizar el rendimiento y una ocupación razonable de la memoria.

```
#pragma region encuentra_cadena
unsigned int LZW::encuentra_cadena(int codigo_padre, int car_siguiente)
{
   unsigned int indice;
   int desplazamiento;

   // hash de la cadena a partir del código padre y del carácter
siguiente
   indice = (car_siguiente << (BITS - 8)) ^ codigo_padre;

   // en caso de otro hsh, determina un desplazamiento
   // se buscará la próxima entrada junto o al otro lado de la tabla
   if (indice == 0)
       desplazamiento = 1;
   else
       desplazamiento = TAMANIO_TABLA - indice;

   while(true)
   {
       // cadena no encontrada
       if (get_dict(indice).valor_codigo == NO_UTILIZADO)
           return ((unsigned int)indice);

       // cadena padre encontrado y carácter encontrado
       if (get_dict(indice).codigo_padre == codigo_padre &&
           get_dict(indice).car == (char)car_siguiente)
           return indice;

       // cadena padre encontrada pero carácter no encontrado:
hacemos otro hash (2°, 3°...)
       // hasta encontrar una entrada no utilizada o una correspondencia
       if ((int)indice >= desplazamiento)
           indice -= desplazamiento;
       else
           indice += TAMANIO_TABLA - desplazamiento;
   }
}
#pragma endregion
```

4.2.3 Dimensionamiento y gestión de diccionarios

Ahora que sabemos cómo optimizar la búsqueda de cadenas en la tabla, tenemos que pensar en el tamaño adecuado del diccionario y en la velocidad a la que se llenará.

Si partimos de una codificación de 12 bits, cada cadena de 1, 2, 3, 4 caracteres, se codifica en un byte y medio. También hay un byte por cada nuevo carácter que se añade a la cadena. Este ancho de codificación incluye hasta 4.096 cadenas, lo que puede ser más que suficiente para un archivo muy pequeño. En un archivo grande, el diccionario se puede saturar rápidamente con cadenas que sólo están presentes al principio, y la relación de compresión se puede desplomar.

Las implementaciones de LZW ofrecen dos mecanismos para optimizar la relación de compresión. En primer lugar, la anchura de codificación evoluciona de 9 bits a 12, 15 o incluso más bits. En segundo lugar, el diccionario se puede vaciar, ya sea cuando está lleno o a petición, cuando la relación de compresión disminuye.

El compresor puede modificar las características del diccionario. Sin embargo, debe informar al descompresor de estas modificaciones:

```
if (codigo_siguiente > CODIGO_MAX)
{
   output->outputBits(CODIGO_PURGADO, anchura_codificacion);
   inicializa_diccionario();
}
else if (codigo_siguiente > proximo_codigo_salto)
{
   output->outputBits(CAMBIO_CODIFICACION, anchura_codificacion);
   anchura_codificacion++;
   proximo_codigo_salto <<= 1;
   proximo_codigo_salto |= 1;
}
```

4.2.4 Programa de compresión

El programa de compresión es muy sencillo y comparativamente menos elaborado que el programa Huffman.

```
#pragma region compress_file
void LZW::compress_file(FILE*input, BitFile*output)
```

```
{
   int car;
   int codigo_cadena;
   unsigned int indice;

   inicializa_almacenamiento();
   inicializa_diccionario();

   cb++;
   if ((codigo_cadena = getc(input)) == EOF)
       codigo_cadena = FIN_DE_FLUJO_LZ;

   while ((car = getc(input)) != EOF)
   {
       cb++;
       indice = encuentra_cadena(codigo_cadena, car);

       if (get_dict(indice).valor_codigo != NO_UTILIZADO)
           codigo_cadena = get_dict(indice).valor_codigo; // la
cadena existe
       else
       {
           // nueva cadena
           get_dict(indice).valor_codigo = codigo_siguiente++;
           get_dict(indice).codigo_padre = codigo_cadena;
           get_dict(indice).car = (char)car;

           output->outputBits(codigo_cadena, anchura_codificacion);

           codigo_cadena = car;

           if (codigo_siguiente > CODIGO_MAX)
           {
               output->outputBits(CODIGO_PURGADO,
anchura_codificacion);
               inicializa_diccionario();
           }
           else if (codigo_siguiente > proximo_codigo_salto)
           {
               output->outputBits(CAMBIO_CODIFICACION,
anchura_codificacion);
               anchura_codificacion++;
               proximo_codigo_salto <<= 1;
               proximo_codigo_salto |= 1;
           }
       }
```

```
    }
    output->outputBits(codigo_cadena, anchura_codificacion);
    output->outputBits(FIN_DE_FLUJO_LZ, anchura_codificacion);
}
#pragma endregion
```

Este programa LZW comprime un famoso poema de Lamartine alrededor de un 40%:

```
Símbolo del sistema

C:\Users\angelms\Traduccion\RIT4CPP - C++ - 1165\Trad\Ficheros\Compresor minux\Debug>minux -v c:\temp\arc.min
Archivo                          Origine        Archive  Format   Ratio
-----------------------------------------------------------------------
archivo1.txt                    1.67 ko        1.54 ko  Huffman   92.00%
archivo2.txt                     701 oct        817 oct Huffman  116.55%
archivo3.txt                      52 oct        168 oct Huffman  323.08%

C:\Users\angelms\Traduccion\RIT4CPP - C++ - 1165\Trad\Ficheros\Compresor minux\Debug>_
```

4.2.5 Programa de descompresión

La descompresión requiere algunas líneas más. Primero hay que descodificar una cadena, es decir, volver a recorrer los índices para reescribir una secuencia de caracteres legible y, sobre todo, conforme al original. Esta es la función del método `decodificar_cadena()`:

```
#pragma region decodificar_cadena
unsigned int LZW::decodificar_cadena(int cuenta, int codigo)
{
    // es una cadena compuesta de una cadena y de un carácter
    while (codigo > 255)
    {
        decodificar_pila[cuenta++] = get_dict(codigo).car;
        codigo = get_dict(codigo).codigo_padre;
    }
    decodificar_pila[cuenta++] = (char)codigo;
    return cuenta;
}
#pragma endregion
```

A continuación, debe configurar el controlador de excepciones para la secuencia cadena/carácter/cadena/carácter/cadena. No es necesario buscar esta combinación, ya que es el único caso en el que el descompresor no puede encontrar la cadena en el diccionario:

```
#pragma region expand_file
void LZW::expand_file(BitFile*input, FILE*output)
{
   unsigned int nuevo_codigo;
   unsigned int antiguo_codigo;
   int car;
   unsigned int cuenta;

   inicializa_almacenamiento();

   while(true)
   {
       inicializa_diccionario();
       antiguo_codigo = (unsigned int)input->
inputBits(anchura_codificacion);

       if (antiguo_codigo == FIN_DE_FLUJO_LZ)
           return;

       car = antiguo_codigo;
       putc(antiguo_codigo, output);

       while(true)
       {
           nuevo_codigo = (unsigned int)input->
inputBits(anchura_codificacion);

           if (nuevo_codigo == FIN_DE_FLUJO_LZ)
               return;

           if (nuevo_codigo == CODIGO_PURGADO)
           {
               inicializa_diccionario();
               break;
           }

           if (nuevo_codigo == CAMBIO_CODIFICACION)
           {
```

```
                anchura_codificacion++;
                continue;
            }

            if (nuevo_codigo >= codigo_siguiente)
            {
                // casp particular cadena + car + cadena + car +
cadena
                decodificar_pila[0] = (char)car;
                cuenta = decodificar_cadena(1, antiguo_codigo);
            }
            else
                cuenta = decodificar_cadena(0, nuevo_codigo);

            // volvemos a comenzar con el primer car de la cadena
            car = decodificar_pila[cuenta - 1];

            // escribe la cadena decodificada
            while (cuenta > 0)
                putc(decodificar_pila[--cuenta], output);

            // añade cadena + antiguo_codigo al diccionario
            get_dict(codigo_siguiente).codigo_padre =
antiguo_codigo;
            get_dict(codigo_siguiente).car = (char)car;

            codigo_siguiente++;

            antiguo_codigo = nuevo_codigo;
        }
    }
}
#pragma endregion
```

5. Implementación de una red neuronal en C++

Se trata de técnicas algorítmicas ligeramente diferentes, ya que pertenecen a la familia de la metaheurística, que reúne enfoques no deterministas para resolver problemas informáticos complejos como la optimización (búsqueda de valores mínimos o máximos, determinación de rutas, etc.) o la lógica difusa. Un algoritmo clásico es un método determinista que realiza una secuencia de operaciones para alcanzar un resultado en un tiempo conocido de antemano.

Los algoritmos con metaheurística persiguen un objetivo que alcanzarán con un cierto grado de precisión, en un determinado periodo de tiempo y trabajan con modelos de datos que generalmente están evolucionando. Las metaheurísticas actúan como catalizadores de los resultados; son una especie de "receta" que acelerará la consecución de un objetivo. En esta categoría se incluyen los algoritmos de templado simulado, los algoritmos genéticos y las redes neuronales.

5.1 ¿Una red neuronal para algoritmos?

Una red neuronal se puede concebir como una función que recibe argumentos y calcula un conjunto de resultados. Los argumentos de entrada pueden ser muchos y variados, incluidos símbolos, valores numéricos, letras, etc. Estas cantidades se representan en forma de valores numéricos continuos o discretos, digamos del tipo `float`, y cada ejemplo desarrolla su propia interpretación (o modelización), asimilando el valor a un booleano, una cantidad numérica o un símbolo.

La red neuronal reacciona a los argumentos de la función aplicada a su capa de entrada; las neuronas intermedias se activan en función de las interconexiones y acaban activando a su vez determinadas neuronas de la capa de salida.

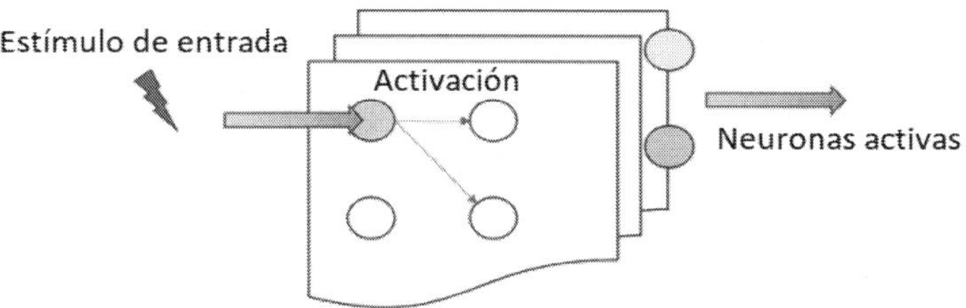

La activación es una función de transferencia que produce un valor de cierta intensidad. Es importante entender que los valores de salida no son booleanos (1 o 0), sino valores que pueden estar "cerca" de los valores objetivo que intentamos alcanzar.

Una red neuronal se implementa en dos fases. La primera es la fase de aprendizaje, en la que se presentan a la red ejemplos de situaciones, en forma de referencias de entrada y salida. Durante esta fase, la red se adapta para que las neuronas de salida se activen de acuerdo con el ejemplo dado. Esta fase de ajuste de los pesos sinápticos (entre neuronas) requiere un gran número de iteraciones y se basa en el mayor número posible de ejemplos diferentes. Cuando ha terminado el aprendizaje, la red es capaz de generalizar, es decir, de reproducir una determinada forma de resultado a partir de datos similares o fragmentarios, pero no necesariamente idénticos a los ejemplos estudiados durante el entrenamiento. Este es el sentido de los algoritmos de redes neuronales.

5.2 Implementación de una red neuronal en C++

Hemos optado por implementar la red neuronal en un entorno gestionado C++ (bajo .NET CLI).

Observación

Traducir el programa a C++ clásico, utilizando la librería STL, por ejemplo, es un ejercicio divertido e instructivo.

Es la clase gestionada por `RedNeuronas` la que lleva a cabo la mayor parte del programa de aprendizaje y activación:

```
ref class RedNeuronas
{
#pragma region elementos constitutivos de la red
private: array<int>^ layers;                         // dimensionamiento
de las capas de neuronas
private: array<array<float>^>^ neurons;              // neuronas
private: array<array<float>^ >^ biases;              // sesgo
private: array<array<array<float>^ >^>^ weights;     // pesos
private: array<int>^ activations;                    // capas
#pragma endregion

#pragma region retro propagation
      //backprop
public: float learningRate = 0.01f;// tasa de aprendizaje
public: float cost = 0;
#pragma endregion
};
```

Podemos ver que la red está formada por capas de neuronas (*layers*), donde cada neurona se define por su índice y sus pesos sinápticos. Las estructuras de datos C++ de tipo matriz (*array*) se adaptan perfectamente a esta representación.

Para ajustar los pesos sinápticos, durante el entrenamiento se utiliza el método llamado de retropropagación (*back propagation*). Este método consiste en fijar el resultado esperado y "retropropagar" por la red para ajustar los pesos:

```
/// <summary>
/// Retropropagación
/// </summary>
/// <param name="inputs">Estímulo de entrada</param>
/// <param name="expected"></param>
public:
void BackPropagate(array<float>^ inputs, array<float>^ expected)
{
    // aplica el estímulo
    array<float>^ output = FeedForward(inputs);

    // calcula el coste de la red
    cost = 0;
    for (int i = 0; i < output->Length; i++)
          cost += (float)Math::Pow(output[i] - expected[i], 2);
```

```
    // Este valor no se utiliza para los cálculos, es un
indicador de rendimiento de la red
    cost = cost / 2;

    array<array<float>^>^ gamma;

    List<array<float>^>^ gammaList = gcnew List<array<float>^>();
    for (int i = 0; i < layers->Length; i++)
    {
          gammaList->Add(gcnew array<float>(layers[i]));
    }
    gamma = gammaList->ToArray();//gamma inicialización

    int layer = layers->Length - 2;

    // determina gamma
    for (int i = 0; i < output->Length; i++)
          gamma[layers->Length - 1][i] = (output[i] - expected[i])
* activateDer(output[i], layer);

    // calcula el peso 'y el sesgo' para la última capa de la red
    for (int i = 0; i < neurons[layers->Length - 1]->Length; i++)
    {
          biases[layers->Length - 1][i] -= gamma[layers->Length -
1][i] * learningRate;
          for (int j = 0; j < neurons[layers->Length - 2]->
Length; j++)
          {
                 weights[layers->Length - 2][i][j] -=
gamma[layers->Length - 1][i] * neurons[layers->Length - 2][j] *
learningRate;//*learning
          }
    }

    for (int i = layers->Length - 2; i > 0; i--)
    {
          // aplica en cada capa intermedia

          layer = i - 1;
          for (int j = 0; j < neurons[i]->Length; j++)
          {
                 // salidas
                 gamma[i][j] = 0;
                 for (int k = 0; k < gamma[i + 1]->Length; k++)
```

```
                {
                        gamma[i][j] = gamma[i + 1][k] *
weights[i][k][j];
                }

                // calcula gamma
                gamma[i][j] *= activateDer(neurons[i][j], layer);
        }

        // itera en las salidas de la capa
        for (int j = 0; j < neurons[i]->Length; j++)
        {
                // modifica el sesgo de la red
                biases[i][j] -= gamma[i][j] * learningRate;

                // itera en las entradas de la capa
                for (int k = 0; k < neurons[i - 1]->Length; k++)
                {
                        // modifica los pesos de la red
                        weights[i - 1][j][k] -= gamma[i][j] *
neurons[i - 1][k] * learningRate;
                }
        }
    }
}
```

El método de activación se utiliza tanto para aprender como para evaluar los resultados. Se denomina FeedForward porque propaga el flujo de información de una capa a otra. Funciona de forma mucho más sencilla y directa que la función de aprendizaje `BackPropagation`:

```
array<float>^ FeedForward(array<float>^ inputs)
{
    for (int i = 0; i < inputs->Length; i++)
    {
        neurons[0][i] = inputs[i];
    }

    for (int i = 1; i < layers->Length; i++)
    {
        int layer = i - 1;
        for (int j = 0; j < neurons[i]->Length; j++)
        {
                float value = 0;
                for (int k = 0; k < neurons[i - 1]->Length; k++)
```

```
                {
                         value += weights[i - 1][j][k] *
neurons[i - 1][k];
                }
                neurons[i][j] = activate(value +
biases[i][j],layer);
            }
    }

    return neurons[neurons->Length - 1];
}
```

5.3 Una clase abstracta para controlar la red

La clase AManager (de Abstract Manager) representa la cápsula de la red. Define sus características (dimensiones, número de capas, métodos de activación) e incluye tres métodos abstractos para inicializar la red, realizar el entrenamiento y activar ejemplos.

```
 ref class AManager abstract
{
public:
    RedNeuronas^ net;
    array<int>^ layers;
    array<String^>^ activation;

    virtual void Init() abstract;
    virtual void Learn() abstract;
    virtual void Run() abstract;
};
```

5.4 Modelización de una puerta lógica

El objetivo es reproducir el funcionamiento de una puerta lógica OR con tres entradas y una salida.

A	B	C	A o B o C
0	0	0	0
0	0	1	1
0	1	0	1
0	1	1	1
1	0	0	1
1	0	1	1
1	1	0	1
1	1	1	1

La red se compone de tres capas de dimensiones 3, 5 y 1 respectivamente. El tamaño adecuado de la capa intermedia se puede determinar por ensayo y error hasta que la red converja en resultados suficientemente convincentes.

Los métodos de la clase abstracta `AManager`, incluyendo `Init()`, se implementan en la clase `PuertaMagicaManager`:

```
virtual void Init() override
{
    layers = gcnew array<int>(3) { 3, 5, 1 };
    activation = gcnew array<String^>(2) { "leakyrelu",
"leakyrelu" };
}
```

Para el entrenamiento, se ejecuta un bucle de 20.000 iteraciones (este número se determinó empíricamente), presentando sucesivamente cada una de las ocho combinaciones de entrada posibles:

```
virtual void Learn() override
{
    this->net = gcnew RedNeuronas(layers, activation);
    for (int i = 0; i < 20000; i++)
    {
```

```
        net->BackPropagate(gcnew array<float> { 0, 0, 0 }, gcnew
array<float> { 0 });
        net->BackPropagate(gcnew array<float> { 1, 0, 0 }, gcnew
array<float> { 1 });
        net->BackPropagate(gcnew array<float> { 0, 1, 0 }, gcnew
array<float> { 1 });
        net->BackPropagate(gcnew array<float> { 0, 0, 1 }, gcnew
array<float> { 1 });
        net->BackPropagate(gcnew array<float> { 1, 1, 0 }, gcnew
array<float> { 1 });
        net->BackPropagate(gcnew array<float> { 0, 1, 1 }, gcnew
array<float> { 1 });
        net->BackPropagate(gcnew array<float> { 1, 0, 1 }, gcnew
array<float> { 1 });
        net->BackPropagate(gcnew array<float> { 1, 1, 1 }, gcnew
array<float> { 1 });
    }
}
```

Para la demostración, probamos cada combinación de entrada:

```
virtual void Run() override
{
    Console::WriteLine(net->FeedForward(gcnew array<float>
{ 0, 0, 0 })[0]);
    Console::WriteLine(net->FeedForward(gcnew array<float>
{ 1, 0, 0 })[0]);
    Console::WriteLine(net->FeedForward(gcnew array<float>
{ 0, 1, 0 })[0]);
    Console::WriteLine(net->FeedForward(gcnew array<float>
{ 0, 0, 1 })[0]);
    Console::WriteLine(net->FeedForward(gcnew array<float>
{ 1, 1, 0 })[0]);
    Console::WriteLine(net->FeedForward(gcnew array<float>
{ 0, 1, 1 })[0]);
    Console::WriteLine(net->FeedForward(gcnew array<float>
{ 1, 0, 1 })[0]);
    Console::WriteLine(net->FeedForward(gcnew array<float>
{ 1, 1, 1 })[0]);
    // 0 0 0    => 0
    // 1 0 0    => 1
    // 0 1 0    => 1
    // 0 0 1    => 1
    // 1 1 0    => 1
```

```
    // 0 1 1    => 1
    // 1 0 1    => 1
    // 1 1 1    => 1
}
```

La ejecución nos muestra que la red respondió adecuadamente a los estímulos, sin alcanzar sin embargo la precisión de un cálculo booleano:

```
PROBLEMAS   SALIDA   CONSOLA DE DEPURACIÓN   ...

0,2562826
0,750286
0,7427718
0,9962145
1,236775
0,9989643
0,9989368
1,001714

Salida de c:\Usuarios\angelms\source\dbd\RedNeuronas\debug\Red2NeuronasCLI.exe
(proceso 24620). Code : 0.
```

Si decidimos redondear los valores de salida al entero más próximo, reproducimos la lógica booleana de una puerta OR. Pero esto es sólo un ejemplo para ilustrar cómo funciona la red neuronal.

5.5 Un motor de inferencia para aritmética de enteros

Pasemos a un ejemplo un poco más elaborado. La red neuronal trabaja con doce símbolos, es decir, los diez dígitos del 0 al 9 y dos palabras llamadas Palabra1 y Palabra2. El objetivo es enseñar a la red a reconocer números, números pares, números impares, números primos y a distinguir palabras.

Como el número de conceptos es bastante grande, la clase `EnteroManager` define valores predeterminados para cada símbolo:

```
    // constante simbólica vacía
    float NIL = 0;

#pragma region símbolos de entrada
    int I_NUM_0 = 0,
        I_NUM_1 = 1,
```

```
        I_NUM_2 = 2,
        I_NUM_3 = 3,
        I_NUM_4 = 4,
        I_NUM_5 = 5,
        I_NUM_6 = 6,
        I_NUM_7 = 7,
        I_NUM_8 = 8,
        I_NUM_9 = 9,
        I_PALABRA1 = 10,
        I_PALABRA2 = 11;

    float NUM_0 = 1,
        NUM_1 = 1,
        NUM_2 = 1,
        NUM_3 = 1,
        NUM_4 = 1,
        NUM_5 = 1,
        NUM_6 = 1,
        NUM_7 = 1,
        NUM_8 = 1,
        NUM_9 = 1,
        PALABRA1 = 1,
        PALABRA2 = 1;
#pragma endregion

#pragma region símbolos de salida
    int I_PAR = 0,
        I_IMPAR = 1,
        I_PRIMER = 2,
        I_NUMERO = 3,
        I_NO_UN_NUMERO = 4;

    float PAR = 1,
        IMPAR = 1,
        PRIMER = 1,
        NUMERO = 1,
        NO_UN_NUMERO = 1;
#pragma endregion
```

5.5.1 Aprendizaje de símbolos

La red consta de una primera capa de doce neuronas, es decir, el mismo número símbolos de entrada, una capa intermedia del mismo tamaño y una capa de salida de cinco neuronas para reflejar los conceptos NUMERO, PAR, IMPAR, PRIMER, PAS_UN_PALABRA.

El método de aprendizaje estudiará los mismos ejemplos 10.000 veces, asociando a cada uno de los doce símbolos sus atributos de salida:

```
virtual void Learn() override
{
    this->net = gcnew RedNeuronas(layers, activation);
    for (int i = 0; i < 10000; i++)
    {
        // modelo
        //net->BackPropagate(gcnew array<float> { NUM_0, NUM_1,
NUM_2, NUM_3, NUM_4, NUM_5, NUM_6, NUM_7, NUM_8, NUM_9, PALABRA1,
PALABRA2 }, gcnew
array<float> { PAR, IMPAR, PRIMER, NUMERO, NO_UN_NUMERO });

        // Números
        net->BackPropagate(gcnew array<float> { NUM_0, NIL, NIL,
NIL, NIL, NIL, NIL, NIL, NIL, NIL, NIL, NIL }, gcnew array<float>
{ PAR, NIL, NIL, NUMERO, NIL });
        net->BackPropagate(gcnew array<float> { NIL, NUM_1, NIL,
NIL, NIL, NIL, NIL, NIL, NIL, NIL, NIL, NIL }, gcnew array<float>
{ NIL, IMPAR, PRIMER, NUMERO, NIL });
        net->BackPropagate(gcnew array<float> { NIL, NIL, NUM_2,
NIL, NIL, NIL, NIL, NIL, NIL, NIL, NIL, NIL }, gcnew array<float>
{ PAR, NIL, PRIMER, NUMERO, NIL });
        net->BackPropagate(gcnew array<float> { NIL, NIL, NIL,
NUM_3, NIL, NIL, NIL, NIL, NIL, NIL, NIL, NIL }, gcnew array<float>
{ NIL, IMPAR, PRIMER, NUMERO, NIL });
        net->BackPropagate(gcnew array<float> { NIL, NIL, NIL,
NIL, NUM_4, NIL, NIL, NIL, NIL, NIL, NIL, NIL }, gcnew array<float>
{ PAR, NIL, NIL, NUMERO, NIL });
        net->BackPropagate(gcnew array<float> { NIL, NIL, NIL,
NIL, NIL, NUM_5, NIL, NIL, NIL, NIL, NIL, NIL }, gcnew array<float>
{ NIL, IMPAR, PRIMER, NUMERO, NIL });
        net->BackPropagate(gcnew array<float> { NIL, NIL, NIL,
NIL, NIL, NIL, NUM_6, NIL, NIL, NIL, NIL, NIL }, gcnew array<float>
{ PAR, NIL, NIL, NUMERO, NIL });
        net->BackPropagate(gcnew array<float> { NIL, NIL, NIL,
NIL, NIL, NIL, NIL, NUM_7, NIL, NIL, NIL, NIL }, gcnew array<float>
{ NIL, IMPAR, PRIMER, NUMERO, NIL });
        net->BackPropagate(gcnew array<float> { NIL, NIL, NIL,
```

```
NIL, NIL, NIL, NIL, NIL, NUM_8, NIL, NIL, NIL }, gcnew array<float>
{ PAR, NIL, NIL, NUMERO, NIL });
        net->BackPropagate(gcnew array<float> { NIL, NIL, NIL,
NIL, NIL, NIL, NIL, NIL, NIL, NUM_9, NIL, NIL }, gcnew array<float>
{ NIL, IMPAR, NIL, NUMERO, NIL });
        net->BackPropagate(gcnew array<float> { NUM_0, NUM_1, NUM_2,
NUM_3, NUM_4, NUM_5, NUM_6, NUM_7, NUM_8, NUM_9, NIL, NIL }, gcnew
array<float> { NIL, NIL, NIL, NUMERO, NIL });
        // PALABRAs
        net->BackPropagate(gcnew array<float> { NIL, NIL, NIL,
NIL, NIL, NIL, NIL, NIL, NIL, NIL, PALABRA1, NIL }, gcnew array<float>
{ NIL, NIL, NIL, NIL, NO_UN_NUMERO });
        net->BackPropagate(gcnew array<float> { NIL, NIL, NIL,
NIL, NIL, NIL, NIL, NIL, NIL, NIL, NIL, PALABRA2 }, gcnew array<float>
{ NIL, NIL, NIL, NIL, NO_UN_NUMERO });
        //net->BackPropagate(gcnew array<float> { NIL, NIL, NIL,
NIL, NIL, NIL, NIL, NIL, NIL, NIL, PALABRA1, PALABRA2 }, gcnew array<float>
{ NIL, NIL, NIL, NIL, NO_UN_NUMERO });
    }
}
```

5.5.2 Uso de la red

A la red se le presentan cinco ejemplos para los que se le pide que generalice:

Pregunta	Respuesta esperada
0 1 2 3 4 5 6 7 8 9	Son números.
0 2 4 6	Son números pares.
1 2 3 5 7	Son números primos.
1 3 5 7 9	Son números impares.
PALABRA1 PALABRA2	No son números.

El método `Run()` llama a la red para cada ejemplo y utiliza métodos de utilidad para hacer la pantalla más legible:

```
virtual void Run() override
{
    array<float>^ respuesta;
    array<float>^ pregunta;
    array<String^>^ lrespuesta;

    pregunta = gcnew array<float>(12) {
        NUM_0, NUM_1, NUM_2, NUM_3, NUM_4, NUM_5,
            NUM_6, NUM_7, NUM_8, NUM_9, PALABRA1, PALABRA2
    };

    // ejemplo 1
    Console::WriteLine("** Ejemplo 1 **");
    pregunta = gcnew array<float>(12) {
        NUM_0, NUM_1, NUM_2, NUM_3, NUM_4, NUM_5,
            NUM_6, NUM_7, NUM_8, NUM_9, NIL, NIL
    };

    show_pregunta(pregunta);
    respuesta = net->FeedForward(pregunta);
    lrespuesta = decodigo_respuesta(respuesta);
    show_respuesta(lrespuesta);

    // ejemplo 2
    Console::WriteLine("** Ejemplo 2 **");
    pregunta = gcnew array<float>(12) {
        NUM_0, NIL, NUM_2, NIL, NUM_4, NIL,
            NUM_6, NIL, NIL, NIL, NIL, NIL
    };

    show_pregunta(pregunta);
    respuesta = net->FeedForward(pregunta);
    lrespuesta = decodigo_respuesta(respuesta);
    show_respuesta(lrespuesta);

    // ejemplo 3
    Console::WriteLine("** Ejemplo 3 **");
    pregunta = gcnew array<float>(12) {
        NIL, NUM_1, NUM_2, NUM_3, NIL, NUM_5,
            NIL, NUM_7, NIL, NIL, NIL, NIL
    };
```

```
    show_pregunta(pregunta);
    respuesta = net->FeedForward(pregunta);
    lrespuesta = decodigo_respuesta(respuesta);
    show_respuesta(lrespuesta);

    // ejemplo 4
    Console::WriteLine("** Ejemplo 4 **");
    pregunta = gcnew array<float>(12) {
        NIL, NUM_1, NIL, NUM_3, NIL, NUM_5,
            NIL, NUM_7, NIL, NUM_9, NIL, NIL
    };

    show_pregunta(pregunta);
    respuesta = net->FeedForward(pregunta);
    lrespuesta = decodigo_respuesta(respuesta);
    show_respuesta(lrespuesta);

    // ejemplo 4
    Console::WriteLine("** Ejemplo 5 **");
    pregunta = gcnew array<float>(12) {
        NIL, NIL, NIL, NIL, NIL, NIL,
            NIL, NIL, NIL, NIL, PALABRA1, PALABRA2
    };

    show_pregunta(pregunta);
    respuesta = net->FeedForward(pregunta);
    lrespuesta = decodigo_respuesta(respuesta);
    show_respuesta(lrespuesta);
}
```

Tras redondear los valores de salida al número entero más próximo, las deducciones de la red resultan bastante fiables:

```
Consola de depuración de Microsoft Visual Studio
** Ejemplo 1 **
Pregunta: 0 1 2 3 4 5 6 7 8 9
Respuesta:
PAR = False (0)
IMPAR = False (0)
PRIMER = False (0)
NUMERO = True (1)
NO_ES_NUMERO = False (0)

** Ejemplo 2 **
Pregunta: 0 2 4 6
Respuesta:
PAR = True (1)
IMPAR = False (0)
PRIMER = False (0)
NUMERO = True (1)
NO_ES_NUMERO = False (0)

** Ejemplo 3 **
Pregunta: 1 2 3 5 7
Respuesta:
PAR = False (0)
IMPAR = False (0)
PRIMER = True (1)
NUMERO = True (1)
NO_ES_NUMERO = False (0)

** Ejemplo 4 **
Pregunta: 1 3 5 7 9
Respuesta:
PAR = False (0)
IMPAR = True (1)
PRIMER = False (0)
NUMERO = True (1)
```

```
Consola de depuración de Microsoft Visual Studio
** Ejemplo 5 **
Pregunta: Palabra 1 Palabra 2
Respuesta:
PAR = False (0)
IMPAR = False (0)
PRIMER = False (0)
NUMERO = False (0)
NO_ES_NUMERO = True (2)
```

A diferencia de un algoritmo convencional, el algoritmo basado en una red neuronal produjo resultados quizá menos precisos, pero también fue capaz de generalizar proponiendo asociaciones que no se habían explicitado durante el proceso de aprendizaje. Si sabe que 0 es par, 2 es par, 4 es par... deduce que la secuencia 0, 2, 4, 6 está formada únicamente por números pares. El mismo razonamiento se aplica a los ejemplos 1, 2, 3, 5, 7 y 1, 3, 5, 7, 9. La red sugiere que la primera serie está formada por números primos y la segunda por impares, sin necesidad de describir exhaustivamente las combinaciones, como 1, 1 - 2, 1 - 2 - 3, 1 - 2 - 5, 1 - 2 - 3 - 5...

, 89
/* ... */, 39
//, 39
\b, 51
\n, 51
\r, 51
\t, 51
#define, 104
#ifdef, 104
#include, 27, 28
<limits>, 276
<memory.h>, 89
<regex>, 388
<stdio.h>, 135
<stdlib.h>, 131
<string.h>, 132

abs(), 277
Adaptador de secuencias, 266
Administrador de configuración, 304
Algoritmo
- A*, 402
- Boyer-Moore, 384
- de conjunto, 275
- Dijkstra, 399
- Huffman, 413
- KMP, 385
- LZW, 421

Algoritmos, 272
Android, 36
Aplicación
de dibujo Win32, 347
en modo ventana en Win32, 305
Aplicación de escritorio (.exe), 306
Aprendizaje, 433, 442
Archivo de recurso, 312
Arco, 391
Área fijada, 328
ArrayList, 344
ASCIIZ, 50
Asignación
de memoria, 88
de memoria entre procesos, 130
dinámica, 161
at(), 263

B

back(), 263
Base
haxadecimal, 47
octal, 47
begin(), 263
Biblioteca
de vínculos dinámicos (.dll), 306
bitset, 259
Bjarne Stroustrup, 17
break, 54, 63

Bucle
- de mensaje, 310
- do, 63
- for, 62
- while, 61

Build project, 26

C

C#,, 346
C++ 20, 279
C++ CLI, 315
C++ CLI,, 346
C++ gestionado, 35, 433
C++ moderno, 279
Cabecera, 27
Cadenas, 50
Cálculo numérico, 276
Camino de un grafo, 392
Campo
- estático, 187

Caracteres, 50
char, 45
char &, 102
Clase, 111, 147
- abstracta, 338, 437
- definición, 148
- modificadores de acceso, 149
- string, 250
- valarray, 278
- Variant, 294

Código
- fuente, 27
- gestionado, 314

Cola
- prioritaria, 270
- queue, 267

Comentarios, 39

Compilador, 22, 27, 36

Comprimir archivos, 413

configure, 259

Constante simbólica, 104

Constructor, 156

Constructor de copia, 163

Contenedor, 259
- asociativo, 270, 271
- dinámico, 258
- estándar, 262

continue, 63

Conversión
- de objetos, 172
- dinámica, 183
- entre clases derivadas, 186

CTS, 33

D

DataGridView, 343

DataSet, 343

DataTable, 343

default, 54

Delegado, 334

Dependencia, 24

deque, 259
Derivación de clase, 164
Destructor, 159, 323
    virtual, 160
Dictionnary<T>, 345
Direccionamiento relativo, 198
DLL, 346
DOM, 342
double, 49

E

Eclipse, 23
Editor de enlaces, 27, 31, 38
Ejecutable, 35
Elección del modo de compilación, 304
Encontrar el camino más corto, 389
end(), 263
Entorno
    .NET, 314
    Windows, 303
Entorno de desarrollo, 22
enum, 106
Enumeración, 106
Espacio de nombres, 234
Estructura, 111, 112, 125
    copia, 122
    creación de alias de tipos, 124
    instanciación, 114
    puntero, 116
Eventos, 334

Excepción, 206
    no interceptada, 213
Expresiones regulares, 388
Extensión
    .cpp, 27
    .h, 27
Extern C, 32

F

f_error, 75
FILE, 135
Finalizador, 323
float, 49
Flujo
    C++ (entrada-salida), 241
    de alimentación, 247
    de archivos, 245
    integrado, 243
foreach, 283
for_each(), 272
framework, 36
Framework .NET, 339
friend, 149
front(), 263

Función, 125
    amiga, 197
    cuerpo, 69
    declaración, 69
    en línea, 76
    enfoque por prototipo, 69
    específicas de las cadenas, 256
    externa de tipo C, 76
    firma, 68, 69
    homónima, 72
    llamada, 71
    main(), 78
    número variable de argumentos, 73
    recursiva, 77
Funciones, 68

G

gcnew, 323
GDI, 350
goto, 63
Grafo, 391

H

Handle, 310
header, 27
Herencia, 164
Herencia múltiple, 178
Herencia pública, 169
Heurística, 402
Hoja de cálculo InCell, 355

I

if, 52
if ... else, 53
Incidencia y adyacencia, 392
Inclusión mediante #include, 118
Índice, 64
Inferencia de tipo, 281
Instancia, 147
Instanciación, 155
Instrucciónde desconexión, 63
Instrucciones de bucle, 61
int, 45
Interfaz, 338
Intérprete tiny-lisp, 225
Iterador, 253, 260
Iterator, 263
iterator, 262

J

JSON, 297

L

Lambda-expressions, 279
Library, 27
Librería, 27, 33
- boost, 289
- dinámica, 34
- estática, 34

Librería estándar de C, 131
Linux, 36
list, 259
List<T>, 345
Llamada de los constructores, 170
locale, 248
long, 45
long double, 49
l-value, 40

macOS, 36
main(), 78
make, 25
make clean, 25
makefile, 22
malloc(), 89
map, 259
Máquina virtual, 314
Matrices, 64
Matriz
    declaración, 66
    dinámica, 67
    multidimensional, 64
Matriz gestionada, 330
Memoria, 81
Mensaje, 310

Método
- estático, 189
- polimórfico, 171
- virtual, 173, 336
- virtual puro, 173

Mínimo y máximo, 275

Modelo
- de clases, 221
- de funciones, 216

Modo de empleado de la clase string, 252

Módulo de objeto, 28, 30

Módulo de objetos, 27

multimap, 259, 271

multiset, 259, 271

N

new, 90

Norma CTS, 315

Nuevo tipo de bucles, 283

NULL, 75

O

Operación
- de pila y cola, 263
- de secuencia con modificación, 273
- sobre listas, 263

Operador
- aritmético, 55
- booleano, 59
- de comparación, 55
- de conversión, 185
- de incremento, 60
- lógico, 56

override, 336

P

Parámetro local, 248
PASCAL, 32
Pila stack, 266
Polimorfismo, 72, 171
Preprocesador, 36
Presentación
- de la librería STL, 241
- de los grafos, 390

Primeros programas, 38
priority_queue, 259
private, 149
Procedimiento, 69
Programa
- Win32, 303

Programación
- genérica, 216

Programación orientada a objetos, 19
Propias del programa, 27
Propiedades, 332
Protección contra las inclusiones múltiples, 118
protected, 149

Prototipos, 68
public, 149
Puntero, 81
    a variables, 82
    aritmética, 91
    de funciones, 93
    de miembros, 198
    inteligent, 285
Punteros y matrices, 86

R

rbegin(), 263
Recolector de basura, 319
Reconocimiento de patrones de texto, 381
Recorrido de grafo en anchura primer lugar, 396
Recurso, 312
Red
    neuronal en C++, 432
    neuronal para algoritmos, 432
Referencia, 81
    constante, 103
    de ensamblado, 340
Referencia de seguimiento, 325
Referencias, 101
Relación entre clase y espacio de nombres, 238
rend(), 263
Representación de las cadenas en la librería STL, 251
return, 70
r-value, 40

S

SAX, 342

Secuencia
- deque, 266
- list, 264
- ordenada, 274

set, 271

short, 45

Sistema, 27

sizeof(), 90

Sobrecarga
- de operadores, 193
- del operador de asignación, 196
- del operador de conversión, 196
- del operador de indexación, 195

stack, 259

switch, 53

System::Collections, 344

System::Collections::Generic, 345

System::Data, 343

System::E/S, 341

System::String, 317

System::Xml, 342

T

template<class T>, 217

this, 158

throw, 208

tiny-lisp, 372

Tipo
booleano, 50
de datos, 43
de excepción personalizado, 209
decimal, 48
entero, 44
void, 105
Tipo de datos
Win32, 308
Tratamiento de una excepción y reintento, 212
try, 208
typedef, 96, 106

U

UML, 19
Unión, 111, 119
unsigned, 47
using namespace, 236
Uso completo de un espacio de nombres, 236

V

Valores por defecto a los argumentos, 74
Variable
ámbito, 41
declaración, 39, 43
discreta, 40
global, 41
local, 41, 71
vector, 259
Verificación múltiple, 53

Vértice, 391
virtual, 336
Visual Studio, 22
void, 69, 89

Windows, 36
WM_PAINT, 310
WndProc, 310

Para poder acceder durante un año
a la versión online de este libro,
envíenos su justificante de compra a

librodigital@ediciones-eni.com

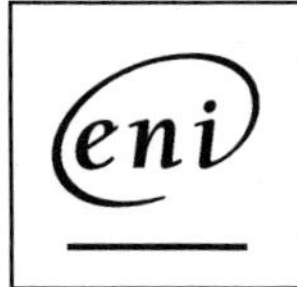